21世纪经济管理新形态教材·公共基础课系列

大学生劳动教育概论
（微课版）

主 编 ◎ 李文垒 李 冰 孔 健 陈嘉兴
副主编 ◎ 文 月 王 丹 刘 瑛

清华大学出版社
北京

内 容 简 介

本书依据国家政策对教学内容的要求，分为理论篇与劳动实践篇，组织学生科学展开生活、生产和服务性的劳动实践，全面提高学生的劳动素养，树立学生正确的劳动观念，培养必备的劳动能力，培育积极的劳动精神，养成良好的劳动习惯和劳动品质。在专业课程讲授中，有机融入劳动教育元素，在课堂外、校园外活动中安排劳动实践，利用校园文化建设的时间，强化校园劳动文化，将劳动教育纳入人才培养过程，并实施教学评价与考核机制。整理汇总来自实际生活和教学一线的劳动经验和典型案例，形成分专业、分模块的劳动教育数字资源库。

本书既可以作为高等院校劳动教育课程的教材和指导用书，又可以作为各行业开展劳动教育和培训的参考用书。

本书封面贴有清华大学出版社防伪标签，无标签者不得销售。
版权所有，侵权必究。举报：010-62782989，beiqinquan@tup.tsinghua.edu.cn

图书在版编目（CIP）数据

大学生劳动教育概论：微课版 / 李文垒等主编.
北京：清华大学出版社，2025.2.
(21世纪经济管理新形态教材).
ISBN 978-7-302-68188-5

Ⅰ．G40-015

中国国家版本馆 CIP 数据核字第 2025XA5995 号

责任编辑：付潭蛟
封面设计：胡梅玲
责任校对：宋玉莲
责任印制：刘　菲

出版发行：清华大学出版社
网　　址：https://www.tup.com.cn，https://www.wqxuetang.com
地　　址：北京清华大学学研大厦 A 座　　邮　编：100084
社 总 机：010-83470000　　邮　购：010-62786544
投稿与读者服务：010-62776969，c-service@tup.tsinghua.edu.cn
质 量 反 馈：010-62772015，zhiliang@tup.tsinghua.edu.cn
课 件 下 载：https://www.tup.com.cn，010-83470332

印 装 者：三河市科茂嘉荣印务有限公司
经　　销：全国新华书店
开　　本：185mm×260mm　　印 张：13.75　　字　数：325 千字
版　　次：2025 年 3 月第 1 版　　印　次：2025 年 3 月第 1 次印刷
定　　价：48.00 元

产品编号：108464-01

前　言

劳动教育是新时期对教育的新要求，是中国特色社会主义教育制度的重要内容，意义重大。为深入贯彻习近平总书记关于教育的重要论述，全面贯彻党的教育方针，落实《中共中央国务院关于全面加强新时代大中小学劳动教育的意见》，教育部印发《大中小学劳动教育指导纲要（试行）》，细化要求，明确劳动教育目标框架，具体包括：树立正确的劳动观念、培养必备的劳动能力、培育积极的劳动精神、养成良好的劳动习惯和品质；明确三类劳动教育的育人价值定位。

本书采用理论与实践结合的编写方式，设置具体项目任务，详细讲述了劳动的相关概念，渗透了爱岗敬业、争创一流、艰苦奋斗、勇于创新、淡泊名利、甘于奉献的劳模精神，坚守执着、精益求精、专业专注、追求极致、一丝不苟、自律自省的工匠精神。本书不仅涉及相关劳动理论内容，还从实践层面结合具体生活、生产、服务性劳动设置真实劳动任务，使学生能够在劳动中体会点滴幸福、练就真正本领、创造人生价值。

本书一共十个项目，项目一至项目四是理论篇。

项目一介绍了劳动的前世今生，包括劳动的演变、劳动的概念、劳动的价值和马克思主义劳动观。学完本章，读者能够了解不同社会阶段下劳动的不同形态，知道劳动的三要素及简单分类，并从个人、社会、国家的角度了解劳动的价值所在。

项目二从劳模精神、劳动精神、工匠精神三方面，展示劳动者的精神面貌。从时代背景展开，介绍劳模精神、劳动精神和工匠精神的基本内涵，再进一步展开介绍新形势下，我国工人阶级和广大劳动群众应如何践行三种精神。

项目三介绍参与劳动的两种劳动主体——劳动者、劳动组织。学完本章，读者将对劳动者的地位、劳动者的权利及义务、劳动组织的定义及形式有较为清晰的了解。

项目四介绍劳动保护和劳动权益。包括劳动关系、劳动安全和劳动保护、劳动权益和劳动维权等内容。

项目五至项目十是劳动实践篇。各章设置具体劳动任务，以任务驱动教学。教学单位可根据具体专业情况选择相关任务展开劳动实践环节的操作。

项目五介绍日常生活劳动的技巧，包括衣物整理和收纳技巧、经典面食制作与厨房安全、家庭居所的卫生清洁知识。

项目六从农业、工业、服务业三大产业方面，设置对应的实践劳动任务，如参与种植、3D打印技术、会议服务与管理等任务。希望读者能够在劳动中练就真正本领。

项目七从校园清洁、垃圾分类和勤工助学三个方面设置劳动任务，希望读者能够在学校劳动活动中淬炼成长，并能够切实体认劳动，践行劳动精神。

项目八从支教活动、护理急救、养老院志愿服务等活动设置劳动任务，希望读者通过社会劳动实践激发掌握社会技能，利用专业技术技能奉献社会，同时提升自己的社会责任感、使命感。

项目九从体验现代科技条件下劳动实践新形态、新方式以及职业劳动实践设置劳动任务，旨在帮助读者树立正确的就业观念，做新时代的劳动者。

项目十从彩绘产品的制作与推广、撰写创业计划书等方面设置劳动任务，希望读者通过劳动培养和增强创新创业的思维与意识，提高将创新创业成果转化为劳动效益的能力。

本书由李文垒、李冰、孔健、陈嘉兴担任主编，文月、王丹、刘瑛担任副主编，于婷、李鸽、刘旭菲、高宏涛、边兴科、崔进军参与编写，全体人员在编写过程中付出了辛勤的汗水，在此一并表示衷心的感谢。

由于时间所限，书中难免会有不妥之处，敬请读者指正。

编　者

2024 年 5 月

课程介绍

目　录

第一部分　理　论　篇

项目一　劳动概述 ……………………………………………………………… 3
    任务一　劳动的演变 ………………………………………………………… 3
    任务二　劳动的概念 ………………………………………………………… 12
    任务三　劳动的价值 ………………………………………………………… 16
    任务四　马克思主义劳动观 ………………………………………………… 22

项目二　新时代劳动观念 ……………………………………………………… 28
    任务一　习近平总书记的劳动情怀 ………………………………………… 28
    任务二　劳模精神、劳动精神、工匠精神的时代背景 …………………… 36
    任务三　劳模精神、劳动精神、工匠精神的基本内涵 …………………… 45
    任务四　践行劳模精神、劳动精神、工匠精神 …………………………… 52

项目三　新时代的劳动组织 …………………………………………………… 59
    任务一　了解劳动组织 ……………………………………………………… 59
    任务二　新时代的劳动组织 ………………………………………………… 66

项目四　劳动保护与劳动权益 ………………………………………………… 76
    任务一　劳动关系定义及内容 ……………………………………………… 76
    任务二　劳动安全与劳动保护 ……………………………………………… 82
    任务三　劳动权益与劳动维权 ……………………………………………… 85

第二部分　劳动实践篇

项目五　在劳动中收获点滴幸福（日常劳动实践） ………………………… 93
    任务一　衣物整理和收纳技巧 ……………………………………………… 93
    任务二　厨房安全和面食制作 ……………………………………………… 98
    任务三　个人及家庭卫生清洁 ……………………………………………… 106

项目六 在劳动中练就真正本领（职业劳动实践）······112

  任务一 参与耕种与田间管理······112
  任务二 3D 打印机······118
  任务三 办公会议与督导管理······125

项目七 在劳动中淬炼成长（学校劳动实践）······131

  任务一 校园清洁······131
  任务二 垃圾分类······137
  任务三 勤工助学······141

项目八 在劳动中创造价值（社会劳动实践）······147

  任务一 支教活动······147
  任务二 护理急救······155
  任务三 养老院志愿服务······162

项目九 劳动与职业发展······173

  任务一 体验现代科技条件下劳动实践新形态、新方式······173
  任务二 职业劳动实践······179

项目十 劳动与创新创业······186

  任务一 彩绘产品制作和销售······186
  任务二 撰写创业计划书······194

参考文献······211

第一部分

理 论 篇

项目一

劳 动 概 述

> **模块导学**

　　劳动是人类社会生存和发展的基础,通常是指能够对外输出劳动量或劳动价值的人类运动。劳动是人维持自我生存和自我发展的唯一手段。按照传统的劳动分类理论,劳动可分为脑力劳动和体力劳动两大类。

　　劳动是人类运动的一种特殊形式。在商品生产体系中,劳动是劳动力的支出和使用。马克思给劳动下了这样的定义:"劳动力的使用就是劳动本身。劳动力的买者消费劳动力,就是让劳动力的卖者为其提供劳动。"

【能力目标】

1. 能分辨不同社会阶段下劳动的不同形态;
2. 能识别劳动的三要素;
3. 能根据方法不同对劳动进行划分;
4. 能结合马克思主义劳动观体会劳动的价值。

【知识目标】

1. 了解不同社会阶段下劳动的不同形态;
2. 掌握劳动的定义、劳动的三要素、劳动的分类;
3. 了解劳动的价值;
4. 掌握马克思主义劳动观。

【素质目标】

1. 热爱劳动;
2. 严谨务实,团结协作。

任务一　劳动的演变

【能力目标】

能分辨不同社会阶段下劳动的不同形态。

【知识目标】

1. 了解不同社会形态下的劳动工具;
2. 掌握原始社会、奴隶社会、封建社会、资本主义社会、

视频1-1　劳动的演变

社会主义社会、共产主义社会下劳动的形态。

一、任务描述

案例分析

四川稻城皮洛遗址：发掘出东亚最成熟手斧

四川稻城皮洛遗址是在川西高原发现的一处大型旧石器时代旷野遗址。考古发掘揭露出中更新世末期至晚更新世连续的地层堆积，从七个文化层中出土石制品6 000余件，展示了"砾石石器—手斧组—石片石器"的旧石器时代文化发展序列。

该遗址最重大的发现是数量丰富、形态规整、技术成熟的手斧和薄刃斧，是目前在东亚发现的最典型的阿舍利晚期阶段的文化遗存，也是目前发现的世界上海拔最高的阿舍利技术产品。其上部地层出土的小型两面器也可能代表东亚稀少的新型旧石器时代晚期文化。

（资料来源：中国新闻网官方账号）

生产工具是社会发展的标志，请分别说明在原始社会、奴隶社会、封建社会的社会形态下主要的劳动工具分别是什么。

二、任务资讯

从人类的起源来看，在从猿到人的转变过程中，劳动起了极其重要的作用，劳动使古猿站立起来直立行走，劳动促使人手的形成、语言的产生和人脑的形成。因此，恩格斯说："劳动是一切人类活动的第一个基本条件，而且达到这样的程度，以致我们在某种意义上不得不说，劳动创造了人本身。"

在人类发展的各种社会形态中，劳动所依赖的生产资料的占有以及由它决定的劳动成果的分配和劳动者对劳动的认识态度是不相同的。

（一）原始社会

1. 原始社会形态下的劳动简介

原始社会是人类历史上第一个社会形态。人类产生的过程也就是原始社会形成的过程。它存在了两三百万年，是人类历史上最长的一个社会发展阶段。生产力极其低下是原始社会发展缓慢的根本原因。社会生产力的主要标志是使用石器工具。在原始社会里，人们的社会生活还处于野蛮状态，自然环境极端恶劣，人们单身无力同自然界进行斗争，为谋取生活资源必须共同劳动，从而决定了生产资料的共同占有，产品归社会全体成员共同占有，实行平均分配。劳动的结合方式主要是简单协作，人们之间的分工主要是按性别、年龄实行的自然分工。但由于劳动者生产经验很少，劳动技能也不高，生产工具很简陋，劳动对象范围也很狭窄。所以，原始社会的劳动是最单一、最低级的，也是最原始的一种生存式的劳动。

2. 原始社会形态下劳动的不同阶段

（1）旧石器时代。旧石器时代（距今约 250 万年～约 1 万年以前）分为旧石器时代早期、中期和晚期，大体上分别相当于人类体质进化的能人、直立人、早期智人和晚期智人阶段。旧石器时代的人类经济活动，主要是通过采摘果实、狩猎或捕捞获取食物。当时人们群居在山洞里或部分地群居在树上，以一些植物的果实、坚果和根茎为食物，同时集体捕猎野兽、捕捞河湖中的鱼蚌来维持生活。在山洞中的遗迹和遗物，留下了很多，但树居生活却很难留下什么遗迹。从古代的文献中，依稀可以寻觅到远古时代树居和采集的影子。从旧石器时代晚期到中石器时代，人类的生活特点是洞居或巢居，采集和狩猎。

（2）中石器时代。中石器时代距今 15 000～10 000 年至 8 000 年，以石片石器和细石器为代表工具（石器已小型化），是旧石器时代和新石器时代之间的人类物质文化发展过渡性阶段，是直接取之于自然的攫取性经济高涨并孕育向生产性经济转化的时期。

这一时期细石器被大量使用；广泛使用弓箭；在一些地方还发现了独木舟和木桨。

（3）新石器时代。新石器时代始于距今 8 000 年前的人类原始氏族的繁荣时期。这一时期以磨制的石斧、石锛、石凿和石铲，琢制的磨盘和打制的石锤、石片、石器为主要工具。

在新石器时代，产生了农业和畜牧业，磨光石器流行，并发明了陶器。

世界各地这一时代的发展道路很不相同。有的地方在农业产生后的很长一段时期里没有陶器，因而被称为前陶新石器时代或无陶新石器时代；有的地方在 1 万多年以前就已出现陶器，却迟迟没有农业的痕迹，甚至磨制石器也很不发达。

这一时期，生产有较大发展，出现了三次社会大分工。随着农业和畜牧业在生产中地位的提升，男性逐渐取代女性的社会主导地位，父系氏族公社形成了。

（4）解体。随着生产的发展，产品出现了剩余，集体劳动逐渐被个体劳动所取代，由此产生了私有制，随之也出现了阶级。氏族中出现了贵族阶层和平民阶层。到了末期，以血缘关系结成的氏族开始破裂，一些氏族成员脱离自己的氏族，到别处和与他们没有血缘关系的人们杂居，同时氏族也不断接纳外来人，于是出现了按地域划分的农村公社。发展到这时，原始社会基本上就已经瓦解了，不同阶级之间出现了斗争，随着情况的深化就出现了国家来对人民进行有效的统治。许多文明的原始社会解体后都进入了奴隶社会。事实上，阶级思想在更早就已经产生。

人类征服自然、改造自然的能力随之增强，因此出现了剩余产品、个体劳动、生产资料的私有、贫富分化、剥削观念、阶级产生等一系列社会现象。人类社会在劳动的推动下由原始社会进入奴隶社会。

（二）奴隶社会

1. 奴隶社会形态下的劳动简介

在奴隶社会里，有了体力劳动和脑力劳动的分工与对立。从事体力劳动的广大奴隶在皮鞭、棍棒的强制下，为脑力劳动者——奴隶主贵族从事最繁重的体力劳动。这种"劳动关系"是建立在奴隶主对生产资料和奴隶完全占有基础上的。在这种情况下，奴隶主完全脱离体力劳动，把体力劳动看作是"卑贱人"干的事情；奴隶对劳动也毫无兴趣，而且把对奴隶主的不满和反抗也转移到劳动中，经常以逃跑、虐待牲畜和破坏工具等方式来发泄对奴隶主的不满情绪。也正因如此，奴隶主不肯给奴隶使用较先进、较精细的生产工具，使得新式生产工具得不到推广。这从客观上阻碍了生产力的发展和社会的前进，这也是奴隶社会发展比较缓慢的一个极其重要的原因。

2. 奴隶社会形态下生产力的发展表现

（1）青铜工具的广泛使用。进入奴隶社会后，人类在社会生产的各个领域都取得了长足的进步，特别是冶金技术大大提高，青铜工具得到了广泛应用。

青铜工具在生产中得到广泛的应用，是奴隶社会生产力发展的主要标志。

（2）手工业的发展。青铜冶炼是手工业的重要部门。在奴隶社会，青铜工具主要用于手工业。奴隶社会的手工业是展示当时生产发展的一个重要窗口，主要表现在手工行业齐全、规模庞大、工艺精细等方面。

（3）商业的发展和城市的繁荣。随着手工业的发展，商品交换也日益频繁，在奴隶社会出现了专门从事商品买卖以从中牟利的商人，他们的出现，推动了生产的发展。商业的发展促进了城市的繁荣。

一种社会制度变革为另一种社会制度，究竟是历史的进步还是倒退，判断的主要标准在于新的社会生产关系是否与当时的生产力发展相适应。事实证明，奴隶制的建立基本上适应了当时生产力发展的要求，大大促进了生产力的发展，所以奴隶社会代替原始社会是人类社会发展中的一个巨大进步。

（三）封建社会

1. 封建社会形态下的劳动简介

到了封建社会，生产关系发生了变化，劳动者——农民有了人身自由，有可能在归自己使用的小块土地上进行较自由的劳动，他们也不再是在奴隶主的监督、皮鞭、棍棒的驱使下进行强制性的劳动了。另外，劳动者生产出来的产品，在缴纳地租后，其余的产品基本上可以归自己占有和支配，尽管有的时候少得可怜。因此，为增加收入，劳动者对劳动就产生了一定兴趣和主动性。但由于封建地主阶级凭借对土地的占有，仍对劳动者进行残酷的剥削，所以劳动者的社会地位依然是卑下的。

2. 封建社会的生产关系及生产力

（1）在经济上，私人土地所有制占主导地位；在政治文化上，实行高度中央集权专制制度；在文化上，以儒家思想为核心；在社会结构上，是族权与政权相结合的宗法等级制度。

（2）从生产关系角度看，中国封建经济结构由农民、地主板块构成，并处于经常的变化之中。农民从事个体生产农业，在此基础上形成的生产关系——阶级关系是地主和农民。

（3）封建制生产关系的基础是封建土地所有制，即封建地主占有基本生产资料——

土地和不完全地占有直接生产者——农民。由于封建地主占有了社会绝大部分的土地，直接生产者就只有领租或分租地主的土地，忍受地主的剥削和奴役。

（4）在这种制度下，农民被束缚在土地上，对地主有不同程度的人身依附关系，地主可以打骂他们，有的甚至把他们随同土地抵押或出卖。但是，和奴隶制下的奴隶不同，主人已不能任意杀害他们了。

（5）封建社会生产力的特点是：随着农业、畜牧业、手工业、商业的发展，劳动对象的范围扩大到土地等生产资料上，铁制农具和牛耕广泛使用。封建社会生产力发展水平的重要标志是：冶铁技术的发展和铁制农具的广泛使用。

（四）资本主义社会

1. 资本主义社会形态下的劳动简介

在资本主义社会中，劳动者——工人被雇用到资本家的工厂里去做工，他们的处境与奴隶或农民相比，有了一定的提高，他们既不属于哪个奴隶主，也不需要被束缚在地主的土地上，而成了自由劳动者。他们可以自由地出卖自己的劳动力给某个资本家，他们只要付出更多的劳动，提高劳动的技术水平和熟练程度就能拿到较多的工资。另外，工人们经过坚持不懈的斗争还在政治上取得了一定的社会地位，因此劳动的积极性远远超过了奴隶和农民。与奴隶和农民相同之处在于，他们都不拥有生产资料，都受着占有生产资料的阶级的剥削，只不过工人受到的剥削在"工资"的掩盖下带有了隐蔽性。在这种社会里，劳动者的劳动只是为了谋生，而没有对社会的责任感。

2. 资本主义社会形态下的劳动发展

（1）工业革命。资本社会制度是经过工业革命，由工厂手工业过渡到机器大工业以后最终确立的。15 世纪末的地理大发现，以及随之而来的海外领土的开拓，使销售市场扩大了许多倍，加速了手工业向工厂手工业的转化。工厂手工业由于在工厂内部实行劳动分工，比简单协作的手工业大大提高了劳动生产率。到 18 世纪，在英国等先进的市场国家里，国内市场与世界市场的迅速扩大，同工厂手工业狭隘的技术基础之间的矛盾日益加剧。企业家们为了在竞争中获取更多的利润，要求进一步改进生产技术。在这种情况下发生了工业革命。工业革命下诞生的机器大工业，标志着工厂生产的物质技术基础已经建立。资本所有者和劳动者阶层成为近代社会基本的阶级结构。科学技术的不断进步和应用于生产，促进了生产力迅速发展，使近代生产关系扩展到一切生产部门，同时也使劳动者和资本所有者的关系进一步发展。近代社会的产生和发展，在各个国家具有共同的规律并带来类似的后果，但是各个国家由于历史条件不同，也具有各自不同的特点。

（2）生产关系产生。封建社会经济结构的解体使资本主义的要素得到解放。在 14 世纪和 15 世纪，地中海沿岸的某些城市已经稀疏地出现了资本主义生产的萌芽，但是资本主义时代是从 16 世纪才开始的。在封建社会末期，商品经济的发展促进了封建社会自然经济的解体，引起小商品生产者的两极分化。资本的原始积累加速了这种分化，造成资本主义生产的基本条件：一方面产生大批失去生产资料而不得不出卖自己劳动力的无产者；另一方面巨额的货币和生产资料集中在少数人手里并转化为资本。所谓资本原始积累，就是强制地使劳动者同他们的生产资料分离的历史过程，而对农民土地的剥夺是全部过程的基础。自给自足的自然经济被破坏，大量农民和手工业者破产，从而既给资本主义造成了劳动力市场，又给它造成了商品市场。剥夺农民和手工业者的历史在不同国家带有不同的特点，经历不同的阶段。劳动力转化为商品和生产资料转化为资本，标志着由简单商品生产向资本主义生产的过渡，也标志着对劳动者的剥削形式的变换，即由封建剥削变成资本主义剥削。资本原始积累还包括对殖民地的侵占和掠夺，以及其他利用国家权力的暴力手段。

（五）社会主义社会

在社会主义社会的生产关系中，由于消灭了剥削阶级，劳动人民在生产过程中的地位发生了根本性变化，从被剥削、被压迫的被雇用者变为社会和生产劳动的主人。同时，否定了"劳者不获""获者不劳"的不合理现象，实行了按劳分配的分配制度，极大地提高了劳动者的生产积极性和创造性。劳动成了"一切有劳动能力的公民的光荣职责"，劳动成了分配劳动成果的尺度。我国还以最高的法律形式为劳动者的劳动权提供了重要的法律保证。《中华人民共和国宪法》规定：国家通过各种途径创造劳动就业条件，加强劳动保护，改善劳动条件，并在发展生产的基础上，提高劳动报酬和福利待遇。同时还规定：劳动既是公民的基本权利，又是公民的基本义务。

（六）共产主义社会

在未来的共产主义理想社会里，两大劳动阶级——工人、农民之间的差别都消失了，劳动已经不再是沉重的负担，而成了生活的第一需要，人们都能高度自觉地"各尽所能"，社会的劳动产品也实行了"按需分配"的原则。没有劳动，就没有人类的产生；没有劳动，就没有人类的发展；没有劳动，就没有人类的今天。同样，没有劳动，就没有人类美好的未来。由此我们说：劳动是人类生存和发展的基本条件，它不仅维持人类的生存，还是使人类社会从原始野蛮的过去发展到先进文明的今天的推动力。

三、任务实施

（1）漫读诗书，我们发现古今中外许多名著中，有关劳动和劳动生存状况的相关主题和具体描述并不少见。试根据个人的阅读经验，结合个体作品，密切联系新时代劳动思想，对相关劳动和劳动者的主题进行简要分析。

（2）新中国建设者创造了伟大的劳动精神，请搜集劳动者的感人事迹，分析其体现的劳动精神，做一场宣传劳动精神的演讲。

四、小结

原始社会：共同劳动，共同占有生产资料；在生产中结成平等互助的关系；平均分配劳动产品。生产力水平十分低下。

经历了旧石器时代和新石器时代两个发展阶段，人类逐渐由食物的采集者转变为生产者。

奴隶社会：奴隶主占有生产资料并完全占有奴隶；奴隶毫无人身自由，在奴隶主的强制下劳动；奴隶劳动的全部产品都归奴隶主占有和支配，奴隶主只给奴隶最低限度的生活资料。

金属工具的广泛使用、城市的出现、文字的发明和应用、脑力劳动和体力劳动的分工等，促进了生产力的发展，使人类摆脱了蒙昧野蛮的状态，迈入了文明时代的门槛，这是历史的进步。

封建社会：地主占有绝大部分土地，通过收取地租等方式，占有农民大部分劳动成果；相对于奴隶，农民有一定的人身自由；农民有自己的劳动工具，甚至少量土地，劳动成果除缴纳地租外，还能留下一部分归自己支配。

铁制农具得到广泛使用和推广，耕作技术显著进步；水利事业有了较大发展；手工业进一步发展；商业和城市逐渐发展起来。

资本主义社会：资本家占有一切生产资料；失去生产资料的劳动者不得不出卖自己的劳动力，受雇于资本家，成为雇佣工人；资本家在生产过程中占有工人创造的剩余价值，工人仅得到资本家给付的工资。

资本主义制度的确立，工业革命的发生和完成，带来了资本主义社会生产力的巨大飞跃，促进了人类思想上的极大解放，使科学、教育、文化的发展达到了前所未有的高度。

社会主义社会：劳动者共同占有生产资料；消灭了人剥削人的制度，人们在生产过程中建立起互助合作的关系；个人消费品实行按劳分配。

十月革命后，新生的苏联社会主义国家生产力迅速发展并使其成为与美国相抗衡的超级大国；当今时代，中国特色社会主义社会进一步解放和发展生产力，焕发出强劲的生命力和影响力。

五、思考题

1. 在原始社会、奴隶社会、封建社会当中的劳动者都是谁？
2. 原始社会、奴隶社会、封建社会的劳动对象是什么？
3. 原始社会、奴隶社会、封建社会的生产资料归谁所有？
4. 原始社会、奴隶社会、封建社会的产品如何分配？

名言赏析

我们世界上最美好的东西，都是由劳动、由人的聪明的手创造出来的。

——高尔基

人类的进步，社会的发展，都是劳动者推动的，劳动者包括一切工人、农民、手工业者、小商贩、工程师、科学家……只有劳动者万众一心，才能解放和发展生产力，推动人类文明向前发展。劳动最光荣！

拓展阅读

农业劳动变迁：从刀耕火种到机械化未来会彻底摆脱体力劳动吗

2021年4月8日，黑龙江哈尔滨城郊的一处农田里，一辆耕地机正在广袤的农田中作业，四野无人，数十亩平整的土地上，只有这一辆耕地机在劳作。机手告诉记者，他一人一机，每天可以翻耕数百亩地。同时间的湖南永州，一处自动化育秧基地中，三五个工人正在操作流水线机器，整个四月份，他们几个人可以育成五六千亩稻田所需要的秧苗。

随着社会的变迁，今天的农业劳动，早已经不是人们印象中的"面朝黄土背朝天"的模样，技术进步改变了人类劳动的形态，也正在改变着农业生产的模样。在未来的农业生产中，人类是否真的能完全摆脱体力劳动呢？

"耒"和"耜"背后的经济革命

人类可靠的农业生产，最早可追溯到8 000多年前。中国农业大学经管学院教授冯开文介绍："在渔猎时代，人们的劳动效率是非常低的，尤其到了原始社会末期，人口增加，自然环境中的出产不够了，可采集、狩猎的食物越来越少了，人们需要找到新的食物来源，最早的农业出现了。"

冯开文讲述了一个农业史中广泛流传的故事，大约在8 000年前，两河流域的人们开始注意到，经常撒尿的地方，生长着一种特殊的植物，它会开花结果，果实可以吃。"它就是小麦，在这个时期，人们开始有意识地留下部分小麦种子，并种植它，来年可以收获更多的小麦。为了收获小麦，人们不再流浪，开始定居下来，最早的定居农业出现了。"稍晚一点儿的时候，在地球另一面的中国，出现了河姆渡文化。刀耕火种，就是这个时代的写照，是一种半定居的农业生活方式。人们在焚烧肥沃的草地，用木棍在地上插出一个浅坑，把种子种在地里，不除草，不进行田间管理，等到收获时，用石制的镰刀收割。刀耕火种的模式是不可连作的，每年换一个地方。种过的地，等到重新长出草，再次肥沃后才会再种。

翻地工具的出现，是一次耕作方式的变化，标志性的农具"耒"和"耜"，它们都是用来翻地的，翻地意味着连作，每年在同一块土地上劳作耕种，人们开始真正定居下来。

铁犁造就"男耕女织"的田园

大约在春秋战国时期，传统的奴隶制逐渐崩溃，新的农业生产模式开始出现。"铁器在农业中的使用，极大提高了农业生产力，也改变了农业劳动模式。"冯开文说，"铁器是工具材质变化的一个关键点，从石器到青铜器，变化其实不大，一方面，青铜器大多用在祭祀、军事等领域，很少用来制作农具；另一方面，青铜器脆，碰到石头就碎了，并不实用。"

从春秋战国到近代，在两千多年的时间里，铁器一直都是农具的主流，没有其他材质可以替代。同一时期的欧洲，大平原的地貌为铁器的使用带来更多的便利，也更大程度地发挥了铁器的作用。冯开文说："欧洲中世纪使用马拉重犁，甚至有的用三匹马拉犁，劳动效率非常高。典型的案例，就是英国这个小国，在短时间里成了欧洲的粮仓。"

此时的劳动是什么样的呢？冯开文介绍："家庭生产成为主要的生产方式，以家庭为单位的劳动者，成为稳固的劳动结构。在中国，除了一小部分自耕农之外，土地大多是地主的，人们作为佃户或长工，但他们也是家庭式的劳动。男性耕地种田，女性纺织、操持家务，也就是男耕女织的劳动模式，这种模式一直持续到现代。在欧洲，劳动的主要群体是农奴，但他们也是以家庭为单位劳动的。"

被蒸汽机打破的田园

不过，无动力机械，也就是传统农具的改良，是有上限的，不论是可以灌溉千百亩农田的翻车，还是更省力的曲辕犁、更先进的人力纺纱机，都没有打破这一上限。"两千年封建时代，总是轮回循环，和生产力难以出现质变是有关系的。"冯开文说。

工业革命之后，大机器的出现，第一次改变了这一局面，冯开文说："就像武器从冷兵器变为热武器，农业也是，蒸汽机、水力机械的使用，改变了农业劳动的模式。人们第一次从体力劳动中解脱出来，哪怕只是部分，也深刻地改变了整个世界。英国的圈地运动，就是直接的结果。"

工业革命后，第一次出现了工厂化、集约化的农业生产，人们也从传统的农民转变为农业工人，现代农业自此开始。

一直到中华人民共和国成立以后，中国农业机械化的进度才开始加快。20世纪70年代，我国开始大力推动农业机械化的普及，大量大型、中型的农机出现在华北、东北、两湖等平原上。此时的农机，早就不是蒸汽时代的机械了。

全程机械化不只是提升效率

2020年6月，北京房山石楼镇，大片成熟的麦田中，收割机收割、脱粒一体完成，脱粒后的小麦被直接装入货车，运送到粮库中。在全国，类似的场景到处都有。数据显示，到2020年，我国农作物耕种收机械化率达到71%。其中，小麦达到95%以上，水稻玉米分别在85%以上和90%以上。

在石楼镇，种地的村民们，已经很多年不下地干活了，从翻地到播种，到撒药，再到收获，全程由专业的服务队伍完成，他们只要付出每亩每次数十元不等的报酬即可。他们仍旧是农民，却不从事农业劳动了。

相对应地，开收割机的服务者们，成了新的劳动者，他们或者加入农机服务公司，或者自己投资购买农机，每年农忙时，开着机械，横跨上千里，甚至数千里，给分散在各地的小农户们，提供机械化服务。一辆中型的机械，每天可以完成数百亩麦田的收获工作。

农业农村部南京农业机械化研究所研究员陈永生告诉记者，"机械化比传统人工作业效率提高近30倍，亩均节本增效500多元。"他说，"举例来说，靠人力种一亩水稻，从翻地到播种到收获，需要7~8个人工，也就是1个成年劳动力持续工作7~8天，但全程机械化，可能连1个工都不到"。

智能种地会实现吗

随着机械化的推进，大数据，智能设备，越来越多的新技术、新产品被利用到农业生产中，更多人逐渐摆脱了繁重的体力劳动。"在以前，曾有人觉得中国不适合机械化，因为山多平原少，但现在，很多丘陵、山地都有机械作业，因为机械小型化了，"冯开文说，"自工业革命之后，技术的更新速度越来越快，一波又一波的新技术、新机器不断被研发出来。在未来，那些原来觉得困难的事情，可能都不觉得是困难了。"

2021年4月28日，中国农科院的一处实验基地中，专门开发的农机，可以在塑料大棚中自由作业，完成机械化深翻、起垄等工作。蔬菜，尤其是大棚蔬菜的机械化，一直都是难题，蔬菜的种类多样，每一种都有不同的特点，标准化、机械化比粮食作物更难。但随着技术的进步，蔬菜的机械化也在快速推进，陈永生告诉记者，当前，部分蔬菜品种的全程机械化已经可以实现，"比如南方较多的鸡毛菜、茼蒿等茎叶类蔬菜，已经有了一些方案和相应的设备，可以实现从种到收的全程机械化。目前正在推广的过程中，还有一些难题正在解决当中，比如规模化的问题，比如土地环境是否适宜机械化的问题，比如标准化种植、社会化服务的问题等。未来解决了这些问题，蔬菜的机械化水平，必然会有一个快速升高的阶段"。

那么，在更远的未来，农业生产中，人类是否真有可能完全摆脱体力劳动呢？冯开文觉得是有可能的，"确实，当前也有一些技术问题尚未解决，比如大田作物机收获时的浪费问题，比如特殊地形、环境中的机械化问题，但技术的发展很快，在未来，未必不能用技术的进步解决这个问题"。

（资料来源：https://baijiahao.baidu.com/s?id=1698554917974727239&wfr=spider&for=pc，有改动）

任务二　劳动的概念

【能力目标】

1. 能正确区分劳动的三要素——劳动者、劳动资料、劳动对象；
2. 能正确区分劳动的不同分类。

【知识目标】

1. 掌握劳动的概念；
2. 掌握劳动的三要素；
3. 掌握劳动的分类。

视频1-2　劳动的概念

一、任务描述

案例分析

中国版图上一颗小小的螺丝钉

"在很多边远地方都有像我这样的员工，条件比我更艰苦。这个荣誉不是我的，我是代表他们来领这个荣誉的。"广东省邮政公司珠海市分公司外伶仃岛邮政所投递员谢坚说。

项目一　劳动概述

谢坚人如其名，坚守岗位27年。27年来，他妥投疑难邮件3万多件，救活"死信"3 000多封。

外伶仃岛因伶仃孤立而得名，文天祥的《过零丁洋》就诞生于此。其北距香港长洲6海里，是珠三角地区进出南太平洋国际航线的必经之地，也是南海要塞。"前任邮递员干了20年直到退休，条件艰苦没有人愿意来接班。"谢坚坦言，接班之后才真正认识到岛上有多荒凉艰苦，没水、没电，基本生活都没办法保障。物质条件的艰苦，越发凸显精神的富饶。本来几次机会轮换回市区工作，但谢坚都放弃了。"以前我送电报，内容不是喜事，就是悲事。无论哪种，接报人大多会抱着我哭，对于伶仃岛的人来说，'家书抵万金'。"

谢坚说自己就是想干好本职工作，做一个中国版图上的小小螺丝钉。而在我们眼中，他更像是我国南海小岛上的一面旗帜。

"80后"用科技革新改进生产力

"无论时代如何变化，劳动创造价值永远是推动经济社会发展的基础。只有大家齐心协力地劳动，才能不断地创造价值，推动历史的车轮往前走。""80后"产业工人秦世俊在参加完劳模表彰大会后说。

秦世俊参加工作14年，累计完成25年的工作量，实施技术创新、小改小革660多项，提高生产效率1至8倍。"我庆幸自己的工作有一个踏实的起点。"在中航工业哈尔滨飞机工业集团，秦家"两代劳模"的故事为人们津津乐道。秦世俊的父亲曾被评为公司十大劳模之一。如今，儿子青出于蓝而胜于蓝了。

一身臭汗、满襟油泥，是父辈们的车工形象。"与父亲不同的是，现在产品加工靠软件控制、智能化操作，不仅劳动环境、强度大大改善，而且加工精度和工作效率也成倍提升。"秦世俊说。尝到了超越父辈的甜头，秦世俊在追求数控加工的道路上越走越远。他研究出"逆向思维、反向采点"的加工腹板新方法，将生产效率提高了8倍，一次交检合格率达到100%。在加工新机型尾减安装平台时，他创新的方法让零件加工周期一次性大幅缩短，加工成本降低了75%。

"工作条件越来越好、效率越来越高，这样的变化说明国家在发展、社会在进步。"工作13年就当上高级技师的秦世俊说，但不论怎样，脚踏实地、爱岗敬业的基础不能丢。"在这样的'变'与'不变'之间，年轻工人一代才能走好现代工业之路。"

（资料来源：新华网，2015-4-28。）

看了谢坚和秦世俊的事迹之后，请大家思考一下体力劳动和脑力劳动有什么不同，有高低贵贱之分吗？

二、任务资讯

（一）劳动的定义

劳动是人类特有的，为满足自身的物质和精神需要，有目的地调整和控制人和自然界之间的物质变换过程的一种改变自然物的社会实践活动。恩格斯在《劳动在从猿到人转变过程中的作用》一文中指出：在一定意义上说，"劳动创造了人本身"。所谓劳动是指人们运用一定的生产工具，作用于劳动对象，创造物质财富和精神财富的有目的的活动。劳动是人类社会存在和发展的最基本的条件，劳动在人类形成过程中起了决定性的作用。

马克思的劳动概念可以从以下三个层次来梳理：从生理需求层次看，劳动是满足人生理需求的生存手段；从主客体关系层次看，劳动是主体带有主观目的性的对象化活动，是人本质的确证；从社会关系层次看，人通过劳动生产出的产品与他人进行交换，形成并巩固了人与人之间的社会关系，也是人社会性的实现。从生理需求层次看，劳动是人特有的存在方式。正是因为这一"有意识的生命活动"把人从原始兽性群体中脱离出来，走向更高级的文明生存形式，劳动是满足人类生存和发展的基本活动，也是劳动存在的第一目的，马克思认为"全部人类历史的第一个前提无疑是有生命的个人的存在。因此，第一个需要确认的事实就是这些个人的肉体组织以及由此产生的个人对其他自然的关系"。受自然必然性的影响，人需要通过对自然界的依赖与索取使肉体得以存活，但人为了在自然界生存，凭借的不是守株待兔式的坐享其成，而是通过劳动即有意识、有目的的活动对大自然的改造。人们通过劳动对大自然的原生品进行适于人的改造，进而生产出能够满足人们生存需要的物质资料，为人类持续繁衍与长期发展提供了物质基础与保障。在劳动过程中通过劳作与思考会更好地发展，人们的体力与智力也在不断地满足人们日益丰富且多样的需求，此时的需求已不再是限于生存的需求，而是更好更全面发展的需求，是实现人全面发展的原始基点。

从主客体关系层次看，劳动是主体将主观目的性赋予在客体的媒介，是实现人本质的确证方式。人通过劳动将自己的主观意识融入改造客观世界的活动中，这种有意识的生命活动就是人区别于动物的证明，人在从事劳动之前就会在头脑中进行预演或预设，因此在劳动过程中"他不仅使自然物发生形式变化，同时他还在自然物中实现自己的目的，这个目的是他所知道的，是作为规律决定着他的活动的方式和方法，他必须使他的意志服从这个目的"。在《1844年经济学哲学手稿》中，马克思讨论了劳动的对象化活动。马克思认为，劳动是人类改造世界的对象性活动，通过劳动使人的本质力量作用于客体，使客体能够按照主体的需求而发生变化，从而创造出区别于自然存在物而带有人类活动烙印的对象物。"正是在改造对象世界中，人才真正地证明自己是类存在物。"因此，在马克思看来，自由自觉的活动便是人本质的确证，在主体与客体的转化过程中实现完善与发展。

在社会关系层次，劳动不仅是人的物质生产过程，还是人与人的社会关系生成过程。"随着新生产力的获得，人们改变自己的生产方式，随着生产方式即谋生的方式的改变，人们也就会改变自己的一切社会关系。"在一定的社会关系中，人们的劳动已经不局限于满足自我需要的劳动，更多的目的是生产的劳动产品与他人的产品相交换来获得自己所需的社会性劳动。人们在通过劳动对客观自然进行物质生产活动，物质资料通过生产、分配、交换、消费等形式，创造出了人与人相互依存、共同发展的社会关系，因此一个人通过劳动生产出的商品的使用价值，只有通过交换才能得到实现，即作用于他人身上。人是通过劳动确证其为现实的人，但劳动方式也会受到不同时期不同阶段社会关系，特别是生产关系的制约，在一定的社会关系中，人们的劳动也必然会带有社会性，"人是社会存在物，社会构成了个人存在和发展的前提，规定了人的现实本质"。

（二）劳动的三要素

人类的活动，只有具备了三个要素（劳动者、劳动资料和劳动对象），才能称为劳动。其中，劳动者处于主导地位。

（1）劳动者具体指达到法定年龄，具有劳动能力，以从事某种社会劳动获得收入为主要生活来源，依据法律或合同的规定，在用人单位的管理下从事劳动并获取劳动报酬的自然人。

（2）劳动资料也叫劳动手段，它是生产经营产品和提供各种服务过程中用以改变或影响劳动对象的一切东西，包括实体性劳动手段和非实体性劳动手段两个方面。

（3）劳动对象是指劳动者把自己的劳动加在其上的一切物质资料。劳动对象分为两类：一是没有经过加工的自然环境中的物质，如矿藏、森林；另一类是经过加工的原材料，如棉花、钢铁、粮食等。

（三）劳动的分类

1. 简单劳动和复杂劳动

劳动按照复杂程度可分为简单劳动和复杂劳动两大类。简单劳动是在一定的社会条件下不需要经过特别的专门训练，每个普通劳动者都能从事的劳动；而复杂劳动是需要经过专门学习和训练，从而在技术上比简单劳动复杂的劳动，它是强化了的简单劳动。简单劳动和复杂劳动是古典马克思主义劳动范畴中的重要概念，古典马克思主义认为，简单劳动是指劳动者从事生产时所消耗的体力和脑力的总和，是劳动者的"生理学意义上的消耗""不需要经过劳动者专门的教育和培养""一切生产部门的劳动最大限度地化为简单劳动，工人抛弃一切职业偏见""各种劳动都可以化为平均劳动或简单劳动"；复杂劳动是"自乘的、多倍的简单劳动，是受过一定教育和训练的劳动"。复杂劳动换算为简单劳动，并不是由商品生产者自觉进行的，而是"在生产者背后，由社会过程决定的"。这里主要涉及两个问题，即简单劳动和复杂劳动的形态划分和转化问题。

2. 脑力劳动、体力劳动和生理力劳动

按照传统的劳动分类理论，劳动可分为脑力劳动和体力劳动两大类。体力劳动是指以人体肌肉与骨骼的劳动为主，以大脑和其他生理系统的劳动为辅的人类劳动。脑力劳动是指以大脑神经系统的劳动为主，以其他生理系统的劳动为辅的人类劳动。生理力劳动是指除体力劳动和脑力劳动之外的其他形式的人类劳动。

一般的人类劳动由脑力劳动、体力劳动与生理力劳动按照不同的比例关系组合而成。通常意义上的脑力劳动是指脑力劳动占主要比例的复合劳动，体力劳动是指体力劳动占主要比例的复合劳动，生理力劳动是指生理力劳动占主要比例的复合劳动。在现实劳动中，既没有单纯的脑力劳动，也没有单纯的体力劳动。任何劳动都是脑力劳动与体力劳动的结合。马克思说过："单个人如果不在自己的头脑的支配下使自己的肌肉活动起来，就不能对自然发生作用。"一般性的体力劳动同样不能离开脑力与智力的活动。就以最简单的搬运工作来说，大约主要是肩背、背扛，这看上去只是在耗费体力。但是，如果要想节省一些体力，要想提高一些效率，同样也需要动脑。例如，所负重物应该放在肩背的什么位置，腰弯的角度大约是多少，迈步与行走应该注意哪些方面，而不至于造成腰背的损伤。更进一步，则是是否可以借助某些工具来提高效率，减轻强度。这种看上去似乎只需体力而无需脑力的劳动，并不能排除脑力方面的劳动。比如教师，上完两节课，也需要体力消耗。但也不能因此就说教师是纯粹的体力劳动者。物质产品的生产除了消耗体力，也需要消耗脑力；同样，生产精神产品除了消耗脑力，也同样需要消耗体力。

三、任务实施

（1）结合专业和个人实际，制作一份劳动实践策划书。

（2）用照片和视频记录自己的劳动实践经历，想一想哪些属于体力劳动，哪些属于脑力劳动，分享你的劳动实践心得。

（3）以专业班级为单位举办一场劳动成果展示评比活动。

四、小结

劳动是人类社会生存和发展的基础，主要是指生产物质资料的过程，通常是指能够对外输出劳动量或劳动价值的人类运动。劳动是人维持自我生存和自我发展的唯一手段。按照传统的劳动分类理论，劳动可分为脑力劳动和体力劳动两大类。

劳动是人类运动的一种特殊形式。在商品生产体系中，劳动是劳动力的支出和使用。马克思给劳动下了这样的定义："劳动力的使用就是劳动本身。劳动力的买者消费劳动力，就是让劳动力的卖者为其提供劳动。"

五、思考题

1. 劳动的三要素是什么？
2. 劳动的分类包括哪些？

> **名言赏析**
>
> 我知道什么是劳动：劳动是世界上一切欢乐和一切美好事情的源泉。
>
> ——高尔基

任务三　劳动的价值

【能力目标】

能表述劳动的价值。

【知识目标】

掌握劳动创造了人本身、劳动推动社会进步。

一、任务描述

案例分析

视频 1-3　劳动的价值

1989 年，时任福建宁德地委书记的习近平带领地直机关千余名干部到水利工地参加修整水渠劳动。

1995 年，时任福建省委副书记、福州市委书记的习近平在闽侯参加闽江下游防洪堤加固工程的劳动。他两手拿着铁锹，带头铲土，现场一片热火朝天的景象。

2019 年 8 月 21 日，正在甘肃考察的习近平总书记来到古浪县八步沙林场。考察中，他拿起一把开沟犁，参与到治沙劳动中。旁边的村民问："总书记的体力还好啊？"总书记说："这点体力还得有！"

通过这些事件，我们可以感受到，数十年来习近平总书记始终保持着劳动本色，扎根人民同劳动，情系人民心连心。

（资料来源：新华社）

请查找资料，谈一谈你对习近平总书记关于"社会主义是干出来的"的叙述是如何理解的。

二、任务资讯

（一）劳动创造了人本身

人既是自然界进化发展的产物，又是社会劳动的产物。早在一百多年前，达尔文的进化论就从生物学方面解答了人类起源的问题，得出了"人是由古猿进化而来的"的科学结论，如图 1-1 所示。但是，从猿向人的转化不是一个纯粹生物进化的过程。古猿在体质形态和群体结构上的变化，只是为人和人类社会的产生提供了自然前提。而人和人类社会产生的内在机制和现实基础，则是社会的生产劳动。正如恩格斯所说，劳动"是整个人类生活的第一个基本条件，而且达到这样的程度，以致我们在某种意义上不得不说：劳动创造了人本身"。

图 1-1　人是由古猿进化而来的

人类的祖先是一种在森林中生活的古猿。它曾经是地球上最高级的动物。从已发现的古猿化石可知，古猿的前肢较短，后肢较长，具有向直立行走发展的有利条件；它的脑袋较大，也比其他动物发达。但古猿和自然界其他动物一样，只具有受本能所驱使的活动能力。虽然动物有些本能活动可能达到相当精巧的程度，然而它与人的劳动有着本质的区别。

两者的区别主要在于：①人类劳动是有目的、有计划的自觉活动，活动的结果事先已在人的观念中存在；动物受本能所驱使的活动是无意识的，它们不能事先"观念地"制造出活动的结果。②人类劳动是人对自然界的积极改造，通过劳动来支配自然界，并在自然界打下自己意志的印记；动物的本能活动则仅仅是适应和利用自然界，单纯以自己的存在使自然界发生改变。③人类劳动从制造工具开始，制造和使用劳动工具是人类劳动必然的、普遍的要素；而动物的"工具"一般说来只是它们的躯体（爪、牙等），某些动物偶尔也使用自然界现成的工具，但它们永远制造不出哪怕是极粗笨的石斧来。劳动是人类区别于包括猿群在内的其他动物的特征，而制造工具则是人类不同于动物本能活动的根本标志。

首先，直立行走和手脚的彻底分工，对人的体质形态的形成及其能力的发展具有重要的意义。一方面，它扩大了古猿的视野，为附着于头上的各种感觉器官（眼、耳、鼻）和发音器官（喉管、口腔）的发展创造了条件，并使大脑接收和处理的信息急剧增加，从而也促进了大脑的发展。另一方面，它解放了猿的前肢，使前肢从撑持身子的重负中解脱出来，专门从事取食和御敌的活动，从而使古猿生存的能力显著增强。更为重要的是，由于古猿经常用前肢把握自然界现成的"工具"从事各种取食和御敌的活动，这就使前肢日益灵活并精巧，"这样获得的较大的灵活性便遗传下来，一代一代地增加着"，从而使猿的前肢逐渐地变成了人的手。所以恩格斯说："手不仅是劳动的器官，它还是劳动的产物。""手的专门化意味着工具的出现，而工具意味着人所特有的活动，意味着人对自然界进行改造的反作用，意味着生产。"所以恩格斯称直立行走和手脚的彻底分工，"这就完成了从猿转变到人的具有决定意义的一步"。

其次，劳动把类人猿的发音器官改造成为人的发音器官，并创造了语言。随着原始劳动规模的不断扩大，随着古猿生理结构和心理特征的日益完善和发展，为了更好地协调彼此之间的活动，"这些正在形成中的人，已经到了彼此间有些什么非说不可的地步了"。而直立行走又为发音器官的发展创造了条件。"猿类不发达的喉头，由于音调的抑扬顿挫的不断增多，缓慢地自然而肯定地得到改造，而口部的器官也逐渐学会了发出一个个清晰的音节"，从而导致了语言的出现。

最后，劳动把猿的大脑和感觉器官改造成为人的大脑和感官器官，形成了人的心理感知及抽象思维能力，形成了人们所特有的思维意识。由于劳动和语言的推动，这些"正在形成中的人"的大脑也日益发达，容量越来越大，结构也越来越复杂。随着直立行走和猿脑变成人脑，人的各种感觉器官也得到相应的发展，感觉能力不断提高。这样，随着人脑和人的感觉器官的形成，人不仅能从周围环境中获得较之猿类更加丰富的感性印象，而且能够借助语言把这些感性印象概括起来和巩固下来，从而使人的意识所特有的抽象思维能力形成和发展起来。这种能够借助语言进行抽象思维的人，已经是"完全形成的人"。

就这样,"首先是劳动,然后是语言和劳动一起,成了两个最主要的推动力,在它们的影响下,猿的脑髓就逐渐地变成人的脑髓"。正因为人的体质形态、心理特征以及意识和语言都是在社会劳动的作用下形成的,所以恩格斯说"劳动创造了人本身"。

(二)劳动推动社会进步

生产力的发展是衡量社会进步与否的根本标准。这是因为生产力发展是社会发展的根本内容;生产力发展是实现社会发展目标的根本条件;生产力发展是社会发展的集中体现,是社会文明发展水平的根本标志。在我国社会主义现代化建设中,把发展生产力摆在首位,坚持以经济建设为中心,推动社会全面进步。坚持判断一切工作的是非得失,归根到底,要以是否有利于发展社会主义社会的生产力,是否有利于增强社会主义国家的综合国力,是否有利于提高人民的生活水平为标准。这是对社会主义历史经验的深刻总结,是生产力标准在新时期的具体运用。

劳动是推动人类社会进步的根本力量。正是因为劳动创造,我们拥有了历史的辉煌;也正是因为劳动创造,我们拥有了今天的成就。奋进新时代、开启新征程,必须紧紧依靠人民、始终为了人民,必须依靠辛勤劳动、诚实劳动、创造性劳动,为夺取全面建设社会主义现代化国家新胜利汇聚强大正能量。

幸福不会从天而降,梦想不会自动成真,实现我们奋斗的目标,开创我们美好的未来,必须紧紧依靠人民、始终为了人民,中国特色社会主义事业的大厦是靠一砖一瓦砌成的,人民的幸福是靠一点一滴创造得来的。劳动人民是世界上最伟大的人民,他们用劳动创造了世界,创造了我们今天的幸福生活。

清晨,环卫工人已早早地拿着扫把,在大街上开始了一天的工作。他们挥舞着扫把,把大街上的落叶和街边马路上的垃圾扫得干干净净,看着干干净净的马路,他们是那么骄傲和自豪。

建筑工人用他们宽阔的肩膀扛起一袋袋水泥、一根根钢筋、一把把铁锹,托起了一座座新时代的住宅、商场、学校,沟通了一条条铁路,让交通更加便利快捷。

巨大的成就是靠我们的双手拼出来的,美好的未来,我们不只是憧憬,还要更多地创造,让我们热爱劳动,用我们的努力回报伟大的劳动人民,用我们的辛勤劳动去描绘祖国美好的未来。

习近平总书记2022年6月在宁夏考察时强调,社会主义是干出来的。正是靠着工人阶级埋头苦干、真抓实干的拼搏精神,我们才能实现一个又一个伟大目标,取得一个又一个丰硕成果。

马克思说过:"劳动才是人的第一需要,任何一个民族,如果停止了劳动,不用说一年,就是几个星期,也要灭亡。"可以说,马克思把"劳动""实践"和"干"提高到了关系民族生死存亡的高度。中国特色社会主义各项事业的发展也是如此,如果离开了"干",一切都是空谈,都将成为"乌托邦"。邓小平同志也说过:"世界上的事情都是干出来的,不干,半点马克思主义都没有。"习近平总书记也多次强调,"空谈误国,实干兴邦",干部要"坚持实事求是、求真务实、真抓实干"。总之,"干"是社会主义发展的"硬道理"。

"社会主义是干出来的",必须明确"为什么要干"的问题。功崇惟志,业广惟勤。全面建成小康社会、"两个一百年"的奋斗目标和伟大复兴中国梦的实现,都不可能唾手可得,都离不开中华儿女筚路蓝缕、手胼足胝的艰苦奋斗。中国共产党的发展历史充分证明,"干"是党和国家各项事业蓬勃发展、人民群众福祉不断提高的重要法宝。而中国共产党人就是一批具有"实干"政治品格和政治精神的人,"是用特殊材料制成的人",这一"特殊"就是特别能吃苦、特别能战斗、特别能攻坚、特别能奉献。

"社会主义是干出来的",必须明确"怎样去干"的问题。干,要"认准了就干"。事物的矛盾和问题在初期都比较小,也比较容易解决,如果错过关键时期,就可能使小矛盾变成大矛盾,小问题变成大问题,所以各级领导干部必须以时不待我的紧迫感、危机感,把党中央和国家的各项工作部署不折不扣地落实到位,将问题解决在萌芽状态。干,要"埋头苦干"。在工作中绝不要嘴皮子,不说空话大话,不贪图虚名,力戒形式主义和虚假之风,勤奋务实,迎难而上。干,要"创造性地干"。面对工作中的新问题、新情况,不要急躁冲动,也不要墨守成规。要多动脑、勤思考,要敢于"跳出来",冲破思想观念上的障碍,突破固化利益的藩篱,用创造性的思维想问题,用创造性的方法解决问题。

"社会主义是干出来的",必须明确"干得如何"的问题。比如干部干工作,就必须"干出点成绩来",绝不能成为"思想上的巨人,行动上的矮子",也不能追求"表面政绩"。那如何检验干部干得如何?这把尺子就掌握在历史实践和人民群众手中。实践是检验真理的唯一标准,干部的工作成绩应该在实践中反映出来,也应该经得住历史实践的检验。所以不要追求眼前利益、短期利益,而是要把眼光放长远些,追求长远利益。"金杯银杯不如老百姓的口碑",人民群众的满意度也是检验干部工作的重要标准,要坚持人民群众的利益高于一切,把实现好、维护好和发展好最广大人民群众的根本利益作为一切工作的出发点和落脚点,把"人民群众的满意"当成工作的根本和命脉。

三、任务实施

请阅读资料,谈一谈你对"社会主义是干出来的"这一论述的看法。

"纸上得来终觉浅,绝知此事要躬行。"学到的东西,不能停留在书本上,不能只装在脑袋里,而应该落实到行动上,做到知行合一、以知促行、以行求知,正所谓"知者行之始,行者知之成"。每一项事业,不论大小,都是靠脚踏实地、一点一滴干出来的。"道虽迩,不行不至;事虽小,不为不成。"这是永恒的道理。做人做事,最怕的就是只说不做,眼高手低。不论学习还是工作,都要面向实际、深入实践,实践出真知;都要严谨务实,一分耕耘一分收获,苦干实干。广大青年要努力成为有理想、有学问、有才干的实干家,在新时代干出一番事业。我在长期工作中最深切的体会就是:社会主义是干出来的。

——2018年5月2日,习近平总书记在北京大学师生座谈会上的讲话

大兴国际机场能够在不到5年的时间里就完成预定的建设任务,顺利投入运营,充分展现了中国工程建筑的雄厚实力,充分体现了中国精神和中国力量,充分体现了中国

共产党领导和我国社会主义制度能够集中力量办大事的政治优势。新中国70年何等辉煌！中国共产党领导中国人民实现了一个又一个"不可能"，创造了一个又一个难以置信的奇迹。奇迹是干出来的，社会主义是干出来的。中国共产党和中国人民有雄心、有自信继续奋斗，朝着实现"两个一百年"奋斗目标、实现中华民族伟大复兴的中国梦奋勇前进。实践充分证明，中国人民一定能，中国一定行。

——2019年9月25日，习近平总书记在出席北京大兴国际机场投运仪式时的讲话

中华民族是多元一体的伟大民族。全面建成小康社会，一个少数民族也不能少。各民族团结携手，共同迈进全面小康，体现了中华民族优良传统，体现了中国特色社会主义制度的显著优势。社会主义是干出来的，幸福是奋斗出来的。有党和政府持续努力，有各族群众不懈奋斗，今后的生活一定会更好更幸福。

——2020年6月，习近平总书记在宁夏考察时强调

社会主义是干出来的，新时代是奋斗出来的。这次受到表彰的全国劳动模范和先进工作者，是千千万万奋斗在各行各业劳动群众中的杰出代表。他们在平凡的岗位上创造了不平凡的业绩，以实际行动诠释了中国人民具有的伟大创造精神、伟大奋斗精神、伟大团结精神、伟大梦想精神。希望大家珍惜荣誉、保持本色，谦虚谨慎、戒骄戒躁，继续发挥示范带头作用。

——2020年11月24日，习近平总书记在全国劳动模范和先进工作者表彰大会上的讲话

白鹤滩水电站是实施"西电东送"的国家重大工程，是当今世界在建规模最大、技术难度最高的水电工程。全球单机容量最大功率百万千瓦水轮发电机组，实现了我国高端装备制造的重大突破。你们发扬精益求精、勇攀高峰、无私奉献的精神，团结协作、攻坚克难，为国家重大工程建设作出了贡献。这充分说明，社会主义是干出来的，新时代是奋斗出来的。

——2021年6月28日，习近平总书记在祝贺金沙江白鹤滩水电站首批机组安全准点投产发电的贺信中指出

（资料来源：党建网微平台）

四、小结

劳动和自然界一起才是一切财富的源泉，自然界为劳动提供材料，劳动把材料变为财富。劳动是整个人类生活的第一个基本条件。劳动使猿变成了人，劳动创造了人本身，是培养人、塑造人和发展人的重要手段，是推动人类社会进步的根本力量。

五、思考题

1. 人与猿的区别是什么？
2. 劳动在社会进步中的作用是什么？
3. 如何理解"社会主义是干出来的"？

> **名言赏析**
>
> 知识是从劳动中得来的,任何成就都是刻苦劳动的结晶。
>
> ——宋庆龄

任务四　马克思主义劳动观

【能力目标】

能理解马克思主义劳动观。

【知识目标】

掌握马克思主义劳动观。

一、任务描述

案例分析

2018年,习近平总书记在"五一"国际劳动节前夕,给中国劳动关系学院劳模本科班的同志们回信,站在坚持和发展新时代中国特色社会主义的战略高度,勉励全国劳动模范"珍惜荣誉、努力学习""用你们的干劲、闯劲、钻劲鼓舞更多的人,激励广大劳动群众争做新时代的奋斗者",强调"社会主义是干出来的,新时代也是干出来的",重申"劳动最光荣、劳动最崇高、劳动最伟大、劳动最美丽",号召"全社会都应该尊敬劳动模范、弘扬劳模精神,让诚实劳动、勤勉工作蔚然成风"。这些重要思想,开辟了马克思主义劳动思想新境界。

(资料来源:光明网)

请思考:学习马克思主义劳动观对于我们当代大学生有什么作用?

二、任务资讯

马克思认为,"全部人的活动迄今都是劳动"。马克思主义劳动观是马克思主义理论体系的重要组成部分,主要包括以下三个基本观点:第一,人是劳动的产物,劳动创造了人类生存所必需的全部物质条件和精神条件。马克思说:"任何一个民族,如果停止劳动,不用说一年,就是几个星期,也要灭亡,这是每一个小孩都知道的。"劳动是人的生命存在和全部社会活动的前提,作为生命存在的人要解决吃、穿、住的生活问题,必须从事生产劳动,通过劳动改造自然,从大自然中获取生活资料;第二,劳动是人类全部社会关系形成和发展的基础。人们在劳动过程中,一方面同自然界发生关系,另一方面在人们之间又结成了生产关系;第三,劳动是促使社会历史发展的根本推动力量。

社会发展的最终决定力量不是精神、意志、神灵，而是人的劳动实践。

马克思主义对于劳动的论述，主要体现为劳动本质论、劳动价值论以及劳动解放论。

（一）劳动本质论

"人的本质"是什么，一直是困扰哲学界的一个重要命题。马克思主义认为，劳动是人的本质，人的本质是一切社会关系的总和。

第一，劳动创造了人。人类在劳动过程中开始越来越多地体现自己的主观能动性，将人类从动物界分离出来的就是这种有意识的劳动过程。这种特有的活动形式，其目的在于改造自然界以满足自身需求。所以马克思认为，通过劳动，人类就可以证明自身的诞生和形成。

第二，劳动创建了人类社会。劳动在人类社会发展中具有基础性的作用。为了生存，人类必须生产劳动，以获得生存所必需的物质资料。劳动是社会中的劳动，在物质生产劳动中人们会结成一定的社会关系，即产生了社会。在其现实性上，社会就是个人彼此间关系的总和。当人开始生产生活资料，即迈出由肉体组织所决定的这一步的时候，人本身就开始把自己和动物区别开来。马克思、恩格斯在《德意志意识形态》中明确地指出："全部人类历史的第一个前提无疑是有生命的个人的存在。"而这"有生命的个人"之所以能够存在，最主要的是因为他们能通过自己的劳动来创造和生产物质生活资料。因此，"第一个需要确认的事实就是这些个人的肉体组织以及由此产生的个人对其他自然的关系"。劳动的过程就是人通过自身的劳动作用于自然的过程，是人的本质力量与自然之间的一种物质交换过程，正是"通过实践创造对象世界，改造无机界，人证明自己是有意识的类存在物，就是说是这样一种存在物，它把类看作自己的本质，或者说把自身看作类存在物"。

第三，劳动是一切价值的创造者。马克思认为"劳动是一切价值的创造者。只有劳动才赋予已发现的自然产物以一种经济学意义上的价值"。恩格斯在《自然辩证法》中也同样有着明确的表述，"其实，劳动和自然界在一起它才是一切财富的源泉，自然界为劳动提供材料，劳动把材料变为财富。但是劳动的作用还远不止于此。它是一切人类生活的第一个基本条件，而且达到了这样的程度，以致我们在某种意义上不得不说：劳动创造了人本身"。劳动是人类创造物质和精神财富的活动。

第四，劳动创造了社会关系。劳动不仅创造了人与自然的关系，劳动还形成了人与人之间（即"劳动资料的占有和使用关系，劳动的分工和协作关系，劳动产品的交换、分配和消费关系等"）以及人与主观意识之间的关系，而这些关系成为人类社会的基本关系。社会是人类劳动的产物，是劳动活动的展开形式，也必将随着劳动的发展而发展。马克思认为自然界是人原始的食物仓和劳动资料库。劳动资料也就是劳动工具、生产资料，是人在劳动中创造的，从客观物质世界获取生存资料的手段。劳动者通过劳动工具将劳动传导到劳动对象上，目的在于获取生存资料。劳动工具是人的四肢的延长，是人的能力的放大，是人征服自然的能力的根本标志。

（二）劳动价值论

劳动价值论是马克思主义政治经济学的基础理论。劳动价值论详细阐述了商品经济的本质和运行规律。马克思从商品入手，引出商品的二重性——价值和使用价值，商品的使用价值就是"物的有用性"，而商品的价值是指凝结在商品中的无差别的人类劳动。劳动的二重性决定了商品的二重性。具体劳动创造使用价值，抽象劳动创造价值。资本主义生产方式下资本家通过买卖劳动力，劳动力成为商品，资本家按照劳动力的价值支付劳动者一定的工资。但是，同时资本家通过延长劳动时间和提高劳动生产率的方式，提高劳动力所创造出来的价值，这个价值和资本家所支付的劳动力的价值之间产生差额，而这个差额就是剩余价值。马克思通过对资本家私人占有社会财产，从而拥有占有活劳动的权力，研究得出"私有制是万恶之源"的结论。并且在此基础上，阐释了劳动的异化、阶级理论和剥削理论。

"劳动的异化"是马克思主义理论的独特贡献。马克思在《1844 年经济学哲学手稿》中论述了资本主义生产方式下，劳动的现实化就是劳动的对象化。在国民经济学假定的状况中，劳动的这种现实化表现为工人的非现实化，对象化表现为对象的丧失和被对象奴役，占有表现为异化、外化。劳动的异化和外化，使得工人对自己劳动产品的关系就是对一个异己对象的关系。工人与劳动的关系，变为一种紧张的对立关系。马克思通过对异化的、外化的劳动的具体分析，得出私有财产是外化劳动的必然结果。再一次确证了"劳动者在资本主义生产关系中从商品生产者到生产工人，再到总体工人的发展，资本家从单个资本家到社会资本家，再到总资本家的发展，是在生产劳动和非生产劳动对立基础上阶级矛盾根本无法调和的集中反映"。阶级在词典中的含义是"由于人们在一定的社会经济结构中所处的地位不同而形成的社会集团"。由于社会分工的存在，生产资料所有制的不同，造成了对于生产成果的占有和分配的不公和矛盾，而出现了阶级，阶级斗争推动了社会发展。而马克思劳动价值论中的剩余价值理论最简明地揭示了资本主义社会，资本家对于工人的剥削现象的产生，从而体现了无产阶级和资产阶级之间利益的根本对立和不可调和的矛盾冲突。

（三）劳动解放论

马克思主义立足于"实践论"的基础之上，推翻了先前旧哲学先验主义本体论的思维方法，从对"人的本质"的论述和对"异化劳动"的批判中，寻求人的解放的最终途径。在《1844 年经济学哲学手稿》中，马克思批判了黑格尔只承认"精神劳动"的价值，只知道劳动的积极方面，而忽略了其消极方面。他进一步指出："劳动这种生命活动、这种生产生活本身对人说来不过是满足他的需要即维持肉体生存的需要的手段……一个种的全部特性、种的类特性就在于生命活动的性质，而人的类特性恰恰就是自由的自觉的活动。"人正是通过"现实的劳动"来"使自己的生命活动本身变成自己意志的和自己意识的对象"，从而实现其真正的自由与解放。

但是，在资本主义时代大机器生产方式下，人的劳动被异化。异化不仅导致了劳动者与生产资料以及劳动成果的分离，异化还导致了人与人之间关系的异化以及社会的异化。"劳动异化"导致了人的类本质的异化。异化状态是人类解放和自由的障碍。而要改变这个状态，就必须通过革命消灭资本主义赖以生存的经济基础——私有制。只有这样，人类才能获得真正的劳动快乐和自由，才能获得根本的解放。那将是一个美好的理想世界"代替存在着阶级和阶级对立的资产阶级旧社会，将是这样一个联合体，在那里，每个人的自由发展是一切人的自由发展的条件"。这样的人类解放的理想并非子虚乌有的"乌托邦"，而是建立在"人的现实劳动"基础之上的人的解放和社会解放的统一。

把历史与未来架构在现实的劳动过程之中进行考察，这是马克思主义唯物史观的进步之处。"马克思没有停留在哲学理论的一般描述上，而是在唯物史观和剩余价值学说的基础上，通过对资本主义社会的批判，进一步揭示了人的本质及其异化在政治领域（国家和法）、经济关系领域（市民社会）的表现，最后终于在物质生产领域抓住了人的最根本的本质——劳动，以及人的本质的最根本的异化——劳动异化，从而找到了打开一切人类之谜和历史之谜的钥匙。"

马克思对于人的解放的思考并没有停留在对资本主义"劳动异化"的批判上，他还进一步提出了"劳动复归"理论。只有彻底消除私有制，社会生产得到极大的发展，人类才能从劳动的束缚和奴役状态中解放出来，真正享受劳动所带来的创造的快乐，自由地分配自己的时间，拥有自己的劳动成果，从而实现劳动的解放和人类的解放。

马克思主义在劳动这个概念阐释的基础之上，产生了一系列的问题探讨，例如，生产与消费、脑力劳动与体力劳动、分工与分配、价值与使用价值、劳动的剩余价值、劳动的异化、人类的解放、社会的进步以及阶级的对立、社会发展的规律等。"劳动"决定了社会生活的全部。并且，在马克思思想中，"劳动和劳动者被赋予了史无前例的神圣性和优越感。简而言之，劳动取代了所有传统社会之中的'理论''实践''上帝''资产'等地位，并且成为检视一切事物是否合乎人的理性的唯一标准"。

马克思劳动观是唯物史观的核心内容，是中国共产党人劳动思想的理论源泉。党的十八大以来，在继承和发展马克思劳动观的基础上，我们党逐步形成了新时代的马克思劳动观。因而，厘清其内涵和价值，对维护劳动者主体地位、促进社会财富更加公平合理分配、发展和谐劳动关系具有重要意义。马克思主义劳动观要求我们必须始终坚持马克思劳动观，深刻把握劳动对于促进人类进步、引领经济社会发展的重要作用，并结合我国具体国情，将新时代马克思劳动观贯彻落实到社会主义现代化建设实践全过程各方面。

三、任务实施

开展班级讨论：学习马克思主义劳动观对于我们当代大学生有什么作用？

四、小结

马克思主义劳动观的诞生，是人类劳动学说史上的一座里程碑。马克思主义劳动观第一次全面阐述了劳动在人类社会发展史上的决定性作用，由此揭示了人类社会发展的一般规律。马克思主义劳动观不但在人类劳动学说史上具有重要的理论价值和历史地位，而且对新时代坚持和发展中国特色社会主义、实现中华民族伟大复兴的中国梦具有十分重要的意义。

大学生学习马克思主义劳动观，有利于树立劳动创造世界的马克思主义劳动观点，批驳轻视劳动、轻视劳动人民的剥削阶级观点。大学生应牢固树立马克思主义劳动观，认识到劳动人民既是历史的创造者，又是中国特色社会主义事业的建设者和主人，从而投身到社会主义建设的伟大事业中。

五、思考题

1. 简述马克思主义劳动观的三个基本观点。
2. 马克思对于劳动的论述体现在哪几个方面？

> **名言赏析**
>
> 生产劳动和教育的早期结合是改造现代社会的最强有力的手段之一。
>
> ——马克思

拓展阅读

马克思主义劳动观的当代价值

马克思主义劳动观的诞生，是人类劳动学说史上的一座里程碑。马克思主义劳动观第一次全面阐述了劳动在人类社会发展史上的决定性作用，由此揭示了人类社会发展的一般规律。马克思主义劳动观不仅在人类劳动学说史上具有重要的理论价值和历史地位，而且对新时代坚持和发展中国特色社会主义、实现中华民族伟大复兴的中国梦具有十分重要的意义。

为实现民族复兴指明了必经之路。马克思主义认为，劳动是人类生存的基本条件，"为了满足需求，就需要有劳动"。劳动造就了中华民族的辉煌历史，也必将创造出中华民族的光明未来。正如习近平总书记所指出的，"劳动是财富的源泉，也是幸福的源泉。人世间的美好梦想，只有通过诚实劳动才能实现；发展中的各种难题，只有通过诚实劳动才能破解；生命里的一切辉煌，只有通过诚实劳动才能铸就。"在近百年奋斗历程中，我们党团结带领全国人民进行革命、建设和改革，使中华民族迎来了实现伟大复兴的光明前景。越是接近目标，越要依靠劳动。我们要把马克思主义劳动观蕴含的科学真理运用到新时代坚持和发展中国特色社会主义的伟大实践中去，不断推进中华民族伟大复兴事业。

为进行社会革命揭示了主体力量。马克思主义认为，"整个所谓世界历史不外是人通过人的劳动而诞生的过程"。社会主义是干出来的，新时代也是干出来的。新时代中国特色社会主义是我们党领导人民进行伟大社会革命的成果，也是我们党领导人民进行伟大社会革命的继续。要把新时代坚持和发展中国特色社会主义这场伟大社会革命进行好，根本上靠劳动、靠劳动者创造。一切不劳而获、投机取巧、贪图享乐的思想都是错误的，任何时候任何人都不能看不起普通劳动者。我们要在全社会大力弘扬劳动精神，推动全社会热爱劳动、投身劳动、爱岗敬业，让劳动光荣成为铿锵的时代强音，让勤奋做事、勤勉为人、勤劳致富在全社会蔚然成风，为实现中华民族伟大复兴的中国梦凝聚强大精神动能。

为进行自我革命奠定了理论基础。马克思主义认为，共产党人是劳动人民当中最彻底最坚定的先进分子，是最不知疲倦的、无所畏惧的和可靠的先进战士，为建设共产主义社会而奋斗。劳动是马克思主义政党先进性和纯洁性的内在要求。正如习近平总书记所指出：劳动，是共产党人保持政治本色的重要途径，是共产党人保持政治肌体健康的重要手段，也是共产党人发扬优良作风、自觉抵御"四风"的重要保障。我们党不断进行自我革命的目的，就是同一切影响党的先进性、弱化党的纯洁性的问题做坚决斗争，确保我们党永远做人民公仆、时代先锋、民族脊梁。

（资料来源：新华社，2020-5-1。）

项目二

新时代劳动观念

▶ 模块导学

劳动是人类的本质活动，劳动促进人的全面发展，劳动也是中华民族的传统美德。中国共产党历来重视劳动在社会发展、人类进步和个人成长中的重要作用。然而，近年来由于多元社会思潮对人们正确劳动观的冲击、劳动价值观的错位以及培育时代新人的迫切需要，以习近平同志为核心的党中央以问题为导向，立足新时代劳动的基本特点，在坚持历届党的领导集体劳动思想的基础上，把马克思主义劳动观与新时代中国具体实际相结合，同时汲取了中华优秀传统文化中的劳动思想精华，形成了较为系统完整的新时代劳动观。习近平新时代劳动观内容极其丰富，不仅包括劳动价值论、劳动精神论、劳动幸福论，还包括劳动和谐论、劳动创新论等。习近平新时代劳动观是习近平新时代中国特色社会主义思想的重要组成部分，不仅丰富了中国化马克思主义劳动观，为新时代各个阶层的劳动提供理论指引，而且能够引导人民群众树立正确的劳动观念，促进全社会营造一种尊重劳动的氛围，同时也利于培育担当民族复兴大任的时代新人。

【能力目标】
1. 用科学的劳动理念和精神指引行动，形成良好的劳动品质；
2. 弘扬新时代劳模精神、劳动精神、工匠精神；
3. 树立规则意识和团队合作意识，践行三大精神。

【知识目标】
1. 正确理解和形成马克思主义劳动观，充分理解三种精神的时代背景和意义；
2. 掌握三种精神的科学内涵和内在的逻辑关系；
3. 明确提升个人劳动精神面貌的意义、方法和途径。

【素质目标】
1. 做敬业爱岗、具有民族精神和时代精神的从业者；
2. 增强职业荣誉感和责任感，培育积极向上的劳动精神和认真负责的劳动态度；
3. 在学习和实践中制定好技能成才规划，并为之付出努力和实践。

任务一　习近平总书记的劳动情怀

【能力目标】

树立正确的新时代劳动观念。

【知识目标】

了解习近平总书记关于新时代劳动观念的阐述思路。

一、任务描述

党的十八大以来，习近平总书记多次围绕劳动的价值、弘扬劳动精神、构建和谐劳动关系等内容进行深刻阐述，内涵丰富、思想深邃，为决胜全面建成小康社会、夺取新时代中国特色社会主义伟大胜利、实现中华民族伟大复兴的中国梦提供了强大的思想引领和精神支撑。

习近平总书记都在哪些场合和背景下提出了怎样的劳动观念呢？

视频2-1　习近平总书记的劳动情怀

二、任务资讯

（一）谈劳动的价值

人民对美好生活的向往，就是我们的奋斗目标。人世间的一切幸福都需要靠辛勤的劳动来创造。我们的责任，就是要团结带领全党全国各族人民，继续解放思想，坚持改革开放，不断解放和发展社会生产力，努力解决群众的生产生活困难，坚定不移走共同富裕的道路。

——2012年11月15日，习近平总书记同采访党的十八大的中外记者见面时指出

"功崇惟志，业广惟勤。"我国仍处于并将长期处于社会主义初级阶段，实现中国梦，创造全体人民更加美好的生活，任重而道远，需要我们每一个人继续付出辛勤劳动和艰苦努力。

——2013年3月17日，习近平总书记在第十二届全国人民代表大会第一次会议上的讲话

人民创造历史，劳动开创未来。劳动是推动人类社会进步的根本力量。幸福不会从天而降，梦想不会自动成真。实现我们的奋斗目标，开创我们的美好未来，必须紧紧依靠人民、始终为了人民，必须依靠辛勤劳动、诚实劳动、创造性劳动。我们说"空谈误国，实干兴邦"，实干首先就要脚踏实地劳动。

——2013年4月28日，习近平总书记在同全国劳动模范代表座谈时的讲话

劳动是一切成功的必经之路。当前，全国各族人民正满怀信心为实现"两个一百年"奋斗目标而努力。实现我们确立的奋斗目标，归根到底要靠辛勤劳动、诚实劳动、科学劳动。

——2014年4月30日，习近平总书记在乌鲁木齐接见劳动模范和先进工作者、先进人物代表，向全国广大劳动者致以"五一"节问候

全面建成小康社会，进而建成富强民主文明和谐的社会主义现代化国家，根本上靠劳动、靠劳动者创造。因此，无论时代条件如何变化，我们始终都要崇尚劳动、尊重劳动者，始终重视发挥工人阶级和广大劳动群众的主力军作用。这就是我们今天纪念"五一"国际劳动节的重大意义。

——2015年4月28日，习近平总书记在庆祝"五一"国际劳动节暨表彰全国劳动模范和先进工作者大会上的讲话

劳动是人类的本质活动，劳动光荣、创造伟大是对人类文明进步规律的重要诠释。"民生在勤，勤则不匮。"中华民族是勤于劳动、善于创造的民族。正是因为劳动创造，我们拥有了历史的辉煌；也正是因为劳动创造，我们拥有了今天的成就。

——2015年4月28日，习近平总书记在庆祝"五一"国际劳动节暨表彰全国劳动模范和先进工作者大会上的讲话

梦想属于每一个人，广大劳动群众要敢想敢干、敢于追梦。说到底，实现中华民族伟大复兴的中国梦，要靠各行各业人们的辛勤劳动。

——2016年4月26日，习近平总书记在知识分子、劳动模范、青年代表座谈会上的讲话

全党全军全国各族人民要在中国共产党坚强领导下，同心同德，开拓进取，用辛勤劳动创造中国人民的美好生活、创造中华民族的美好未来，继续同世界各国人民一道构建人类命运共同体。

——2019年2月3日上午，中共中央、国务院在人民大会堂举行2019年春节团拜会，习近平总书记发表讲话时强调

光荣属于劳动者，幸福属于劳动者。

——2020年11月24日，习近平总书记在全国劳动模范和先进工作者表彰大会上的讲话

希望广大劳动群众大力弘扬劳模精神、劳动精神、工匠精神，诚实劳动、勤勉工作，锐意创新、敢为人先，依靠劳动创造扎实推进中国式现代化，在强国建设、民族复兴的新征程上充分发挥主力军作用。

——2023年4月30日，在"五一"国际劳动节到来之际，习近平总书记向全国广大劳动群众致以节日的祝贺和诚挚的慰问

要大力弘扬劳模精神、劳动精神、工匠精神，发挥好劳模工匠示范引领作用，激励广大职工在辛勤劳动、诚实劳动、创造性劳动中成就梦想。

——2023年10月23日，习近平总书记在同中华全国总工会新一届领导班子成员集体谈话时指出

（二）谈弘扬劳动精神

"一勤天下无难事。"必须牢固树立劳动最光荣、劳动最崇高、劳动最伟大、劳动最美丽的观念，让全体人民进一步焕发劳动热情、释放创造潜能，通过劳动创造更加美好的生活。

——2013年4月28日，习近平总书记在同全国劳动模范代表座谈时的讲话

要在全社会大力弘扬我国工人阶级的优秀品质，大力宣传劳动模范和其他典型的先进事迹，加强对广大青少年的教育，让劳动最光荣、劳动最崇高、劳动最伟大、劳动最美丽的观念蔚然成风，让全体人民进一步焕发劳动热情、释放创造潜能，通过劳动创造更加美好的生活。

——2013年10月23日，习近平总书记在同中华全国总工会新一届领导班子集体谈话时指出

我们要在全社会大力弘扬劳动光荣、知识崇高、人才宝贵、创造伟大的时代新风，促使全体社会成员弘扬劳动精神，推动全社会热爱劳动、投身劳动、爱岗敬业，为改革开放和社会主义现代化建设贡献智慧和力量。劳动模范和先进工作者、先进人物不仅自己要做好工作，而且要身体力行向全社会传播劳动精神和劳动观念，让勤奋做事、勤勉为人、勤劳致富在全社会蔚然成风。特别是要通过各种措施和方式，教育引导广大青少年牢固树立热爱劳动的思想、牢固养成热爱劳动的习惯，为祖国发展培养一代又一代勤于劳动、善于劳动的高素质劳动者。

——2014年4月30日，习近平总书记在乌鲁木齐接见劳动模范和先进工作者、先进人物代表，并同他们座谈时强调

我们一定要在全社会大力弘扬劳模精神、劳动精神，大力宣传劳动模范和其他典型的先进事迹，引导广大人民群众树立辛勤劳动、诚实劳动、创造性劳动的理念，让劳动光荣、创造伟大成为铿锵的时代强音，让劳动最光荣、劳动最崇高、劳动最伟大、劳动最美丽蔚然成风。要教育孩子们从小热爱劳动、热爱创造，通过劳动和创造播种希望、收获果实，也通过劳动和创造磨炼意志、提高自己。

——2015年4月28日，习近平总书记在庆祝"五一"国际劳动节暨表彰全国劳动模范和先进工作者大会上的讲话

在我们社会主义国家，一切劳动，无论是体力劳动还是脑力劳动，都值得尊重和鼓励；一切创造，无论是个人创造还是集体创造，也都值得尊重和鼓励。全社会都要贯彻尊重劳动、尊重知识、尊重人才、尊重创造的重大方针，全社会都要以辛勤劳动为荣、以好逸恶劳为耻，任何时候任何人都不能看不起普通劳动者，都不能贪图不劳而获的生活。

——2015年4月28日，习近平总书记在庆祝"五一"国际劳动节暨表彰全国劳动模范和先进工作者大会上的讲话

劳动模范是劳动群众的杰出代表，是最美的劳动者。劳动模范身上体现的"爱岗敬业、争创一流，艰苦奋斗、勇于创新，淡泊名利、甘于奉献"的劳模精神，是伟大时代精神的生动体现。我们要在全社会大力宣传劳动模范的先进事迹，号召全社会向他们学习、向他们致敬。要为劳动模范更好施展才华、展现精神品格提供全方位支持，使他们的劳动技能、创新方法、管理经验能广泛传播，充分发挥示范带动作用。

——2016年4月26日，习近平总书记在知识分子、劳动模范、青年代表座谈会上的讲话

我一直强调，劳动最光荣、劳动最崇高、劳动最伟大、劳动最美丽。全社会都应该尊敬劳动模范、弘扬劳模精神，让诚实劳动、勤勉工作蔚然成风。

——2018年4月30日，习近平总书记给中国劳动关系学院劳模本科班学员的回信

要在学生中弘扬劳动精神，教育引导学生崇尚劳动、尊重劳动，懂得劳动最光荣、劳动最崇高、劳动最伟大、劳动最美丽的道理，长大后能够辛勤劳动、诚实劳动、创造性劳动。

——2018年9月10日，习近平总书记在全国教育大会发表讲话时强调

劳动谱写时代华章，奋斗创造美好未来。

——2024年4月30日，在"五一"国际劳动节到来之际，中共中央总书记、国家

主席、中央军委主席习近平代表党中央，向全国广大劳动群众致以节日祝贺和诚挚慰问

（三）谈构建和谐劳动关系

全社会都要贯彻尊重劳动、尊重知识、尊重人才、尊重创造的重大方针，维护和发展劳动者的利益，保障劳动者的权利。要坚持社会公平正义，排除阻碍劳动者参与发展、分享发展成果的障碍，努力让劳动者实现体面劳动、全面发展。全社会都要热爱劳动，以辛勤劳动为荣，以好逸恶劳为耻。

——2013年4月28日，习近平总书记在同全国劳动模范代表座谈时的讲话

党和国家要实施积极的就业政策，创造更多就业岗位，改善就业环境，提高就业质量，不断增加劳动者特别是一线劳动者劳动报酬。要建立健全党和政府主导的维护群众权益机制，抓住劳动就业、技能培训、收入分配、社会保障、安全卫生等问题，关注一线职工、农民工、困难职工等群体，完善制度，排除阻碍劳动者参与发展、分享发展成果的障碍，努力让劳动者实现体面劳动、全面发展。要面对面、心贴心、实打实做好群众工作，把人民群众安危冷暖放在心上，雪中送炭，纾难解困，扎扎实实解决好群众最关心最直接最现实的利益问题、最困难最忧虑最急迫的实际问题。

——2015年4月28日，习近平总书记在庆祝"五一"国际劳动节暨表彰全国劳动模范和先进工作者大会上的讲话

劳动关系是最基本的社会关系之一。要最大限度增加和谐因素、最大限度减少不和谐因素，构建和发展和谐劳动关系，促进社会和谐。要依法保障职工基本权益，健全劳动关系协调机制，及时正确处理劳动关系矛盾纠纷。我国工人阶级和广大劳动群众要发扬识大体、顾大局的光荣传统，正确认识和对待改革发展过程中利益关系和利益格局的调整，正确处理个人利益和集体利益、局部利益和全局利益、眼前利益和长远利益的关系，树立法治观念，增强法律意识，自觉维护社会和谐稳定。

——2015年4月28日，习近平总书记在庆祝"五一"国际劳动节暨表彰全国劳动模范和先进工作者大会上的讲话

各级党委和政府要关心和爱护广大劳动群众，切实把党和国家相关政策措施落实到位，不断推进相关领域改革创新，坚决扫除制约广大劳动群众就业创业的体制机制和政策障碍，不断完善就业创业扶持政策、降低就业创业成本，支持广大劳动群众积极就业、大胆创业。要切实维护广大劳动群众合法权益，帮助广大劳动群众排忧解难，积极构建和谐劳动关系。

——2016年4月26日，习近平总书记在知识分子、劳动模范、青年代表座谈会上的讲话

我们要倡导勤劳俭朴、努力奋进的社会风气，让所有人的劳动成果得到尊重。要着力解决贫困、失业、收入差距拉大等问题，照顾好弱势人群的关切，促进社会公平正义。

——2017年1月17日，习近平总书记在世界经济论坛2017年年会开幕式上的主旨演讲

破除妨碍劳动力、人才社会性流动的体制机制弊端，使人人都有通过辛勤劳动实现自身发展的机会。完善政府、工会、企业共同参与的协商协调机制，构建和谐劳动关系。

坚持按劳分配原则，完善按要素分配的体制机制，促进收入分配更合理、更有序。鼓励勤劳守法致富，扩大中等收入群体，增加低收入者收入，调节过高收入，取缔非法收入。坚持在经济增长的同时实现居民收入同步增长、在劳动生产率提高的同时实现劳动报酬同步提高。拓宽居民劳动收入和财产性收入渠道。履行好政府再分配调节职能，加快推进基本公共服务均等化，缩小收入分配差距。

——2017年10月18日，习近平总书记在中国共产党第十九次全国代表大会上的报告

（四）寄语劳动者

三百六十行，行行出状元。任何一名劳动者，要想在百舸争流、千帆竞发的洪流中勇立潮头，在不进则退、不强则弱的竞争中赢得优势，在报效祖国、服务人民的人生中有所作为，就要孜孜不倦学习、勤勉奋发干事。一切劳动者，只要肯学肯干肯钻研，练就一身真本领，掌握一手好技术，就能立足岗位成长成才，就都能在劳动中发现广阔的天地，在劳动中体现价值、展现风采、感受快乐。

——2015年4月28日，习近平总书记在庆祝"五一"国际劳动节暨表彰全国劳动模范和先进工作者大会上的讲话

全面建成小康社会，我国亿万劳动群众是主体力量。希望我国广大劳动群众以劳动模范为榜样、爱岗敬业、勤奋工作，锐意进取、勇于创造，不断谱写新时代的劳动者之歌。

——2016年4月26日，习近平总书记在知识分子、劳动模范、青年代表座谈会上的讲话

素质是立身之基，技能是立业之本。广大劳动群众要勤于学习、学文化、学科学、学技能、学各方面知识，不断提高综合素质，练就过硬本领。要立足岗位学，向师傅学，向同事学，向书本学，向实践学。三百六十行，行行出状元。任何一名劳动者，无论从事的劳动技术含量如何，只要勤于学习、善于实践，在工作上兢兢业业、精益求精，就一定能够造就闪光的人生。

——2016年4月26日，习近平总书记在知识分子、劳动模范、青年代表座谈会上的讲话

人类是劳动创造的，社会是劳动创造的。劳动没有高低贵贱之分，任何一份职业都很光荣。广大劳动群众要立足本职岗位诚实劳动。无论从事什么劳动，都要干一行、爱一行、钻一行。在工厂车间，就要弘扬"工匠精神"，精心打磨每一个零部件，生产优质的产品。在田间地头，就要精心耕作，努力赢得丰收。在商场店铺，就要笑迎天下客，童叟无欺，提供优质的服务。只要踏实劳动、勤勉劳动，在平凡岗位上也能干出不平凡的业绩。

——2016年4月26日，习近平总书记在知识分子、劳动模范、青年代表座谈会上的讲话

广大青年要继承和发扬五四精神，坚定不移听党话、跟党走，争取做有理想、敢担当、能吃苦、肯奋斗的新时代好青年。

——2024年5月3日，习近平总书记在五四青年节到来之际，向全国广大青年致以节日祝福和诚挚问候

三、任务实施

习近平总书记始终尊重劳动、关心劳动者。党的十八大以来，习近平总书记多次围绕劳动、劳动者，弘扬劳模精神、劳动精神、工匠精神，以及提高劳动者素质等进行深刻阐述。

习近平总书记关于劳动的重要论述，从推动人类社会发展进步的高度，充分阐释了劳动的巨大作用和价值，对全社会尊重劳动、崇尚劳动、热爱劳动提出明确要求，对全社会进一步树立劳动意识、培养劳动观念，通过劳动创造更加美好的生活具有重要指导意义。

习近平总书记进一步明确了劳模精神、劳动精神、工匠精神在我们伟大民族精神中的地位作用，深刻阐明了劳模精神、劳动精神、工匠精神的深刻内涵，向全社会提出弘扬劳模精神、劳动精神、工匠精神的号召，为全社会见贤思齐、凝心聚力，决胜全面小康、决战脱贫攻坚、夺取疫情防控和实现经济社会发展目标双胜利提供了强大的思想引领和精神支撑。

习近平总书记站在关系党和国家事业发展全局的战略高度，对尊重劳动、保障劳动者权利提出明确要求，充分体现了以人民为中心的发展思想和全心全意依靠工人阶级的方针，为各级党委、政府和全社会健全维护群众权益机制，扎扎实实解决好群众最关心最直接最现实的利益问题、最困难最忧虑最急迫的实际问题，不断赢得群众的信赖和支持提供了根本遵循。

习近平总书记把提高劳动者素质摆在事关国家和民族的长远大业，事关改革发展稳定大局，事关劳动者根本利益和整体利益的重要位置，充分体现了以习近平同志为核心的党中央对工人阶级的高度重视和巨大关怀，为我们深入实施科教兴国战略、人才强国战略、创新驱动发展战略，引导广大职工和劳动者树立终身学习理念，推动建设宏大的知识型、技术型、创新型劳动者大军指明了前进方向。

请结合切身的劳动实践经历，谈一谈你对习近平总书记提出的劳动理论的看法。

四、小结

回望中华人民共和国走过的历程，从站起来、富起来到强起来，无论多么大的辉煌，背后都是普通劳动者的艰辛劳动。正是在筚路蓝缕、胼手胝足与挥汗如雨的劳作中，我们托起了一个充满活力的现代中国；而要实现伟大复兴中国梦的宏大愿景，同样需要艰苦奋斗、不懈努力。

以习近平同志为核心的党中央，从全面从严治党的角度，阐释了劳动的意义，强调劳动是共产党人保持政治本色的重要途径，是共产党人保持政治肌体健康的重要手段，也是共产党人发扬优良作风、自觉抵御"四风"的重要保障。习近平总书记多次发表重要讲话，强调必须全心全意依靠工人阶级，牢固树立劳动最光荣、劳动最崇高、劳动最伟大、劳动最美丽的观念，指出"人世间的美好梦想，只有通过诚实劳动才能实现；发展中的各种难题，只有通过诚实劳动才能破解"。

一句句饱含深情的话语，让工人阶级和广大劳动群众倍感温暖与振奋，在迈向中华民族伟大复兴的征程上，日益展现出改天换地的磅礴力量。旗帜鲜明的论述，为工人阶级切实担当起领导阶级的历史使命提供了坚强动力和光辉指引。面对实现中华民族伟大复兴中国梦的宏伟目标，面对贯彻落实"四个全面"战略布局的时代要求，工人阶级和广大劳动群众责任重大、使命光荣。

壮哉中国梦，美哉劳动者。新一轮改革大潮正恢宏展开，宏伟的愿景目标已计日程功。在以习近平同志为核心的党中央坚强领导下，伟大的中华民族一定能以辛勤劳动和不懈奋斗，奏响民族复兴的雄浑乐章。

五、思考题

1. 习近平总书记的新时代劳动观与马克思主义劳动观相比，有哪些共同点和创新点？
2. 习近平总书记的新时代劳动观应该如何指导我们的生产和生活？

> **名言赏析**
>
> 驽马十驾，功在不舍。　　　　　　　　　　　　——荀况《荀子》

拓展阅读

习近平与劳动人民在一起

民生在勤，勤则不匮。中华民族是勤于劳动、善于创造的民族。正是因为劳动创造，我们拥有了历史的辉煌；也正是因为劳动创造，我们拥有了今天的成就。

打坝、修渠、种树、打糍粑、磨豆花……数十年来，习近平总书记所到之处都留下了他与人民共同劳动的温暖记忆，彰显出人民领袖的劳动本色、为民情怀。

习近平青年时期的基层经历和劳动经验，让他深知劳动是锤炼作风、联系群众的重要法宝。

1969年年初，不满16岁的习近平主动申请到陕北农村插队，来到延川县文安驿公社梁家河大队。在梁家河，他与劳动人民吃住在一起，"真诚地去和乡亲们打成一片，自觉地接受艰苦生活的磨炼"，从一个"不谙世事的孩子"成长为"种地的好把式"。成为梁家河大队党支部书记后，他与乡亲们一起种地、打井、打坝、修公路，发展生产，改变家乡的面貌。习近平后来回忆感慨，"我生活在他们中间，劳作在他们中间，已经不分彼此"，同时他也在劳动人民中间学到了"农民实事求是、吃苦耐劳的精神"。

离开梁家河，习近平依然坚持劳动不忘本的良好习惯。

在正定，乡村考察时正赶上乡亲们锄地、间苗，习近平拿起锄头、撸起袖子就跟乡亲们一起干起来，手法和老农一样熟练。这让同行的人不由都吃了一惊。

在宁德，他不仅参与劳动，还对劳动进行了深层次的思考。他曾在《摆脱贫困》一书中写道："农村劳动力如果继续束缚在原有规模的耕地上，倚锄舞镰，沿袭几千年来日出而作、日落而息的耕作老传统，进行慢节奏、低效率的生产劳动，那就不是一件好事。反之，用改革开放的眼光看待劳动力的大量转移，会惊喜地发现，我们又获得了一种极其宝贵、可待开发、可能创造巨大价值的崭新资源。"

在浙江，他换上矿工服，戴上安全帽，乘罐笼下到近千米的井底，弯腰躬身沿着低矮狭窄的斜井走了 1 500 多米，来到采矿点看望慰问在井下采煤的工人，并与工人们一起吃饺子。

1995 年，时任福建省委副书记、福州市委书记的习近平在闽侯参加闽江下游防洪堤加固工程的劳动。

2005 年春节前夕，习近平来到长广煤矿浙江矿区，乘罐笼下到近千米的井底，弯腰躬身沿着低矮狭窄的斜井走了 1 500 多米，来到采矿点看望慰问在井下采煤的工人。

2007 年 1 月，时任浙江省委书记的习近平在浙江省庆元县屏都镇敬老院为老人们炒菜。

2016 年 2 月 2 日，习近平总书记在江西井冈山市茅坪乡神山村同村民一起打糍粑。

2018 年 2 月 12 日，习近平总书记在阿坝藏族羌族自治州汶川县映秀镇考察时同居民群众一起磨豆花。

2019 年 8 月 21 日，正在甘肃考察的习近平总书记来到古浪县八步沙林场。考察中，他拿起一把开沟犁，参与到治沙劳动中。

2020 年 3 月 10 日，习近平总书记考察火神山医院，了解医院建设运行、患者收治、医务人员防护保障、科研攻关等情况，亲切看望正在接受治疗的患者，关心慰问日夜奋战在抗击疫情第一线的医务工作者，勉励大家坚定信心，战胜疫情。

2020 年 4 月 3 日，习近平总书记来到北京市大兴区旧宫镇参加首都义务植树活动。这是党的十八大以来，习近平总书记连续第 8 年身体力行，拿起铁锹，带头参加义务植树活动。从劳动人民中间走出来的习近平总书记对于劳动者一直十分关心支持。党的十八大以来，他多次与劳动群众一起出席活动，同代表谈心，给劳模回信，为劳动者鼓劲，展现了人民领袖同劳动群众面对面、心贴心、实打实的深情厚谊。

（资料来源：央广网，2020-5-1。）

任务二　劳模精神、劳动精神、工匠精神的时代背景

【能力目标】

1. 牢固树立劳动最光荣、劳动最崇高、劳动最伟大、劳动最美丽的观念；
2. 用科学的劳动理念和精神指引行动，形成良好的劳动品质。

【知识目标】

1. 正确理解和形成马克思主义劳动观，充分理解劳模精神、劳动精神、工匠精神的时代背景和意义；
2. 形成科学的劳动观念，尊敬劳动模范、弘扬劳模精神。

一、任务描述

案例分析

1967 年出生的周东红是中国宣纸股份有限公司一名职工，做事用心且有毅力，每天至少在纸槽边站立 12 小时以上，传承宣纸绝活，日积月累练就了一身扎实的基本功，30 年来始终保持着成品率 100% 的纪录。多次参加捞纸帘床材料寻找、捞纸机械划槽、纸药桶替换等技术革新和宣纸邮票纸等试制生产，赋予了传承千年的宣纸技艺新的时代价值。荣获首届大国工匠、全国劳动模范、全国最美职工、中国好人、2016 年度心动安徽·最美人物等称号。

根据以上材料，分析劳模精神、劳动精神、工匠精神具有怎样的时代背景和时代价值？

二、任务资讯

（一）劳模精神的时代背景

劳动模范简称"劳模"，是在我国社会主义建设事业中成绩卓著的劳动者，经职工民主评选、有关部门审核和政府审批后被授予的荣誉称号。劳动模范分为全国劳动模范与省、部委级劳动模范，有些市、县和大企业也评选劳动模范。中共中央、国务院授予的劳动模范为"全国劳动模范"，是中国最高的荣誉称号之一。与此同级的还有"全国先进生产者""全国先进工作者"称号。

视频 2-2　劳模精神

2015 年，习近平总书记在庆祝"五一"国际劳动节大会上的讲话中指出："劳动模范和先进工作者是坚持中国道路、弘扬中国精神、凝聚中国力量的楷模，他们以高度的主人翁责任感、卓越的劳动创造、忘我的拼搏奉献，为全国各族人民树立了学习的榜样。"2019 年，中共中央、国务院印发《新时代公民道德建设实施纲要》，将"弘扬劳模精神"作为新时期公民道德建设的重要内容。劳模，即劳动模范，其重点在"劳动"。劳模精神的本质是劳动模范这一群体优秀品格的集中外现。劳模精神作为一种文化精神并非一成不变，它具有鲜明的时代特征，是时代精神的生动体现。中华人民共和国成立以来，不同时期的劳模虽然具有不同的特点，但每个时期的劳动模范都展现了他们共有的劳模精神。

1. 劳模精神是工人阶级主人翁意识的集中凸显

主人翁意识是劳模精神的内在本质，是正确认识和理解劳模精神的关键词。正是因为自觉的、强烈的主人翁意识，劳模才以车间为家、以厂为家、以企为家，才具有积极主动的岗位意识、职业意识、进取精神和创新精神，才在本职工作中充分发挥积极性、主动性和创造性，才能够艰苦奋斗、淡泊名利、甘于奉献，自觉把人生理想、家庭幸福融入国家富强、民族复兴的伟业之中，最终建构起个人与集体、个人梦与中国梦、小家与国家民族融合统一的发展共同体和命运共同体。

2. 劳模精神是工人阶级先进性的集中体现

在中国革命、建设、改革的各个历史时期，我国工人阶级都具有走在前列、勇挑重担的光荣传统。劳动模范作为工人阶级的优秀代表，是时代的引领者，在工作生活中发挥了先锋和排头兵作用，他们以辛勤劳动、诚实劳动和创造性劳动，持续推动着社会进步、国家发展和民族复兴。劳模精神作为劳动模范的思想内核、行动指南和精神灯塔，成为推动时代前进的强大精神动力，充分体现了工人阶级先进性的主体地位，彰显了工人阶级的伟大品格，推动了工人阶级的成长进步。

3. 劳模精神在当代品格中的核心要素是工匠精神

从本质上讲，工匠精神是一种基于技能导向的职业精神，它源于劳动者对劳动对象品质的极致追求，它具有精益求精、专注执着、严谨慎独、创新创造、爱岗敬业以及情感浸透、自我融入的基本内涵，既表现了极致之美的品质追求，又体现了敬业之美的精神原色，更展现了创造之美的价值升华。工匠精神充分凸显了新时代劳模爱岗敬业、精益求精、追求卓越的精神品质和价值导向，可以说，工匠精神是对劳模精神的重要深化和丰富发展。

4. 劳模精神是培育时代新人的重要手段

一方面，劳模精神作为社会主义核心价值观的生动体现，更简单为人们所理解，更容易为人们所接受，更方便为人们所模仿，将对培育时代新人起到重要推动作用；另一方面，通过强化教育引导、舆论宣传、文化熏陶、实践养成、制度保障，培养和造就具有劳模精神的时代新人，能够激发广大劳动者干事创业的积极性、主动性和创造性。

（二）劳动精神的时代背景

马克思主义认为，劳动是人类最基本和最重要的社会实践，是人类社会生存和发展的根本前提，劳动至上是马克思主义的重要原则，劳动价值论是马克思主义政治经济学的理论基石。劳动精神是劳动者在劳动实践中形成的劳动认知、价值理念和实践智慧的总和，是推动社会进步的精神动力。在理念认知上表现为全社会尊重劳动、崇尚劳动、热爱劳动、敬畏劳动，因劳获益，追求劳动幸福；在行为实践上表现为劳动者辛勤劳动、诚实劳动、创造性劳动，以及在这些劳动过程中展现的精神状态、精神面貌、精神品质。

视频2-3 劳动精神

习近平总书记关于劳动精神的重要论述是对马克思主义劳动价值论、劳动观的丰富和发展，是习近平新时代中国特色社会主义思想的重要组成部分。习近平总书记指出："我们一定要在全社会大力弘扬劳模精神、劳动精神，大力宣传劳动模范和其他典型的先进事迹，引导广大人民群众树立辛勤劳动、诚实劳动、创造性劳动的理念，让劳动光荣、创造伟大成为铿锵的时代强音，让劳动最光荣、劳动最崇高、劳动最伟大、劳动最美丽蔚然成风。"

劳动精神可概括为：劳动者在辛勤劳动、诚实劳动、创造性劳动过程中，形成劳动光荣、精益求精、创造伟大的劳动理念，达到脱贫致富、发展经济、实现中国梦的劳动目标。这里的劳动者包括普通人民群众、青年学生、企业职工、党员干部和劳动模范、先进工作者等。在劳动过程中，既强调辛勤劳动和诚实劳动的基础性作用，又强调创造性劳动的关键性作用。在劳动价值中，要求弘扬劳动光荣、劳动美丽、劳动崇高、劳动伟大的劳动风尚。在劳动目标中，通过劳动，对于普通人民群众来说，可以脱贫致富；对于整个社会来说，它是整个经济社会发展的依赖；对于整个国家来说，是我们实现中国梦的力量之源。

习近平总书记倡导弘扬的劳动精神是辛勤劳动、诚实劳动和创造性劳动依次提升的过程，辛勤劳动、诚实劳动是对人民群众、工人阶级的基本要求，创造性劳动是对先进工作者、劳动模范的更高要求。

首先，辛勤劳动是基本要求。"民生在勤，勤则不匮。"习近平总书记曾用《左传》中的这句古语阐释"只要辛勤劳动，就不会缺衣少食"的朴实道理。幸福不会从天降，美好生活靠劳动创造。辛勤劳动是广大人民群众脱贫致富的基本保障。习近平总书记在深度贫困地区脱贫攻坚座谈会上指出，"一个健康向上的民族，就应该鼓励劳动、鼓励就业、鼓励靠自己的努力养活家庭，服务社会，贡献国家。要改进工作方式方法，改变简单给钱、给物、给牛羊的做法，多采用生产奖补、劳务补助、以工代赈等机制，不大包大揽，不包办代替，教育和引导广大群众用自己的辛勤劳动实现脱贫致富"。只有通过自己的辛勤劳动实现脱贫致富，才能解决脱懒扶志问题。辛勤劳动也是实现自身发展的基础条件。习近平总书记在党的十九大报告中指出，要破除妨碍劳动力、人才社会性流动的体制机制弊端，使人人都有通过辛勤劳动实现自身发展的机会。他号召各级党委和政府要关心和爱护广大劳动群众，切实把党和国家相关政策措施落实到位，要切实维护广大劳动群众合法权益，帮助广大劳动群众排忧解难，积极构建和谐劳动关系。

其次，诚实劳动是基本保障。诚实劳动是基本的劳动伦理。习近平总书记在北京大学师生座谈会上指出，"中华文化强调'言必信，行必果''人而无信，不知其可也'"，强调了中国人诚实守信的基本道德准则。诚实劳动是基本的事业基础。他在同全国劳动模范代表座谈时指出，"劳动是财富的源泉，也是幸福的源泉。人世间的美好梦想，只有通过诚实劳动才能实现；发展中的各种难题，只有通过诚实劳动才能破解；生命里的一切辉煌，只有通过诚实劳动才能铸就"。他把诚实劳动放在实现梦想的高度和解决发展问题的难度上来阐释，并把诚实劳动作为实现事业辉煌的必需凭借。诚实劳动是基本的劳动状态。习近平总书记给中国劳动关系学院劳模本科班学员的回信中写道："社会主义是干出来的，新时代也是干出来的。希望你们珍惜荣誉、努力学习，在各自岗位上继续拼搏、再创佳绩，用你们的干劲、闯劲、钻劲鼓舞更多的人，激励广大劳动群众争做新时代的奋斗者。"他同时强调，全社会都应该尊敬劳动模范、弘扬劳模精神，让诚实劳动、勤勉工作蔚然成风。所以，在全社会形成劳动最光荣、劳动最崇高、劳动最伟大、劳动最美丽的劳动观念，形成诚实劳动、勤勉工作的劳动状态，是习近平总书记所要倡导的劳动精神。

最后，创造性劳动是根本目标。习近平总书记指出："人民创造历史，劳动开创未来。劳动是推动人类社会进步的根本力量。幸福不会从天而降，梦想不会自动成真。实现我们的奋斗目标，开创我们的美好未来，必须紧紧依靠人民、始终为了人民，必须依靠辛勤劳动、诚实劳动、创造性劳动。"辛勤劳动是基本的劳动状态，诚实劳动是基本的劳动伦理，创造性劳动则是基本的劳动目标。劳动创造了中华民族，也铸就了中国成就。中华民族是勤于劳动、善于创造的民族。正是因为劳动创造，我们拥有五千年中华文明的历史辉煌；正是因为劳动创造，我们拥有21世纪中国特色社会主义的发展成就。劳动创造了中国革命、建设、改革各个历史时期的成就，并将继续创造新的辉煌。克服关键技术瓶颈限制，全面建成小康社会，进而建成富强民主文明和谐美丽的社会主义现代化强国，根本上也靠劳动者创造。所以，习近平总书记指出，要让全体人民进一步焕发劳动热情、释放创造潜能，通过劳动创造更加美好的生活。在知识分子、劳动模范、青年代表座谈会上，习近平总书记提出"爱岗敬业、争创一流，艰苦奋斗、勇于创新，淡泊名利、甘于奉献"的劳模精神，是伟大时代精神的生动体现。他要求"在全社会大力弘扬劳动光荣、知识崇高、人才宝贵、创造伟大的时代新风，促使全体社会成员弘扬劳动精神"，专门把"劳动创造"作为时代新风大力倡导。

总之，习近平总书记关于劳动精神的重要论述，继承并发展了中华民族劳动光荣的优秀劳动观念，融入中国特色的马克思主义劳动价值论，契合中国革命、建设、改革和新时代的社会历史语境，树立并彰显了一种辛勤劳动、诚实劳动、创造性劳动的劳动新理念，生成并传播了一种劳动者至上、劳动者平等、劳动者可敬、劳动最光荣、劳动最崇高、劳动最伟大、劳动最美丽的劳动价值观，是习近平新时代中国特色社会主义思想的重要组成部分，为解决我国当前出现的劳动价值观念和劳动工作实践问题提供了理论指导，也是马克思主义劳动价值论在新时代中国的继承和发展。

（三）工匠精神的时代背景

"工匠精神"在2016年首次被写入《政府工作报告》，直到2021年，"工匠精神"一词先后5次被写入《政府工作报告》，并在党的十九大报告中上升到了治国理政的高度。比如，2016年的《政府工作报告》中提出："鼓励工匠精神企业开展个性化定制、柔性化生产，培育精益求精的工匠精神，增品种、提品质、创品牌。"习近平总书记在党的十九大报告上强调："建设知识型、技能型、创新型劳动者大军，弘扬劳模精神和工匠精神，营造劳动光荣的社会风尚和精益求精的敬业风气。"工匠，即有工艺专长的匠人。自手工业生产以来，工匠们以自己的独具匠心和真诚劳作，创造出一件件经典的作品，赋予了中华民族灿烂文明以实体形态。由此，"工匠精神"最早用来指代手工业劳动者精益求精的一种精神追求。孔子就曾教导弟子"事思敬、执事敬"，至今工匠精神在我国已发展延续数千年。新时代的劳动者所处的行业、从事的工种不同，但他们都具有共同的特点和职业精神——工匠精神。因此，工匠精神已延伸至各行各业，是不同行业的劳动者在劳动过程中形成的行为习惯、价值信念和精神表达，蕴含着爱国敬业、专注求精与传承创新等丰富的精神内涵，是当代职业人孜孜追求的精神品质。

视频2-4　工匠精神

2017年，中共中央、国务院印发了《新时期产业工人队伍建设改革方案》（以下简称《方案》)。《方案》指出:"要加强产业工人队伍建设,必须把培育和弘扬'工匠精神'放在更加重要的位置,让劳动光荣、技能宝贵、创造伟大的时代风尚更加浓厚,真正造就一支有理想守信念、懂技术会创新、敢担当讲奉献的宏大的产业工人队伍,为实现'两个一百年'奋斗目标、实现中华民族伟大复兴的中国梦凝聚最强大的力量。"

在新时代,"工匠精神"是推进供给侧结构性改革、实现从制造大国向制造强国转变的重要推手;提高职工就业创业能力、实现全面发展的重要动力;引导广大职工立足本职岗位劳动创造,切实提升技术技能素质,不断发展工人阶级先进性的有力抓手。工匠具有重要的职业价值。

1. 手工技艺依然无法被取代

传统工匠主要依赖手工技艺进行器物的制作,其特点主要在两方面:一是速度慢、周期长、标准不规范、生产效率低;二是体现制作者的个性特征,能够按照需求进行个性化制作,每件作品都独一无二。正是上述两个方面的特点,决定了手工技艺在科技水平已经非常高超的今天,依然无法被取代。所以,当代工匠中的手工艺人,既要得到传统工匠的"风骨"真传,又要获得当代科技文化的极高素养。他们是相关产业的人才支柱和发展的技术基石。

2. 现代企业中的"三驾马车"之一

通常,管理人员、科技人员、技能人员被视为现代企业的"三驾马车"。现代企业中的技能人员较之传统工匠发生了很大的改变,虽然他们不能自主地决定产品的生产方式和技术规范,但他们对规范和标准的领会程度以及操控机器设备的能力依然决定产品质量的优劣。我们现在所熟知的高质量的"德国制造",就是得益于大批高素质的当代工匠。

3. 当代科技创新的最终实现者

人类第一次工业革命发生前,工匠的技艺水平往往代表着时代的科技水平。从石器时代、青铜时代、铁器时代到蒸汽时代,催生这种革命的都是以工匠为主导的科技发现和技艺改良。第一次工业革命后,科学家作为一个群体迅速崛起,将人类社会带向了电气时代、信息时代。这期间工匠虽不再作为科技创新的主力军,但依然是所有科技创新的最后实现者。个中原因非常简单,越是尖端前沿的科技构想,越是需要杰出的工匠将其打造为实物。可以这样说,如果没有大批杰出工匠的创造性劳动,人类的一切奇思妙想都将是空中楼阁。

三、任务实施

根据以下材料,分析劳模精神、劳动精神、工匠精神具有怎样的时代背景和时代价值。

在2020年全国劳动模范和先进工作者表彰大会上的讲话(以下简称"讲话")中,习近平总书记指出:"劳动模范是民族的精英、人民的楷模,是共和国的功臣。"这个评价言简意赅但又意蕴深远。众所周知,在中国共产党引领中华民族从站起来到富起来的伟大历史进程中,劳模和先进发挥了中流砥柱的重要作用;同样,在中国共产党引领中国人民从富起来到强起来、建设社会主义现代化强国的历史征程中，劳模和先进也同样是重要的依靠力量、骨干力量、支撑力量和精神力量。可以说，这里所强调的"民族的精英"，是立足于中华民族五千年的历史长时段，对劳模重要地位和重要作用所作出的历史论断；"人民的楷模"，是立足于中国近现代史特别是五四运动以来，对劳模重要地位和重要作用所作出的历史论断；"共和国的功臣"，是立足于中国共产党诞生以来近百年的历史时段，在党团结带领中国人民进行革命、建设和改革的探索实践中，对劳模重要地位和重要作用所作出的历史论断。

如果按照"三种精神"概念的外延来排序，毫无疑问，劳动精神的外延最大，无论是劳模精神还是工匠精神，都属于劳动精神的一部分，都包含在劳动精神之中；至于劳模精神和工匠精神，可以遵循重要性或提出时间先后的原则进行排序。按照这样的逻辑，排列次序应该是劳动精神、劳模精神、工匠精神。从这个角度考量，讲话中"三种精神"的排序，似乎是不符合逻辑规范的。但事实上，在似乎不合乎逻辑的话语排序背后，蕴含着丰富的实践逻辑和理论逻辑。

众所周知，从历史维度看，在中国共产党团结带领中国人民进行革命、建设和改革的各个历史时期，劳模和先进始终是一个发挥重要作用、担负重要功能、作出重大贡献的群体，始终是坚持中国道路、弘扬中国精神、凝聚中国力量的楷模。从政治维度看，劳模选树制度既是中国制度自信的重要构成，也是党治国理政的一项经常性和基础性工作。因此，劳模选树制度和劳模精神，就具有了极为丰富的中国属性和中国特色，也是"四个自信"的重要组成部分。

毫无疑问，无论是劳动精神还是工匠精神，都不是中国所独有的精神品质；一个劳动者，无论古今中外，只要是在劳动过程中体现了劳动精神或工匠精神，就可以说具备了相应的精神。比如古希腊、古埃及的劳动精神，比如德国、瑞士、日本的工匠精神。但劳模精神却是中国特有的精神品质。总起来看，之所以按照"劳模精神、劳动精神、工匠精神"进行排序的原因就在于以下几点。

第一，基于"三种精神"各自的地位和作用来进行排序。在我党团结带领各族人民进行革命、建设和改革的伟大历史进程中，"三种精神"各自所处的地位和所发挥的作用不同。如上所述，劳模精神最重要，因此要排在前面。

第二，立足于"三种精神"与"四个自信"的密切程度来看，劳模精神是具有中国特色的精神内核，因此要排在前面。一言以概之，劳模精神排在劳动精神和工匠精神之前，既是继承传统、尊重历史、实事求是的客观要求，也是强化中国属性、彰显中国特色、增强"四个自信"的理论必然。

第三，根据习近平总书记提出三种精神的时间先后来排序。2013年4月28日，习近平总书记在同全国劳动模范代表座谈时的讲话中，重点强调了劳模精神的科学内涵、价值意义和重要作用；2014年4月30日，习近平总书记在乌鲁木齐同劳模先进代表座谈时，提出劳动精神；2016年4月26日，习近平总书记在同知识分子、劳动模范、青年代表座谈会上的讲话中，提出工匠精神。习近平总书记提出并论述三种精神的先后顺序是：劳模精神、劳动精神、工匠精神。

四、小结

劳模精神、劳动精神、工匠精神具有鲜明的时代特征和精神价值，它们"是以爱国主义为核心的民族精神和以改革创新为核心的时代精神的生动体现，是鼓舞全党全国各族人民风雨无阻、勇敢前进的强大精神动力"。

从"三种精神"产生的主体来看，劳模精神来自劳模群体、劳动精神来自劳动者群体、工匠精神来自工匠群体，所以，其精神内涵有差异之处，具有各自的特殊性。同时，尽管主体不同，但无论是劳模还是工匠，首先都是劳动者的一员，因此，"三种精神"的内涵应有其相通之处，也就是具有普遍性。一言以概之，无论是劳模精神还是工匠精神，其精神的原初基因都来源于劳动精神；甚至可以说，劳模精神和工匠精神，其本质上也是一种劳动精神，是劳动精神向更高层次、更高阶段的发展和跃升。

从"三种精神"的价值导向来看，劳模精神具有政治性、引领性、示范性、全面性；工匠精神具有专业性、技术性、专注性、严谨性；劳动精神则具有普遍性、广泛性、基础性。实际上，对于劳动者而言，从劳动精神到工匠精神再到劳模精神的发展阶段，就意味着从一个合格的劳动者到专业的劳动者再到楷模型的劳动者的发展过程，即劳动精神（合格的劳动者）—工匠精神（专业的劳动者）—劳模精神（楷模型的劳动者）。同时，在这一过程中，也完成了"崇尚劳动—热爱劳动—辛勤劳动—诚实劳动—持续性劳动—科学劳动—创造性劳动—完美劳动—引领性劳动—幸福劳动"的劳动理论与劳动实践的跃升。

五、思考题

1. "三种精神"生成的主体分别是什么？
2. "三种精神"有怎样的内在逻辑？

名言赏析

不以规矩，不能成方圆。　　　　　　　　　　——孟子《孟子·离娄章句上》

没有圆规和直尺，就做不出真正"圆"或"方"的形状来。比喻做事要遵循一定的法则。

拓展阅读

大力弘扬劳模精神、劳动精神、工匠精神

人民创造历史，劳动成就梦想。党的十八大以来，习近平总书记站在实现中华民族伟大复兴中国梦的全局高度，对大力弘扬劳模精神、劳动精神、工匠精神作出一系列重要论述，强调劳模精神、劳动精神、工匠精神是"鼓舞全党全国各族人民风雨无阻、勇敢前进的强大精神动力"。中国特色社会主义进入新时代，我国工人阶级和广大劳动群众拼搏奋斗、争创一流、勇攀高峰，为决胜全面建成小康社会、决战脱贫攻坚发挥了主

力军作用，谱写了"中国梦·劳动美"的新篇章。目前，全面建设社会主义现代化国家新征程已经开启，我们要继续大力弘扬劳模精神、劳动精神、工匠精神，提振精气神、奋进新征程，续写"中国梦·劳动美"的壮丽篇章。

习近平总书记精辟概括了劳模精神、劳动精神、工匠精神的科学内涵："在长期实践中，我们培育形成了爱岗敬业、争创一流、艰苦奋斗、勇于创新、淡泊名利、甘于奉献的劳模精神，崇尚劳动、热爱劳动、辛勤劳动、诚实劳动的劳动精神，执着专注、精益求精、一丝不苟、追求卓越的工匠精神。"劳模精神生动诠释了中国人民具有的伟大创造精神、伟大奋斗精神、伟大团结精神、伟大梦想精神。大力弘扬劳模精神，需要广大劳动模范和先进工作者保持本色，继续拼搏，发挥示范带头作用，用干劲、闯劲、钻劲鼓舞更多的人，激励广大劳动群众争做新时代的奋斗者。劳动精神是劳动者为创造美好幸福生活而在奋斗过程中秉持的基本态度、价值理念及其展现出来的精神风貌。大力弘扬劳动精神，需要激励广大劳动者在追梦圆梦的征途上努力奔跑，以辛勤劳动、诚实劳动、创造性劳动托举梦想、成就梦想。工匠精神是千百年来工匠在劳动实践中展现出来的风采和神韵，体现了技术尖兵的优秀品质。大力弘扬工匠精神，需要褒奖工匠情怀、传承工匠文化，引领高技能人才和大国工匠在本行业和本领域担大任、干大事、成大器、立大功。

一个国家的繁荣，离不开人民的奋斗；一个民族的强盛，离不开精神的支撑。习近平总书记指出："劳模精神、劳动精神、工匠精神是以爱国主义为核心的民族精神和以改革创新为核心的时代精神的生动体现。"大力弘扬劳模精神、劳动精神、工匠精神，既是中华人民共和国成立以来我们党领导人民不断创造辉煌成就的重要原因，也是在新征程上迎难而上、开创新局的必要条件。当前，我们所处的是一个船到中流浪更急、人到半山路更陡的时候，是一个愈进愈难、愈进愈险而又不进则退、非进不可的时候，摆在全党全国各族人民面前的使命更光荣、任务更艰巨、挑战更严峻、工作更伟大。

担当起这些使命任务、应对好这些风险挑战，需要大力弘扬劳模精神、劳动精神、工匠精神。比如，核心技术是我们最大的"命门"，核心技术受制于人是我们最大的隐患。攻克关键核心技术，靠化缘是行不通的，靠花钱买也是解决不了的，只能立足自身实现科技自立自强，大力弘扬劳模精神、劳动精神、工匠精神，从根本上破解难题。同时要看到，我国经济发展已由高速增长阶段转向高质量发展阶段。适应新形势新任务，推动高质量发展，在质量、品牌、创新等方面实现新的突破，促进我国产业迈向全球价值链中高端，必须在更高层次上大力弘扬劳模精神、劳动精神、工匠精神。

党的十九届五中全会站在实现"两个一百年"奋斗目标的历史交汇点上，擘画了我国未来发展的宏伟蓝图。实现这一宏伟蓝图，需要我们付出更加艰辛的努力，大力弘扬劳模精神、劳动精神、工匠精神。要厚植先进文化，深入开展中国特色社会主义理想信念教育，培育和践行社会主义核心价值观，营造劳动光荣、争当先进的文化氛围，引领广大劳动群众学先进赶先进，用劳动模范和先进工作者的崇高精神和高尚品格鞭策自己，焕发劳动热情、争做劳动模范，将辛勤劳动、诚实劳动、创造性劳动的理念化为自觉行为，不断谱写新时代的劳动者之歌。坚持以人为本，贯彻好尊重劳动、尊重知识、尊重人才、尊重创造方针，完善劳模政策，提升劳模地位，落实劳模待遇，推动更多劳动模范和先进工作者竞相涌现。实施积极的就业政策，创造更多就业岗位，改善就业环境，提高就业质量，破除阻碍劳动者参与发展、分享发展成果的障碍，努力让劳动者实现体面劳动、全面发展。弘扬良好风尚，在全社会大力宣传劳动模范和先进工作者的典型事迹，讲好劳模故事、讲好劳动故事、讲好工匠故事，让劳动最光荣、劳动最崇高、劳动最伟大、劳动最美丽蔚然成风。教育引导青少年树立以辛勤劳动为荣、以好逸恶劳为耻的劳动观，培养一代又一代热爱劳动、勤于劳动、善于劳动的高素质劳动者，为全面建设社会主义现代化国家提供有力的人才保障。

（资料来源：共产党员网，https://www.12371.cn/2021/05/06/ARTI1620256698283743.shtml）

任务三　劳模精神、劳动精神、工匠精神的基本内涵

【能力目标】
1. 用"三种精神"的科学内涵提升自身劳动品德的涵养；
2. 弘扬新时代劳模精神、劳动精神、工匠精神。

【知识目标】
1. 掌握"三种精神"的科学内涵和内在的逻辑关系；
2. 树立劳动自立意识，主动服务他人、服务社会。

一、任务描述

案例分析

1962年出生的高凤林毕业于第七机械工业部第一研究院厂技工学校焊接专业，毕业后从车间工人干起，在工作中大胆探索和采用新工艺，突破理论禁区，创造性地解决了诸多技术难题，为我国大飞机制造、探月工程等航空航天事业作出了突出贡献，是全国劳动模范和全国五一劳动奖章获得者，是全国道德模范和全国技术能手，也是中华技能大奖和中国质量奖获奖者，被誉为"发动机焊接第一人"，2019年荣获"最美奋斗者"个人称号。

根据以上材料，如何正确理解劳模精神、劳动精神、工匠精神的内涵？

二、任务资讯

（一）劳模精神的基本内涵

劳模精神，是指"爱岗敬业、争创一流、艰苦奋斗、勇于创新、淡泊名利、甘于奉献"的劳动模范的精神，是伟大时代精神的生动体现。劳模精神是劳模之所以成为劳模，而"在平凡岗位上做出不平凡业绩，所坚持坚守坚定的基本信念、价值追求、人生境界及其展现出的整体精神风貌。"其中，爱岗敬业是本分，争创一流是追求，艰苦奋斗是作风，勇于创新是使命，淡泊名利是境界，甘于奉献是修为。尽管每个时代的劳模群体

都呈现多元的组合，以体现对不同劳动价值的肯定，但总体趋势上，社会对劳动价值的评判，正在从"出大力，流大汗""苦干加巧干"，向知识型，创造社会效益、经济效益方向转变。

新时代劳模精神具有十大内涵：劳模精神是工人阶级先进性的集中体现；劳模精神是工人阶级主人翁意识的集中凸显；劳模精神是社会主义核心价值观的生动诠释；劳模精神是时代精神的生动体现；劳模精神是民族精神的重要组成部分；劳模精神是劳动精神的积极呈现；劳模精神在当代品格中的核心要素是工匠精神；劳模精神是培育时代新人的重要手段；劳模精神是文化自信的重要支撑；劳模精神是实现中华民族伟大复兴中国梦的重要力量。

做一个守本分、有追求、讲作风、担使命、有境界、有修为的人，是每一位劳模的精神风范，更是每一位劳动者应该追求的目标。长期以来，广大劳模以高度的主人翁责任感、卓越的劳动创造、忘我的拼搏奉献，谱写出一曲曲可歌可泣的动人赞歌，为全国各族人民树立了光辉的学习榜样。每个时期的劳模，都是时代的精神符号和力量化身。随着时代的发展，劳模被赋予越来越多的时代内涵和元素，但无论是生产者还是创业者，无论是比表现还是比贡献，无论是讲精神作用还是讲经济效益，劳模的核心价值都是始终不变的。

（二）劳动精神的基本内涵

新时代劳动精神有着丰富的内涵，不仅在内容上继承并发展了马克思主义劳动价值观和中华民族传统优秀的劳动观念，还彰显了"辛勤劳动、诚实劳动、创造性劳动"的新理念，倡导"劳动光荣、技能宝贵、创造伟大"的时代风尚，生成了一种"劳动者至上、劳动者平等、劳动者可敬、劳动最光荣、劳动最崇高、劳动最伟大、劳动最美丽"的劳动观。

1. 在劳动人格上倡导"尊重劳动"

"尊重劳动"是新时代劳动精神蕴含的核心要义。首先，尊重劳动是对每个人的道德要求。劳动不仅创造了世界和人本身，而且为推动社会进步提供了必备的物质基础，因此一切劳动都应当受到尊重。其次，尊重劳动者创造的价值。劳动者付出了劳动，为社会创造了物质和精神财富，有权利获得必要的回报，任何拖欠和克扣劳动者工资的行为都是剥削劳动者的行为，都是对劳动的不尊重。最后，维护劳动者的尊严。要合理安排劳动者的劳动时间，维护劳动者合法权益，保障劳动者合法权益不受侵犯，创设更舒适安全的劳动环境，让劳动者心情舒畅，在工作中体会到劳动的快乐和收获的幸福。

2. 在劳动权利上倡导"劳动平等"

劳动是公民的基本权利，即任何劳动者在不影响他人的情况下都具有从事其想从事的劳动的权利，而劳动平等是维护劳动权利的基本条件和维护劳动尊严的基本保障。第一，强调人人享有平等的劳动机会，即所有的劳动者都能够有机会平等地参与劳动，从平等的机会中体现公平的劳动竞争，体现努力的劳动价值，体现对劳动的尊重。第二，反对一切劳动歧视与偏见。第三，强调人人都可以通过劳动作贡献。

3. 在劳动使命上倡导"劳动神圣"

劳动具有光荣和神圣的意义。首先，劳动是宪法赋予的、不可剥夺的权利和义务。我国宪法规定："公民有劳动的权利和义务。"劳动一方面是公民依法"行使的权力"，另一方面是公民依法"享受的利益"。其次，劳动是我们生存于世界的最为神圣的活动。每个公民通过行使劳动权利，为社会提供产品和服务，也从社会获取报酬，发展自我。最后，劳动果实是圣洁的。劳动果实是诚实劳动、精诚合作的劳动结晶。

4. 在劳动实践上倡导"劳动创造"

新时代科学技术迅猛发展，弘扬劳动精神更加注重培养学生的实践性和创新性。首先，培养服务至上的敬业精神。新时代弘扬劳动精神强调劳动的实践体验性，注重融入性和探究性，强调直接经验而不是间接经验，倾向于尝试、感悟和技能的建构，在劳动中有效提升学生的动手能力、沟通合作能力及解决实际问题的能力，培养学生的职业道德，养成专业敬业的工匠精神。其次，培养精益求精的品质。新时代劳动精神的培养注重与技术相结合，以技术应用和技术创新为核心，紧跟现代技术的发展态势，在课程设计上既要充分考虑劳动教育中技术素养提升的内在序列，又要充分考虑不同学段学生技能培养的梯度结构，帮助每个学生建构符合其个性且适应未来发展需要的技术素养体系，进而引导学生在工作中养成认真严谨、精益求精的工匠精神。最后，培养追求卓越的创造精神。新时代劳动精神的培养与"创新驱动"的国家发展战略相结合，提倡"做中学""学中做"，注重创新意识的提升、创新思维的训练和创新能力的培养，鼓励学生不断追求卓越，进而在全社会弘扬"劳动光荣、技能宝贵、创造伟大"的劳动风尚。

5. 在劳动成就上倡导"劳动光荣"

在劳动成就上，新时代劳动精神倡导每个人通过自己的劳动，收获满足感、快乐感、尊严感，在创造丰富物质财富的同时，拥有丰盈的精神世界。从个人意义而言，一方面，个体可以通过劳动充分发挥自身的积极性与创造性，学会与人合作，追求个体幸福，享受劳动尊严；另一方面，通过劳动磨砺人的意志，培养勤俭节约、勤劳勇敢、艰苦奋斗、坚忍不拔等精神品质。从社会意义而言，劳动推动社会进步，让全社会的生活质量得以整体提升。通过劳动，人们用自己的辛勤汗水和努力奋斗为推动社会文明进步作出贡献，用自己的劳动成就书写平凡中的伟大，实现个人价值与社会价值的统一。

（三）工匠精神的基本内涵

工匠精神是一种劳动精神，它是职业道德、职业能力、职业品质的体现，是从业者的一种职业价值取向和行为表现；它是一种在设计上追求独具匠心、质量上追求精益求精、技艺上追求尽善尽美、服务上追求用户至上的精神。

工匠精神是指不仅要具有高超的技艺和精湛的技能，还蕴含着严谨细致、专注执着、精益求精、淡泊名利、敬业守信、勇于创新的工作态度，以及对职业的认同感、责任感、使命感、自豪感等可贵品质。

工匠精神可以概括为坚守执着、精益求精、专业专注、追求极致、一丝不苟、自律自省。从工匠精神的角度看，坚守执着是一个人的本分，精益求精是一个人的追求，专业专注是一个人的作风，追求极致是一个人的使命，一丝不苟是一个人的境界，自律自省是一个人的修为。

1. 爱岗敬业的职业精神

爱岗敬业是从业者基于对职业的崇敬和热爱而产生的一种全身心投入的认真、尽职的职业精神状态。爱岗是敬业的基础，而敬业是爱岗的升华。"爱岗"就是干一行爱一行，热爱本职工作，不见异思迁，不被高薪及利益所诱，淡泊名利，坚守初心。"敬业"就是要钻一行，精一行，对待工作勤勤恳恳、兢兢业业，一丝不苟，认真负责。

2. 精益求精的品质精神

精益求精，是从业者对每件产品、每道工序都凝心聚力、精益求精、追求极致的职业品质。所谓精益求精，是指无论产品大小，都不满足于现有标准和成就，还要求进一步提升质量，投入时间和精力，反复改进产品，努力把产品的品质从 99% 提升到 99.9999%，以期达到尽善尽美。

3. 坚定执着的专注精神

专注就是内心笃定而着眼于细节的耐心、执着、坚持的精神，这是所有"大国工匠"所必须具备的精神特质。

4. 团结协作的创新精神

当今时代，任何一项技术、任何一个工艺，都可能只是复杂技术链条上的一个环节，个体即使本领再大，智商再高也不可能完成所有的技术工序，这需要多部门、多环节团结协作共同完成。现代技术越来越复杂，其开发难度也越来越大，单凭一个人的力量难以完成，需要发挥团队合作的力量，充分利用各方优势，以集体的力量来攻坚克难，实现技术目的。因此，团结协作的合作态度是当前产业技术工人必备的精神素养。

三、任务实施

根据以下材料，谈一谈你对劳模精神、劳动精神、工匠精神内涵的理解。习近平总书记明确界定了"三种精神"的科学内涵，对于社会各界认识、理解和把握"三种精神"，具有极为重要的理论意义和指导意义。

第一，劳模精神的内涵是"爱岗敬业、争创一流、艰苦奋斗、勇于创新、淡泊名利、甘于奉献"。其中，"爱岗敬业、争创一流"指的是职业品格，包括岗位意识和进取精神；"艰苦奋斗、勇于创新"指的是优良作风，包括奋斗意识和创新精神；"淡泊名利、甘于奉献"指的是人格境界，包括名利意识和奉献精神。

第二，劳动精神的内涵是"崇尚劳动、热爱劳动、辛勤劳动、诚实劳动"。其中，"崇尚劳动"是树立正确的劳动价值观，充分认识到"劳动最光荣、劳动最崇高、劳动最伟大、劳动最美丽"，劳动创造物质财富和精神财富，劳动创造美好生活，劳动不分贵贱，尊重普通劳动者。通俗地讲，只有崇尚劳动，劳动者才能渴望劳动，才能"想干"。"热爱劳动"是培养正确的劳动态度，促进劳动者能够自觉劳动、积极劳动、主动劳动。通俗地讲，只有热爱劳动，劳动者才能喜欢劳动，才能"爱干"。"辛勤劳动"是对劳动过程及其强度的充分肯定，表明要充分遵循劳动的客观规律以及要达到的劳动强度，体力劳动要付出辛劳和汗水，脑力劳动也要付出智慧和心血。通俗地讲，只有辛勤劳动，劳动者才能"苦干"。"诚实劳动"是对劳动者品德的客观规定，表明劳动要踏踏实实、求真务实、真操实干、实事求是。通俗地讲，只有诚实劳动，劳动者才能"实干"。

第三，工匠精神的内涵是"执着专注、精益求精、一丝不苟、追求卓越"。其中，"执着专注"是精神状态，是时间上的坚持、精神上的聚焦；"精益求精"是品质追求，是质量上的完美、技术上的极致；"一丝不苟"是自我要求，是细节上的坚守、态度上的严谨；"追求卓越"是理想信念，是理想上的远大、目标上的高远。

四、小结

劳动模范和先进工作者身上体现了爱岗敬业、争创一流、艰苦奋斗、勇于创新、淡泊名利、甘于奉献的劳模精神。劳动精神是在劳动实践过程中，崇尚劳动、热爱劳动、辛勤劳动、诚实劳动的精神。工匠精神是体现在各行各业中，执着专注、精益求精、一丝不苟、追求卓越的精神。

从"三种精神"的逻辑关系来看，其涵盖了劳动精神的不同发展阶段。劳动精神可分为三种层次。第一层次是劳动精神的初级阶段。在这个阶段，作为一个合格的劳动者应该具备某种精神特征，即"崇尚劳动、热爱劳动、辛勤劳动、诚实劳动"，也就是具备想干、爱干、苦干、实干的基本劳动素养。第二层次是劳动精神的中级阶段。在这个阶段，作为一个专业的劳动者，也就是工匠，应该具备某种精神特征，即"执着专注、精益求精、一丝不苟、追求卓越"，也就是具备"懂技术、会创新"的专业劳动素养。第三层次是劳动精神的高级阶段。在这个阶段，作为一个模范的劳动者，也就是劳模应该具备某种精神特征，即"爱岗敬业、争创一流、艰苦奋斗、勇于创新、淡泊名利、甘于奉献"，也就是具备"有理想守信念、懂技术会创新、敢担当讲奉献"的卓越劳动素养。也就是说，劳模精神除了具备基本劳动素养和专业劳动素养之外，还要兼具价值性劳动素养，也就是具有信仰坚定、胸怀全局、担当奉献、引领示范等精神品质。所以，"三种精神"分别代表着劳动精神的初级阶段、中级阶段、高级阶段，"三种精神"之间的关系应该是初级阶段、中级阶段、高级阶段之间的关系。

五、思考题

1. "三种精神"有怎样的科学内涵和辩证关系？
2. 结合身边实例，谈一谈劳动模范身上有哪些共同的特征。

> **名言赏析**
>
> 恭则不侮，宽则得众，信则人任焉，敏则有功，惠则足以使人。
>
> ——孔子《论语·阳货篇》

拓展阅读

用劳模精神、劳动精神、工匠精神凝聚新征程奋斗力量

2020年11月24日，习近平总书记在全国劳动模范和先进工作者表彰大会上发表重要讲话，号召工人阶级和广大劳动群众大力弘扬劳模精神、劳动精神、工匠精神，在开启全面建设社会主义现代化国家的新征程上创造新的时代辉煌、铸就新的历史伟业。习近平总书记的重要讲话极大地鼓舞了工人阶级和广大劳动群众万众一心、众志成城的信心决心，是对劳动模范的最高褒奖，赋予了劳模精神、劳动精神、工匠精神新的历史使命。

发挥引领作用，助力新征程砥砺前行

劳模精神、劳动精神、工匠精神以崇尚劳动和尊重劳动者为内核，包含劳动精神面貌、劳动价值导向、劳动技能水平三个层次，是伟大创造精神、伟大奋斗精神、伟大团结精神、伟大梦想精神在工人阶级群体中的生动体现，是激励全党全国各族人民面向新征程、展现新作为的重要精神动力。

新征程需要倡导昂扬的劳动精神面貌。马克思主义认为，人要实现解放必须首先实现劳动的解放，因为劳动不是异化于人之外的迫使人奴隶般地服从分工的手段，而应是人发展个性、丰富自己的内在需要。这一观点在中国工人阶级身上得到了最有力的践行。中国工人阶级自诞生之日起，就始终把推动社会进步、实现劳动解放作为重要使命。新中国成立后特别是改革开放以来，一个个"中国奇迹""中国震撼"的出现，与广大劳动者劳动热情的极大焕发、劳动积极性主动性创造性的空前高涨是密不可分的。劳动模范作为其中的先进代表，更是呈现出昂扬的劳动精神面貌，最大限度地发挥了劳动能力和聪明才智，也在劳动过程中实现了自身全面发展。当前，党和国家事业踏上新征程，需要发挥人作为生产力中最活跃最根本的要素作用，促使每一个劳动者把实现党和国家确立的发展目标变成自己的自觉行动。弘扬"三种精神"，对于引导人们坚信劳动创造幸福，自觉承担国家主人翁的责任与担当，用劳动托起个人梦、托起中国梦具有重要意义。

新征程需要树立鲜明的劳动价值导向。人民创造历史，劳动开创未来，劳动是推动人类社会进步的根本力量。党的十八大以来，习近平总书记在继承和发展马克思主义劳动思想的基础上，系统论述了实干兴邦的劳动实践观、崇尚劳动的劳动价值观，具有很强的现实针对性和深刻的战略考量。习近平总书记多次强调"劳动最光荣、劳动最崇高、劳动最伟大、劳动最美丽"，并重申按劳分配是实现社会正义的基本原则。党的十九届五中全会对贯彻落实新发展理念、构建新发展格局作出了战略部署。实现这一目标，要把发展经济着力点放在实体经济上，把劳动作为推动实体经济发展的重要支撑。要通过弘扬"三种精神"，引导全社会形成对劳动是唯一价值源泉的共识，建构以辛勤劳动为荣、以好逸恶劳为耻的主导价值取向，让劳动创造成为推动历史前进的根本力量。

新征程需要依托精湛的劳动技能水平。习近平总书记指出，"素质是立身之基，技能是立业之本"，要求"我国工人阶级和广大劳动群众树立终身学习的理念""勤学苦练、深入钻研，不断提高技术技能水平"。"十四五"规划建议中明确要求，"加强创新型、

应用型、技能型人才培养,实施知识更新工程、技能提升行动,壮大高水平工程师和高技能人才队伍"。在产业工人技术技能培养方面,劳动模范发挥着重要的引领、带动和培育作用。劳模不仅是爱劳动、会劳动的代表,也是懂技术、会创新的代表,很多还是所在领域的"大国工匠"。面对建设制造强国、质量强国、网络强国、数字中国,推进产业基础高级化、产业链现代化等重大战略任务,通过弘扬"三种精神",有助于激励更多劳动者特别是青年人走技能成才、技能报国之路,为提高经济质量效益和核心竞争力建功立业。

把握精神内涵,激励广大劳动群众做新征程奋斗者

劳模精神、劳动精神、工匠精神凝结着中华民族的优秀品德,闪烁着时代发展的耀眼光辉,其内涵在长期实践中不断得到丰富和发展。习近平总书记将劳模精神概括为"爱岗敬业、争创一流、艰苦奋斗、勇于创新、淡泊名利、甘于奉献",将劳动精神概括为"崇尚劳动、热爱劳动、辛勤劳动、诚实劳动",将工匠精神概括为"执着专注、精益求精、一丝不苟、追求卓越"。三种精神各有侧重,但其精神内核是一致的,正像习近平总书记2018年4月30日给中国劳动关系学院劳模本科班学员回信中期望的那样,广大劳动模范要用干劲、闯劲、钻劲激励广大劳动群众争做新时代的奋斗者。"干劲""闯劲""钻劲"这几个字,对劳模精神、劳动精神、工匠精神作出了高度凝练,让广大劳动者学有榜样、追有目标、赶有方向。

富有干劲,就是要真抓实干、艰苦奋斗。社会主义是干出来的,新时代是奋斗出来的。一要"苦干"。新中国从成立之初的满目疮痍、百废待兴,到如今的世界瞩目、走向复兴,靠的就是一代代劳动者脚踏实地、埋头苦干。二要"实干"。习近平总书记指出,"人世间的美好梦想,只有通过诚实劳动才能实现;发展中的各种难题,只有通过诚实劳动才能破解;生命里的一切辉煌,只有通过诚实劳动才能铸就"。"中国奇迹"不是"天上掉的馅饼",而是劳动模范和广大劳动者勤奋劳动诚实劳动的结果。三要"能干"。新时代的工人阶级不仅要爱劳动、讲奉献,还要操作技能娴熟、技术水平高超、生产效率优化。要从加强思想政治引领入手,将"三种精神"与社会主义核心价值观教育相结合,引导更多劳动者涵养劳动信仰、劳动情怀、劳动品格,将辛勤劳动、诚实劳动、创造性劳动作为内在追求和自觉行动。

富有闯劲,就是要敢为人先、勇于创新。改革创新是前无古人的崭新事业,需要知难而进、迎难而上,其核心就在一个"闯"字。敢闯善闯靠的不是蛮劲,而是扎实的专业知识和过硬的技术水平。弘扬"闯劲",就是要以培养高素质产业工人队伍为目标,一方面发挥劳动模范传帮带作用,为他们传承技术、传承工艺、施展才华搭建平台,使他们的劳动技能、创新方法、管理经验广泛传播;另一方面完善现代职业教育制度,建立劳动者终身职业培训体系,完善和落实技术工人培养、评价、使用、考核机制,畅通技能人才职业发展通道,为劳动者成长成才、敢闯敢试创造良好条件。

富有钻劲,就是要不懈钻研、精益求精。习近平总书记指出:"一切劳动者,只要肯学肯干肯钻研,练就一身真本领,掌握一手好技术,就能立足岗位成长成才,就都能在劳动中发现广阔的天地,在劳动中体现价值、展现风采、感受快乐。"弘扬"钻劲",就是要围绕推动质量变革、效率变革、动力变革,实现更高质量、更有效率、更加公平、更可持续、更为安全的发展，引导企业强化品牌意识，引导职工恪尽职业操守，培育精益求精的企业文化和职工文化；要厚植工匠文化，引导全社会尊重工匠、崇尚工匠精神，形成培育工匠、学习工匠、争当工匠的浓厚氛围，健全完善工匠产生、培育、成长机制，让更多富有钻劲的优秀工匠涌现出来。

找准弘扬路径，推动劳动教育落地生根

习近平总书记高度重视劳动教育，在全国教育大会、全国劳动模范和先进工作者表彰大会等场合多次强调，要加强劳动教育，把劳动教育纳入人才培养全过程。劳动教育具有树德、增智、强体、育美的综合育人价值，涵盖劳动精神的激发、劳动观念的培养、劳动知识的学习、劳动技能的提高等方面，贯穿基础教育、职业教育、高等教育等各类型，是弘扬"三种精神"、发挥劳动模范教育意义和教育价值的重要途径。

突出崇尚劳动的教育内容。劳动教育的核心是要引导学生树立正确的劳动观，崇尚劳动、尊重劳动，增强对劳动人民的感情，报效国家，奉献社会。要通过劳动教育，形成正确的劳动价值观，让"劳动最光荣、劳动最崇高、劳动最伟大、劳动最美丽"的观念深入人心；培育积极的劳动态度，大力培植"热爱劳动""热爱创造"的真挚情感；培养优良的劳动品德，让"辛勤劳动、诚实劳动、创造性劳动"蔚然成风；养成良好的劳动习惯，让真抓实干、埋头苦干成为自觉的生活方式；掌握必备的劳动知识与技能，用劳动理论与实践的教育教学，为劳动素质的提升奠定坚实的基础。成功的劳动教育，不仅要使青少年成为受教者和受益者，更要成为劳模精神的践行者、劳动精神的弘扬者、工匠精神的创造者，最终成长为担当民族复兴大任的时代新人。

树起劳动模范的教育榜样。在劳动教育中，让青少年近距离接触劳动模范、感受劳模精神、聆听劳动故事、观摩精湛技艺，是保证劳动教育落到实处的有效途径，也是实现劳动模范社会价值的重要手段。要开展走近劳模系列活动，将劳模典型事例提炼成贴近青少年的故事、画报和读本，在思想政治课、德育课上讲授；开辟劳模讲堂，配备校外劳模辅导员，组建劳模讲师团，设立劳模育人实践基地，提高劳模精神的影响力和感染力，让劳动模范在潜移默化中成为青少年成长成才的精神榜样。

坚持面向实践的教育导向。日常生活劳动、生产劳动和服务性劳动都是实施劳动教育的方式，也是拓宽弘扬"三种精神"的重要路径。要通过工学结合、毕业实习、志愿服务、勤工助学、劳动体验等途径，组织青少年积极参与社会实践，感受劳动带来的收获和乐趣；推动劳动教育与大学生创新创业相结合，倡导大学生在依靠自身劳动创造财富的过程中，更好地实现精神追求和自身价值；推进劳动教育与产教融合相结合，坚持以市场需求为导向，激发学生内在的劳动潜力，培养正确劳动价值观和良好劳动品质。

（资料来源：刘向兵.《红旗文稿》，202101）

任务四　践行劳模精神、劳动精神、工匠精神

【能力目标】

1. 树立规则意识和团队合作意识；

2. 掌握熟练的专业技能，提高创造性劳动能力。

【知识目标】

1. 明确提升个人劳动精神面貌的意义和方法、途径；
2. 熟知劳动纪律的概念和内涵，认识劳动中制度和规则的重要性。

一、任务描述

案例分析

1977年出生的管延安从18岁起就跟着师傅学习钳工，工作中好学、专注，干一行，爱一行，钻一行，二十多年的勤学苦练让他掌握了各种钳工工艺，先后参与了青岛北海船厂、前湾港、港珠澳大桥等大型工程建设。其中在港珠澳大桥建设中，面对33节巨型沉管，他拧过60多万颗螺丝，创下了5年零失误的深海奇迹，因其精湛的操作技艺，其被誉为中国"深海钳工"第一人。

根据以上材料，分析应该如何践行劳模精神、劳动精神、工匠精神。

二、任务资讯

（一）认知方面：革新观念，升华劳动认知

认知是人们通过知觉、记忆、思维等智力过程对信息的获取、转换、储存、提取和使用，最终形成控制情绪和指导言行的观念，不断学习和思考是改进观念和升华认知最重要的途径。《中共中央、国务院关于全面加强新时代大中小学劳动教育的意见（2020年3月20日）》(以下简称《意见》)中明确提出，"通过劳动教育，使学生能够理解和形成马克思主义劳动观，牢固树立劳动最光荣、劳动最崇高、劳动最伟大、劳动最美丽的观念""促进学生形成正确世界观、人生观、价值观"。这既是大学生接受劳动教育的总体目标，也是在大学生现实劳动过程中应当牢记的基本信念，更是指导和评价大学生劳动教育成效的最高准则。

针对当前部分年轻人错误、扭曲、不当的劳动认知，每一位大学生都应当进行深刻的自我反思，并通过不断学习革新劳动观念。最根本也是最有效的方法是要加强对马克思主义关于劳动经典作品的研读，重点学习其中关于劳动本质的科学论述，从世界观和人生观的视角回归到"人"的价值层面上，以个人的全面发展为目标，设法与自己的专业课程和思政课程学习相融合，不断深化对劳动价值观的认识，通过"课中学"与"研中学"提升个人劳动科学素养。

此外，还要结合时代发展变化和现代经济特征灵活把握劳动的要义，按照历史唯物主义的思想方法，更加科学地理解人性、理解劳动、理解社会、理解中国特色社会主义的新时代。同时要设法调动自身主体性和自觉性，将经典劳动观与新时代劳动价值论结合起来，努力追求人的自尊、自重、自爱，重新发现劳动的价值和创造的意义，并在日常专业实践和工作过程中强化认知，通过"干中学"逐步走向人格高尚、德性完满、心

灵的自由创造，加深对自然世界、人类社会的认识，完成总结、思考和升华的过程，感悟到劳动改造了自然世界，劳动创造了人类社会，劳动构建了美好生活，人类只有通过劳动才能深刻理解客观世界、洞悉心灵空间，从而创造外在和内在的幸福感受。

（二）情感方面：情绪疏导，端正劳动动机

劳动价值观并不直接作用于人们的劳动行为，它是在某种生理或心理动机作用下完成的，而激发动机的特殊装置便是情感和情绪。人们对于劳动的情感或在劳动中产生的情绪是存在差异的，但无论是积极的还是消极的主观体验，都会通过必要的生理唤起引导人们产生不同的劳动行为，这些行为反过来又会强化、缓解或释放人们的劳动情绪。《意见》中提到的"热爱劳动""增强对劳动人民的感情"和"具有劳动自立意识和主动服务他人、服务社会的情怀"等正是对劳动动机自我调节的要求。

大学生是未来社会的高等人才，其劳动行为和创造成果都具有示范和放大效应，只有在劳动科学学习和日常劳动中饱含积极正向的情感或情绪，才能激发起既利己又利人的行为动机，进而引导自己的劳动行为更好地服务社会。

大学生劳动品德的涵养中一个很重要的内容是道德情感的教育，它关系大学生对劳动的爱憎、好恶、赞成或反对的程度，同时也会影响对身边劳动者的情感和自身在劳动过程中的情绪。大学生要充分认识到，社会分工和现代科技导致不同形式劳动者之间的分割正在加剧，对话在减少；道德层面价值观也越来越趋向多元化，差异性也在增加。只有不断进行必要的情绪疏导，关注、关心和尊重身边的每一位劳动者，才能避免与整体劳动者队伍拉大距离，陷入只关注自己当下状况或只关注"诗和远方"的两个极端中，也才能避免陷入极端化情绪之中。要增强对劳动人民的情感，对一些大学生不能忍受外卖小哥迟到 5 分钟，对外卖小哥的劳动状态和劳动过程视而不见等现象多保持警惕，既要学习知名度较高的劳动模范的光荣事迹，也要积极了解身边的普通劳动者，戒除"劳模精神、劳动精神距离自己的日常生活很遥远"的认识。

除了热爱劳动的情怀，良好的劳动品德还经常来源于与身边劳动者的沟通。劳动情绪疏导最为现实也比较有效的方法是加强与身边人的互动，从中了解周遭人如何看待我们，懂得人与人之间如何交流，在与他人的互动中激发我们积极的劳动动机。换句话讲，大学生劳动品德的涵养还需要通过"附近"关系的构建来实现自身和普通劳动者的连接，让自己能够有机会重新观察身边的劳动者，重新审视校园里平凡普通的劳动者的重要作用，拉近与校园里的保洁阿姨、食堂里的师傅、大门的保安人员的距离；通过社会调查和实践活动走进生产线，认识我们身边的真实的劳模和工匠，认识他们真实的劳动环境、劳动过程，让他们不再作为一个符号或一个身份，而是一个个看得见的活生生的人，弥补生产和价值观的双重分割。

（三）行动方面：坚定意志，强化劳动体验

1. 强化实践体验

劳动情绪通过激发动机引导劳动行为。劳动行为不是一个简单的动作，而是一个包含了不同阶段劳动决策和各种具体活动的持续性劳动过程。在这一过程中，劳动者会借

助于特定的思维模式形成固定的劳动意志。决定着人的劳动投入和能否坚持下去的品质，是人对于自身劳动行为关系的主观反映。《意见》提出，要注重抓住衣食住行等日常生活中的劳动实践机会，鼓励学生自觉参与、自己动手，随时随地、坚持不懈地进行劳动，养成从小爱劳动的好习惯。对于大学生来讲，就是要随时做好利用自己所学专业从事创造性劳动的准备，慎重选择职业方向，一旦选择就要有坚持下去的顽强意志。

意志支配劳动决策并调节具体的劳动行为，具有自觉性、目的性和主观能动性。坚定劳动意志需要大学生不断提高控制不合宜心理因素的行为习惯的能力，增加自制力和控制力，改变慵懒的学习和生活习惯，对积极的劳动行为持续进行正强化，加强自我约束和自我激励，在不断地自省和自我思考中磨炼艰苦奋斗的意志品质，形成持之以恒的劳动观念和行为。建设知识型、技能型、创新型劳动青年大军，实现从"制造大国"向"制造强国"的转变，需要大学生增强荣誉感和使命感，贡献自己的聪明才智；更需要大学生用自己的行动来弘扬劳模精神和工匠精神，在工作中有耐心，能坚持，注重细节，追求极致，带头营造劳动光荣的社会风尚和精益求精的敬业风气。

优秀的劳动品德最终要落实在具体的劳动行为才有现实意义。正如亚里士多德所揭示的那样，德性是随时间推移在实践中逐渐发展的，劳动品德的培育不能离开实践的土壤。从教育的视角看，劳动是劳动教育的本体论范畴，劳动品德的涵养还要回归"劳动"本身。《意见》强调"强化实践体验，让学生亲历劳动过程，提升育人实效性"，并明确提出要"让学生动手实践、出力流汗，接受锻炼、磨炼意志，培养学生正确劳动价值观和良好劳动品质"，可见，大学生劳动品德的涵养最终还是要落实在日常劳动体验上。

国有国法，行有行规，大学生丰富和深化劳动体验要从规范自身言行做起，用心领悟，用行动展示，避免走表演、作秀的形式主义路线。正像陶行知先生主张的那样，"在劳力上劳心"才是理论与实践的结合。换句话说，大学生劳动品德的习得需要将自主选择、自我判断和自我反省的理念付诸实践，端正劳动态度，锤炼意志，在更加微观和具体的实践导向中回归自然，回归劳动的具体场域。在劳动实践中锻炼独立生活能力、勤俭朴实的生活方式；在劳动实践中提升其审美能力、道德判断能力；在劳动实践中积累宝贵的人生经验，汲取精神成长的养料，获得自我发展的动力。从被动接受劳动实践走向积极体验劳动实践，让自己对劳动的认知、情感和意识在实践中得以升华。

2. 锤炼专业技能

大学生要充分认识到专业知识是专业技能的基础，在校期间将更多精力放在专业知识的学习方面，夯实专业基础理论，系统掌握专业结构和主要方法，及时跟踪专业发展新动向，在整个职业生涯中保持专业学习的热情和习惯。

在校大学生首先要利用好专业实践的机会，锻炼自己专业知识应用的能力。通过积极参与课堂讨论、课堂情景教学模拟、专业实验实训课、毕业设计（论文）、拜访劳模工作室或技能大师工作室等了解专业实践的思路和领域；通过校内勤工助学、金工实习、大学生创新创业项目、寒暑假社会调查等训练专业实践的具体方法；通过在高校持股企业或在高校与市场组织合建的实习基地兼职，切实感受从专业知识到职业技能的差异，提高专业动手能力。结合学科专业开展生产劳动和服务性劳动，重视新知识、新技术、新工艺、新方法的应用,创造性地解决实际问题,增强诚实劳动意识,积累职业经验,培育创造性劳动能力和诚实守信的合法劳动意识,提升就业创业能力,高起点训练专业技能水平。

3. 投身社会实践

随着国家经济实力的增强、市场活动频率的增加、各类信息手段的广泛应用,为学有余力的大学生提供了跨出校门、进一步提升专业实践能力的机会:一是提前加入劳动大军,以社会兼职或专业实习的形式体验职场生活,边干边学,运用专业知识解决工作中遇到的实际问题;二是积极参加行业主管部门、行业协会、大型企业、高校专业联盟等组织的各类专业技能大赛,在竞争中提升自己的专业实践能力;三是注重自身公共服务意识的培养,结合"三支一扶"、大学生志愿服务西部计划、"青年红色筑梦之旅""三下乡"等社会实践活动参与服务性劳动,强化公共服务意识和面对危机主动作为的奉献精神,运用专业知识和专业技能回馈社会。

4. 遵守劳动纪律

由于高职教育的特殊性,许多学校重技能培养、轻劳动精神传承,导致许多学生对劳动中的制度和规则的重要性认识不够,导致部分学生规则意识差、团队合作差,影响了在工作岗位上的进一步发展,甚至走上错误的道路。

劳动纪律又称为职业纪律或职业规则,是指劳动者在劳动过程中应遵守的劳动规则和劳动秩序。根据劳动纪律的要求,劳动者必须按照规定的时间、质量、程序和方法,完成自己承担的生产任务和工作任务。人们从事社会劳动,不论在任何生产方式下,只要进行共同劳动,就必须有劳动纪律。否则,集体生产便无法进行。马克思说过:"一个单独的提琴手是自己指挥自己,一个乐队就需要一个乐队指挥。"在共同劳动中,劳动纪律就是"乐队指挥",每一位劳动者必须遵守劳动纪律的要求。例如:严格履行劳动合同及违约应承担的责任(履约纪律);按规定的时间、地点到达工作岗位,按要求请休事假、病假、年休假、探亲假等(考勤纪律);根据生产、工作岗位职责及规则,按质、按量完成工作任务(生产、工作纪律);严格遵守技术操作规程和安全卫生规程(安全卫生纪律);节约原材料、爱护用人单位的财产和物品(日常工作生活纪律);保守用人单位的商业秘密和技术秘密(保密纪律);遵纪奖励与违纪惩罚规则(奖惩制度);与劳动、工作紧密相关的规章制度及其他规则(其他纪律)。

三、任务实施

根据以下材料,想一想:作为当代大学生,我们应该如何践行劳模精神、劳动精神、工匠精神?

立足新发展阶段,贯彻新发展理念,构建新发展格局,推动高质量发展,需要大力弘扬劳模精神、劳动精神、工匠精神。一是学先进赶先进,将"三种精神"不断发扬光大。广大劳动者要以劳模为榜样,将辛勤劳动、诚实劳动、创造性劳动作为自觉行为。各级党政要高度重视、关心爱护劳模,支持劳模发挥骨干带头作用。二是开展群众性创新活动,将"三种精神"贯穿经济社会发展各方面。开展劳动和技能竞赛,与弘扬"三种精神"结合起来，组织开展岗位练兵、技术交流、技能培训。三是建设高素质劳动大军，将"三种精神"进一步落地生根。深入实施职工素质建设工程，构建产业工人技能形成体系，推动产业工人队伍建设改革向纵深发展，努力建设一支高素质劳动大军。四是维护劳动者合法权益，将弘扬"三种精神"的根基筑牢。维护好一线职工、农民工、困难职工等群体和快递员、网约工、货车司机等新就业形态群体的合法权益，健全劳动关系协调机制作用，构建和谐劳动关系。五是加强劳动教育，形成弘扬"三种精神"的浓厚社会氛围。以劳动创造幸福主题宣传教育为契机，讲好劳模故事、讲好劳动故事、讲好工匠故事。

（一）努力成为技能人才

技能人才是指掌握专门知识和技术，具备一定的操作技能，并在工作实践中能够运用自己的技术和能力进行实际操作的人员。他们是我国"中华技能大奖"人才队伍的组成部分，是技术人员队伍的骨干。大学生在夯实理论知识基础、加强实训技能之余，应提高对实践环节的重视程度，在现有课堂学习的基础上，充分利用现有的实践环节，让自己走出课堂，多参加创新创业实践、科技社团活动。用好校外资源，积极参加校企合作与企业顶岗实习，主动体验职场环境、接受职场压力，按照正式企业员工的标准来要求自己、规范自己，感受企业文化。向企业导师学习，加深对企业文化的了解，感悟企业技术工匠的内在品质。

（二）提升劳动素养

大学生要加强马克思主义劳动理论的学习，深刻理解和领会马克思主义关于劳动创造人、劳动促进人的全面发展等观点，通过加强思想政治学习、专业学习提高参加劳动实践、接受劳动锻炼的自觉性和主动性。劳动教育并不是简单地学习理论课程，也不是完成多少劳动任务。接受劳动教育，不仅是获取劳动的知识与技能，还涉及价值观的培养问题，要在日常行为习惯的养成中培养劳动意识，以及基本生存能力、责任担当意识。因此，劳动教育的核心目标是劳动价值观的培育，要通过劳动教育，加强对劳动的认识，改变对劳动的态度，培养对劳动的情感，最终树立尊崇劳动、热爱劳动的价值观。

四、小结

党和国家大力呼吁弘扬劳模精神、劳动精神、工匠精神，目的就是让每一个人都热爱劳动，成为自食其力的劳动者，更要成为更加优秀的劳动者，甚至成为广大劳动者群体中的佼佼者和大家学习的榜样。我国在新时代建设社会主义现代化强国，不仅需要大量的劳动者，更需要大量更加优秀的劳动者乃至楷模式的劳动者。

新形势下，我国工人阶级和广大劳动群众要继续学先进赶先进，自觉践行社会主义核心价值观，用劳动模范和先进工作者的崇高精神和高尚品格鞭策自己，焕发劳动热情，厚植工匠文化，恪守职业道德，将辛勤劳动、诚实劳动、创造性劳动作为自觉行为。在认知、情感、行动等方面践行劳模精神、劳动精神、工匠精神。

五、思考题

1. 结合自己的见识，谈一谈工匠的养成有怎样的意义。
2. 谈一谈工作中要遵守怎样的劳动纪律。

> **名言赏析**
>
> 见善如不及，见不善如探汤。
> ——孔子《论语》

拓展阅读

锻造中国制造、中国创造的技能人才力量

"China……"在第41届世界技能大赛上，年轻的一线焊工裴先峰获得银牌。中国首次参赛即实现了奖牌零的突破。

时间拨向2019年，第45届世界技能大赛。一群平均年龄不超过22岁的中国技能健儿，不断跃上大赛领奖台，闪耀全场。16枚金牌、14枚银牌、5枚铜牌及17个优胜奖，蝉联金牌榜、奖牌榜、团体总分第一，再次刷新中国技能竞技的高度。

这不同平凡的跨越，是耀眼的时刻，是值得记忆的历史瞬间。从中国走向世界，从平凡走向卓越，中国技能进入世界的视野，展示出一个民族、一个国家的强大自信。

翻开中华民族史册，四大发明、瓷器、丝绸、纺织曾经让世人惊叹，但中国制造贫瘠、技术技能人才凋零，也留下挥之不去的阴影。犹记得，20世纪20年代，因为既无拖拉机手也无熟练的机械维修人员，"数量很少的拖拉机成了一堆废铁"的辛酸；犹记得，因为工业基础薄弱，产品和技术都要依靠舶来，洋火、洋布、洋灰这些生活用品都被老辈人冠以"洋"字的无奈……

百年波澜壮阔，百年风雨兼程，百年沧桑巨变。从新中国第一架飞机"初教—5"到大飞机C919，从第一颗卫星"东方红一号"上天到"天问一号"首次探火，从第一艘沿海客货轮"民主十号"到第一艘国产航母……无数个第一的伟大跨越，让中国制造潮涌东方、照亮世界，托举的正是一代代大国工匠。他们运斤如风、削铁如泥，断长续短、鬼斧神工，在百年奋斗中不断书写着中国制造的传奇，将"中国工匠""中国技能"写进了世界历史。

（资料来源：https://www.12371.cn/2021/06/29/ARTI1624931909797319.shtml）

项目三

新时代的劳动组织

模块导学

合理地组织劳动，对促进生产力的发展具有重要作用。通过劳动组织工作，对生产进行合理的分工和严密的协作，才能充分发挥每个劳动者的能力，组成一个具有强大合力的集体，完成个人和少数人难以完成的工作。合理的分工与协作，不但能促进生产力水平的提高，而且能调整生产关系使之适应生产力的发展。它对于提高劳动生产率，加快企业发展有很大的作用。

【能力目标】

1. 合理展望劳动组织的形式；
2. 能明确劳动组织的任务；
3. 正确处理劳动集体之间、劳动者之间以及劳动者与劳动工具、劳动对象之间的关系。

【知识目标】

1. 了解不同行业中劳动组织的不同形态；
2. 掌握劳动组织的概念、内容和主要任务；
3. 了解劳动组织的必要性。

【素质目标】

1. 脚踏实地，结合专业实际，养成崇尚劳动的精神；
2. 紧跟社会经济科技发展变化的新要求，做新时代的劳动者。

任务一　了解劳动组织

【能力目标】

正确处理劳动集体之间、劳动者之间以及劳动者与劳动工具、劳动对象之间的关系。

【知识目标】

了解劳动组织的概念、任务和主要内容。

视频3-1　了解劳动组织

一、任务描述

以班级小组为单位拟策划一场公司年会。活动前,通过小组讨论,将公司年会的基本内容和流程确定下来,并通过小组分工,将各组需要完成的任务、时间等情况进行安排布置。活动中,小组成员需要通力协作、相互配合,有条不紊地完成活动前对各项工作的安排。活动后,要进行照片保存、视频制作、总结等工作。

二、任务资讯

《中共中央国务院关于全面加强新时代大中小学劳动教育的意见》明确规定,劳动教育的重点除文化知识学习以外,必须组织学生参加日常生活劳动、生产劳动和服务性劳动。另外还特别强调要"结合产业新业态、劳动新形态,注重选择新型服务性劳动的内容",以紧跟社会经济科技发展变化的新要求。劳动组织是根据企业的需要,按照分工与协作的原则,正确处理劳动集体之间、劳动者之间以及劳动者与劳动工具、劳动对象之间的关系,建立有效的劳动生产体系的方式。其内容主要包括搞好劳动分工协作和职工配备;确定先进合理的定员、定额和人员的构成;改进和完善劳动组织形式;组织多设备管理;合理安排工作时间和工作轮班;使工人的操作合理化等。

劳动组织可以分为社会劳动组织和企业劳动组织。社会劳动组织在全社会范围内,合理组织社会劳动,充分利用劳动力资源,在各地区、部门之间按比例有计划地使用劳动力,合理安排就业结构,有计划地实现劳动力再生产,改善劳动关系,创造更高形式的社会劳动组织,不断提高社会劳动效率。所谓企业劳动组织,在企业劳动过程中,按照生产的过程或工艺流程科学地组织劳动者的分工与协作,使之成为协调的统一整体,合理地进行劳动;正确处理劳动者之间,以及劳动者与劳动工具、劳动对象之间的关系,不断调整和改善劳动组织的形式,创造良好的劳动条件与环境,以发挥劳动者的技能与积极性,充分应用新的科学技术成就和先进经验,不断提高劳动效率。在这里我们学习的内容侧重于企业劳动组织。

(一)劳动组织的概念

劳动组织是指在集体劳动中合理安排使用劳动力,提高劳动者的劳动(工作)效率的形式、方法和措施的统称。

根据企业生产特点,科学地组织劳动的分工和协作,把工人之间的协作关系和人与劳动手段、劳动对象之间的关系有效地组织起来,以便能协调工作提高劳动生产率。

(二)劳动组织任务

根据合理分工与协作的原则,正确配备劳动力,合理确定工作量,节约劳动力的使用,不断提高劳动生产率。

正确处理劳动力与劳动工具、劳动对象之间的关系,保证劳动者有良好的工作环境和劳动条件,做好工作场所的组织工作,改进操作方法,保证劳动者在工作中的身心健康。运用工效学、劳动心理学等学科知识，不断完善和改进劳动组织，改善劳动关系，做到用人少、效率高，促进劳动者全面发展。

（三）我国主要的劳动组织内容

（1）根据合理的分工与协作，精简、统一、效能和节约的原则，设置企业、车间、工段、生产班组等组织机构。

（2）制定计量与考核班组与个人劳动的劳动定额，部门和岗位合理定员，做到用人有标准，节约使用和配备劳动力。

（3）组织与实施企业各类人员合理的结构和比例。例如，直接生产人员（在生产第一线直接进行操作和直接为生产服务的人员，如生产工、运输工等）、基本生产工人（从事制造企业主要商品的工人，如钢铁厂的炼钢工、棉纺厂的织布工等）与辅助生产工人（在企业中帮助基本生产工人完成辅助工作和附属工作的工人，如修理工、运输工等）之间的比例。

（4）本着有利于发展生产、提高劳动（工作）效率、增进职工身体健康的原则，合理安排工作时间，组织轮班。

（5）合理组织工作地，使劳动者、劳动工具和劳动对象三者达到最优结合。合理布置工作地，保持良好的工作和秩序，并组织好供应和服务工作。

（6）选择合理的操作方法，消除无效的劳动，组织多设备管理，培养职工一专多能实行兼职作业，以提高该劳动（工作）效率。

（7）制定职工在组织生产、技术和工作时间方面遵守的准则，加强劳动纪律的教育和管理，赏罚分明，以保证集体劳动有秩序地进行。此外，为了发挥劳动组织的作用，调动职工的劳动积极性和主动性，还要开展各种形式的社会主义劳动竞赛。

不断改善企业劳动组织，在以下方面具有重要作用：保障正常生产；发挥企业活力；充分利用人力、时间、设备；节约材料、染料、动力；提高工效；改善企业素质；提高经济效益。

三、任务实施：年会活动策划过程

年会策划组织流程第一步，要根据经费的粗预算编写策划书，并进行详细的经费预算。第二步，所有工作人员要进行小组分工，分别完成文案起草、审核，会场布置，节目组织和彩排工作。第三步，年会当天，小组成员要根据分工完成会场迎宾和后勤保障工作。年会策划组织流程如图3-1所示。

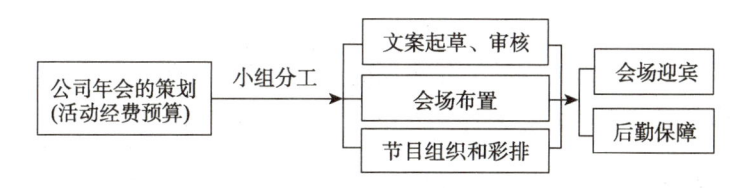

图3-1 年会策划组织流程图

（一）编写策划书，确定年会活动内容和流程

总负责人要结合公司类型、参与人数、公司效益、活动经费、年会性质、员工水平等进行活动策划，确定主题、场所、规模、内容和流程等。

（二）预算活动经费

活动经费预算的内容主要包括以下方面：①聚餐费用，即宴会厅租赁、宴席菜金、酒水、饮料等费用；②会务费用，包括年会横幅、优秀员工荣誉证书、邀请函、道具租赁制作费用等；③奖品费用，包括优秀员工奖品、幸运抽奖、游戏互动奖等；④其他相关费用，包括主持人、摄像录像、刻录光盘、干果水果等。

（三）小组任务分工

将各项工作落实到每个小组，包括文案起草、审核，会场布置，节目组织、彩排，会场迎宾和后勤保障等。每个小组还要进行组内分工。

（四）各项文案起草、审核方法

通过网络学习并进行主持人形象设计；串词、祝酒词、总经理讲话稿起草、审核等。

祝 酒 词

尊敬的各位领导、各位来宾、朋友们：今天我们欢聚一堂，共叙友情，共享和谐太平，共迎新春佳节，共谋美好明天。值此新春到来之际，我谨代表董事会，向全体努力进取和勤奋工作的同仁，向关心和支持我们工作的员工亲属们致以深深的谢意！祝大家在新的一年里和气致祥、身体健康、家庭幸福、万事如意！

（五）年会节目组织和彩排

（1）对舞台工作人员的基本要求。舞台工作人员的分工一定要明确，要做到责任落实到具体的人。同时要熟悉整个演出场地的情况，包括演员走位等。

（2）对演出工作人员的基本要求。演出前，在年会的演出现场，负责演出的工作人员要聚集在一起，由舞台监督宣布演出的具体时间、节目的顺序、上下台方向、服装和妆容要求等，并介绍舞台工作人员和舞台的具体情况。演出工作人员要认真聆听，主动配合。

（3）彩排走台的组织要求。舞台搭建好后，要组织所有节目进行彩排走台，进行一场预演，以便演员们熟悉位置和适应整个演出的环境，同时舞台工作人员也可以检查一下接口的衔接、灯光布景、司幕、扩音等环节配合协调的情况等，这样的预演可以使演出中可能出现的问题提前得到解决。

（4）舞台保障要求。灯光保障、音响保障、大屏保障、道具保障、催场保障等一系列舞台保障工作都要落实到位，确保其发挥该有的功能作用。

（六）会场迎宾

迎宾人员在年会进场入口迎接嘉宾和参会人员，引导他们签字、领取礼品和入座；

同时还要完成燃放年会礼炮等工作。迎宾人员站立方法如下。

（1）女迎宾员站姿脚为"丁"字形或"V"字形，左脚脚跟靠右脚脚心处，两脚之间呈35~45度为宜，双手自然下垂在腹部，右手放于左手上面。

（2）男迎宾员站姿为双脚与肩同宽，双腿绷直，双手背后，右手放于左手后面或自然叠放于腹前。

（七）后勤保障

后勤保障人员要完成活动礼品、奖品、纪念品、食品及其他年会物品的购买、准备、保管和发放。同时与酒店工作人员进行沟通、协调。

填写劳动成果展示表（见表3-1）。

表3-1 劳动成果展示表

序号	劳动成果名称	劳动成果形式	备注
1	年会策划方案	方案	团队成果
2	活动经费预算清单	清单	团队成果
3	组织年会工作的现场图片	图片	团队成果

四、小结

企业的劳动组织是指企业在劳动过程中合理组织劳动者，使全部劳动者分工合作，并成为统一协调的整体。合理的劳动组织对企业长远发展具有深远的意义，提高经济效益，改善企业素质，充分利用时间、设备、人力、原材料，提高工效和发挥企业活力等都与劳动组织密切相关。不断改善企业劳动组织，具有以下几方面重要作用：保障正常生产；发挥企业活力；充分利用人力、时间、设备；节约材料、动力；提高工效；改善企业素质；提高经济效益。

五、思考题

1. 劳动组织的概念是什么？
2. 劳动组织的主要内容有哪些？

名言赏析

热爱劳动吧。没有一种力量能像劳动，即集体、友爱、自由的劳动的力量那样使人成为伟大和聪明的人。

——高尔基

拓展阅读

强化劳动组织管理，提高劳动生产率

摘要： 随着社会及经济的飞速发展，我国钢铁消耗量越来越大。钢铁企业为了满足消费者日益剧增的需求、在激烈的市场竞争中求得生存，其不断自我创新，从建设高效组织机构为出发点，从企业管理制度、管理办法、人才优化等方面入手，做好企业劳动组织管理工作，实现企业劳动生产率提升、企业经济效益增加的目标。本文从企业自身劳动组织管理存在的问题进行分析，对加强企业劳动组织管理提高生产率进行探讨。

关键词：人力资源；劳动组织；提升；企业员工

自我国加入WTO以后，带动了我国经济的大力发展。市场对企业的要求越来越高，企业想在激烈的市场竞争中取得决定性地位，企业人才竞争起重要作用。因此劳动组织管理是保证企业健康发展的重要因素，是保持企业核心竞争地位的重要手段。由于传统管理理念的影响，我国大多数的钢铁企业在人才利用和岗位职能开发方面存在很大的弊病，对企业长远发展起到一定的制约作用。因此在新经济时代的环境下，企业应不断加强人员管理的力度，建立完善的人才管理办法和企业用人制度，强化劳动组织管理工作，从而实现人力资源的优化配置，在一定程度上发挥人才的最大优势。

一、目前我国钢铁企业存在的问题

（一）缺乏完善的人力资源管理机制

为顺应时代的发展，我国钢铁企业针对企业管理模式、管理理念进行创新，由传统人事管理转变为企业人力资源管理，但至今仍存在不少的问题，在具体的实行过程中，机制落实不到位，现代化管理战略未达成。一些基层企业在管理观念上对人力资源管理仍保留在人才招聘、人员管理上，忽视了人员培训的重要性，只重视了企业人员的人才使用方面。

（二）劳动组织结构不合理

企业想要达到经济效益最大化，其劳动组织结构占重要因素。但包含钢铁企业在内的很多企业人员组织管理方面都存有一定的问题。随着科学技术的发展，信息技术被广泛运用于我们各行各业，但很多钢铁企业存在人员老龄化问题，企业从业人员普遍知识、年龄、技术老化落后，无法紧跟先进的管理理念和技术水平。同时还有用人机制上面的问题，企业论资排辈的观念较强，用人机制缺乏灵活性，往往那些有专业能力的优秀人才得不到重用，而职位越高的人工资待遇也越好，但素质较低，好多管理岗位人员学历严重不符，不具备相应岗位的专业技能和管理能力。使得真正的技术人员无心钻研，将眼光放在升职加薪上面，导致企业无科技创新人员，造成大量人才流失。

（三）存在严重的人员冗余

企业存在大量的人员冗余问题，造成这个问题的主要原因是，钢铁企业员工工资高、福利好，是很多人的理想工作，外界人员托关系或者企业内部人员想方设法让自己的家人也挤入其中。因此出现钢铁企业很多岗位都存在人员不在岗、员工家属裙带关系严重的现象，从而导致企业经济效益低下。

（四）企业员工培训力度不强

对企业从业人员培训的重视度不高，没有充分认识到培训对提升人员工作技能、思想意识的重要性。企业培训应从企业自身长远发展和员工需求角度出发，来制定科学合理的培训体系。其中对培训的选择对象、培训目标要求、培训内容都有一定的计划性，不能盲目地开展培训，导致花费了一定的力气，但结果却不尽如人意。另外，在培训中要注意培训管理，不能为应付考核、升职而敷衍了事，这对自身发展起不到丝毫用处，不能获得真正培训的效果。企业的发展主要是用人来推动的，所以人力资源的专业水平和用人制度对企业发展是至关重要的。但目前钢铁企业存在人力资源管理方面的问题较为严重，人员职能不清晰，岗位职责不明确。没有针对人员发展制订完善的人才发展的长远计划和没有明确的企业员工晋升机制和奖励机制，直接影响了员工工作积极性，工作潜能没有被完全激发出来。

二、强化劳动组织管理

（一）完善人力资源和劳动组织规划

根据当前企业现存问题和企业长远发展规划制定一个科学合理的人力资源和劳动组织体系。完善的用人制度是企业人才良好发展的重要保障。管理人员不能根据个人的喜爱标准来招聘人才，企业人力资源部门应根据企业发展需求建立合理、科学的人力资源规划。首先，针对企业人员冗余问题，清理非在岗职工，实行内退政策，并制定人员考核制度，定期根据考核结果将工作素质低、专业能力差的员工裁掉。其次，走一条全新的"引进""培养"之路，应根据企业需求改变以往的裙带关系，积极、公开招聘一批专业从业人员，使企业发展在人才方面永葆活力。例如，企业制定适合自身发展的《人力资源管理储备管理办法》《员工职业发展管理办法》《员工基本管理办法》、《新进高校生的管理办法》等，建设合理的组织管理体系。

（二）建立有效的企业人员晋升机制

制定合理的组织架构、合理的岗位制度，明确人员的岗位职责、负责人、岗位要求，最后企业各岗位根据人员素质、学历、人员专业来进行安排。加强专业对口，从业人员转岗安置工作，让员工将自身所长发挥出来，人员能够胜任所从事的岗位。制定合理的员工基本管理办法，实行操作岗位、技术岗位、管理岗位竞争上岗的模式，全员竞争上岗，从而激发员工工作热情。同时制定科学的晋升机制、奖励机制，激发企业员工工作积极性，提高生产效率。例如，制定企业员工奖励机制、优化薪酬体系，将员工绩效工资、绩效考核、竞争上岗多方位结合，搭建晋升平台，从而使员工提升自身积极性，提高生产效率。

（三）结合信息技术实现先进管理方法

随着科学技术的不断发展，信息技术在各行各业都得到了广泛的应用。企业的管理、运营等工作都需要通过计算机技术来实现，信息技术使得企业管理变得更加专业化、信息化。加大企业的信息化管理和操作力度，是企业增强核心竞争力、增加市场份额的基础。企业利用信息技术优化企业人才，从而实现企业人力资源优化配置，使企业工作便捷化，如钢铁企业利用信息技术进行人力资源信息管理。

（四）加大企业培训力度

企业为了避免人才的缺失，要有专项资金用于专业人才的培养，打造高素质人才管理团队。制订科学合理的人才培训计划，使培训内容与人员需求相结合，从而真正实现企业从业人员劳动技能的提升，完善企业机制，提高人员竞争力，实现高效的劳动组织管理，在创新变革中求生存。

三、结语

在不断发展的经济环境下，企业为提升竞争力，实现企业长远发展，就要顺应时代不断地对自身进行改革创新，完善企业管理机制，为员工发展搭建平台，提升从业人员职业素养和专业技能，组建高素质管理团队，强化劳动组织管理，为企业经济效益提升作出应有的贡献。

（资料来源：强化劳动组织管理提高劳动生产率，中国知网：https://kns.cnki.net/kcms/detail/detail.aspx?dbcode=CJFD&dbname=CJFDLAST2019&filename=XDGQ201906133&uniplatform=NZKPT&v=f35gv4oQcVescc6BR7kCoUQkXZFOhgOou4le4j9dzB3lb—FLbDSgi1wYB7DdMFt4）

任务二　新时代的劳动组织

【能力目标】

培养创新意识，增强实践能力，能够组织劳动实践活动。

【知识目标】

了解企业的基层劳动组织，理解劳动组织在企业中的重要作用。

视频 3-2　新时代的劳动组织

一、任务描述

案例分析

社会化生产是实现人类劳动的本质功能、满足人类发展的社会需求的必然要求。在个体化小生产时期，劳动是由三个要素构成的，即劳动者、劳动工具、劳动对象；为了适应社会化大生产的需要，增加了劳动组织这个必要的因素，组织劳动就成为社会劳动的主要形式。近年来，企业之间的竞争越来越激烈，要想使企业在竞争中占有一定的优势，必须加强对劳动用工和组织管理的重视，这样不但能够处理好企业与员工之间的关系，还能使企业人力资源管理得到创新，从而满足员工实际需求，提高企业经济效益。劳动组织是在集体劳动中合理安排使用劳动力，提高劳动者工作效率，进而提高企业经济效益的组织。劳动组织管理受到相关法律的保护，能够确保劳动者合法权益，使其不受到外界因素的影响。劳动组织对于企业具有重要作用，首先，能够促进企业长远发展。目前企业之间的竞争越来越激烈，人才成为企业竞争的主要因素。因此，企业做好劳动用工和劳动组织管理工作，是对人才管理的一次创新，不但能够增强员工对企业的满意度，还能调动员工的工作积极性，让员工主动参与工作，从而提高工作效率。

（资料来源：陈静波. 浅析企业劳动用工与劳动组织管理中的问题与应对[J]. 科技经济导刊，2016(29): 261.）

请思考：你所了解的企业有哪些劳动组织形式？

二、任务资讯

企业基层劳动组织——班组

企业是一个典型的组织。大学生参加工作，走进企业，实际上是走进了一个组织，其中第一站就是班组。现代企业管理结构一般都是三角形样式，基本可以分为三层：高层、中层、基层。高层"动脑"，属于决策层；中层"动口"，属于管理层；基层"动手"，属于操作层。班组就是企业的基层组织。企业的生产活动都在班组中进行，班组工作的好坏直接关系着企业经营的成败。具体分析，班组在企业中的地位和作用如下。

（1）生产经营活动的基本单位。企业生存的目的和意义在于追求利润。班组是最基本的生产单位，它直接创造利润。所以企业要降低成本、提高劳动生产率，首先就会从班组抓起。

（2）企业的最基层管理单位。管理是否深入基层是衡量管理水平的指标之一。班组是企业最基层的管理单位，直接面对每一个员工，企业的文化、规章制度和精神风貌最终是要通过班组贯彻到每个员工，然后通过员工的工作业绩反映出来。因此企业只有将管理深入班组这个层次，才能焕发生机。

（3）提高职工素质的基本场所。企业通常都会把培养人才当作自身的使命。培养人才是为了创造更大的价值。如果没有一支认真负责、精益求精的员工队伍，想创精品、树品牌就很难。而企业人才培养的最主要场所就是在现场、在班组、在一线。所以从效益角度来看，班组培训比高级人员培训更直接，见效更明显。

（4）生产流程的衔接要素。在企业的生产经营活动中，每一个班组都是其中的一个环节。很多现场的问题都比较简单，只需要依照一定的原则在班组间沟通协调就可以解决，只有解决问题才能激发团队的创造力。

班组是企业管理中最基础的一级管理组织，是企业组织生产经营活动的基本单位，是企业一切工作的立足点。全面加强班组建设，实现班组管理的科学化、制度化、规范化，是实现企业管理现代化的一项重要工作。摆正班组在企业建设与管理中的位置。班组工作要理顺各自关系，形成齐抓共管的科学体系，在明确工作总目标的基础上，要把各项工作任务逐步分解，落实到班组和个人，从而调动全体职工的积极性和创造性，促进企业各项任务目标的完成。同时，要建立科学的考核机制，进一步明确和正确处理好班组的责、权、利关系，以改变在分配问题上平均主义的问题，调动职工的积极性，提升班组生产经营管理水平。要大力推行现代化管理方法，比如推行全面质量管理、推行目标管理、推行安全系统工程等，使班组管理逐步走上科学化、规范化的轨道。

（资料来源：1. https://baike.baidu.com/item/%E7%8F%AD%E7%BB%84/241941?fr=aladdin

2. https://baike.baidu.com/item/%E7%8F%AD%E7%BB%84%E5%BB%BA%E8%AE%BE/3374017?fr=aladdin）

案例分析

工程劳动组织劳动力计划见表3-2。

表 3-2 工程劳动组织劳动力计划表

单位：人

工种	按工程施工阶段投入劳动力情况				
	土方工程	基础工程	主体工程	装饰工程	竣工清理
钢筋工	5	20	25	0	0
木工	5	20	30	10	0
砼工	4	15	20	0	0
瓦工	5	20	40	5	5
油漆粉刷工	0	0	0	25	10
抹灰工	0	3	5	60	5
架子工	2	7	10	5	0
电焊工	2	5	10	0	0
防水工	0	0	0	20	2
零工	15	20	20	20	20
合计	38	110	160	145	42

注：（1）本计划表是以每班八小时工作制为基础编制。
（2）节假日、农忙季节劳动力计划详见节假日、农忙季节保证连续施工的措施。

劳动力组织为保证质量目标和进度计划的实现，施工过程中选用公司素质高的施工队伍进行施工，成立土建、防水、装饰、室外配套工程四个专业队，先结构后装修、先湿作业后干作业的原则，合理调动施工人员进场。确保整个工程进展顺利，保质保量完成任务。

（1）编制劳动力需用量计划。施工前根据施工进度计划、施工阶段的划分、各个专业工种的需要、劳动定额，编制切实可行的劳动力需用量计划，并根据工程实际进展情况，由项目经理部负责对各施工队劳动力进退场时间、数量提出指导性计划并及时调整，避免劳动力资源的浪费。

（2）进行岗前培训。根据本工程分项工程的特殊要求，做好岗前岗位技术培训，提高劳动者的操作技能，加强质量意识教育，组织学习国家有关规范、标准、规程、进行施工组织设计的总设计交底，使施工人员了解该工程的特点，以熟练规范的要求，高质量地完成额定任务，确保计划用量，满足施工生产需要。

（3）在本工程范围内根据施工进度的需要对各个施工队进行必要的调节，实行动态管理，使之合理流动，达到最佳劳动效率。

（4）制定合理可行的激励机制，充分调动广大职工的积极性、创造性，为工程成本的降低尽力。做好职工的后勤保障工作，在大批人员进场之后，责成有关职能部门的有关人员做好后勤工作的安排，主要解决职工的衣、食、住、行等问题。确保职工无后顾之忧，安心在现场工作。

（5）劳动力储备情况。为确保本工程如期竣工，公司在安排劳动力的同时，专为本工程的劳动力做了储备，可在任何时间内投入该工程的建设。

（资料来源：https://wenku.baidu.com/view/2481bcd0f71fb7360b4c2e3f5727a5e9856a273d.html）

三、任务实施：组织一次志愿者活动

（一）志愿者活动组织流程

步骤一：确定一个核心。结合时政、社会热点，想出一个有影响力的核心，我们要了解，志愿活动不光是帮助我们能帮助的一些人，更是要扩大宣传，形成影响力，让更多的人加入我们的队伍。

步骤二：找准帮扶对象。要帮助哪些人不是盲目选择的，我们要把力气都用在刀刃上，让急需帮助的人获得最大帮助，而不是让有能力自己解决问题的人从中谋取利益。

步骤三：确定活动目的。这一点很重要，没有目的就没有方向。明确的方向才能让我们的活动更加高效。

步骤四：选取活动方式。现阶段大多数志愿活动方式都会相互借鉴，导致形式单一枯燥，但是想要一个项目有活力，必须要有新鲜、独特的活动方式支撑。关于活动方式的选取，需要打开脑洞，来自生活，高于生活，新颖的方式才能吸引人。

步骤五：制定活动流程。包括主题、经费、参加人员人数、服务对象、活动规模、活动流程。

步骤六：联系确定场地、制作宣传横幅、海报等，联系有关媒体，重视媒体宣传对志愿者参与积极性的调动。

步骤七：联系招募确定志愿者。

步骤八：组织开展活动，注意活动现场安全，人数超过500人以上的要到当地公安机关进行备案。

（二）志愿者活动注意事项

1. 参加活动前期

（1）参加活动要守时守信，牢记活动时间、地点、联系人、联系电话，若遇突发情况不能到场或迟到时，务必提前联系告知团队负责人。

（2）因天气等因素变化，要取消活动时，会提前主动联系大家，否则照常举行，大家不必来电询问。

（3）参加活动的有统一志愿者马甲以方便活动，建议：志愿者T恤衫＋牛仔长裤（或运动裤）＋运动鞋。

（4）参加活动时尽量使用背包或腰包，以免影响参与活动或出现物品丢失情况。

（5）参加活动，全程要遵守交通规则，注意财产及人身安全。

（6）参加活动，不应迟到，提早15～20分钟。

（7）若要带他人参加活动，应提前征得团队及负责人同意。

2. 参加活动过程中期

（1）到活动现场后，要主动找团队负责人签到。

（2）要注意形象，志愿者马甲拉链拉上，志愿者帽子不应斜戴。

（3）要听从团队负责人或分工后组长的安排，坚守分配的工作岗位，不应随意听从非主办方的调度和差遣。

（4）要服从工作安排和分工，发扬不怕苦、不怕累的志愿精神，尽职尽责完成任务。

（5）活动分工不分家，活动中要互帮互助、团结协作，共同协助活动顺利开展。

（6）要注意环保、爱护公物、讲究卫生，严禁随地吐痰、乱扔垃圾。

（7）抽烟有损形象，若一定要抽烟，请选择吸烟区或回避一下大众，且将志愿者马甲脱掉。

（8）酒后不宜参加活动，参加活动时不宜喝酒，酒后不宜驾车。

（9）在活动中，不讲脏话粗话，不与他人争执，遵守市民道德守则，争做文明人。

（10）要维护志愿者形象，不贪小便宜，除非主办方赠送，否则禁止带走活动物品。

（11）要有节约资源意识，活动中严禁浪费矿泉水、食物等。

（12）活动中，可自带相机拍照，但不能影响工作和活动的顺利开展。

（13）不应以志愿者名义随便答应活动对象或扶助对象的请求。

（14）若遇突发情况须提前离开，务必主动联系告知团队负责人，并做好工作交接。

3. 活动结束后及其他事项

（1）活动结束后要主动向团队负责人签退、登记服务时间及上交志愿者马甲、帽子等物品。

（2）团队负责人要负责向志愿者联合会做好活动前的活动报备和活动后服务时数的记录工作。

（3）对表现不好、行为不检点、有损志愿者形象者，免除参加大型活动与对外交流资格。

（4）不允许志愿者队员利用志愿者平台做违反法律法规的事情。

（5）每位志愿者队员都应当维护志愿者声誉，不得散播对志愿者不利的谣言。

（三）志愿者活动策划案的撰写

1. 策划书名称

尽可能具体地写出策划名称，如"×年×月××大学××活动策划书"，置于页面中央。当然可以写出正标题后将此作为副标题写在下面。

2. 活动背景

这部分内容应根据策划书的特点在以下项目中选取内容重点阐述，具体项目有基本情况简介、主要执行对象、近期状况、组织部门、活动开展原因、社会影响，以及相关目的动机。另外，应说明问题的环境特征，主要考虑环境的内在优势、弱点、机会及威胁等因素，对其做好全面的分析（SWOT分析）。将内容重点放在环境分析的各项因素上，对过去、现在的情况进行详细的描述，并通过对情况的预测制订计划。如环境不明，则应该通过调查研究等方式进行分析加以补充。

3. 活动目的、意义和目标

活动的目的、意义应用简洁明了的语言将要点表述清楚；在陈述目的要点时，该活动的核心构成或策划的独到之处及由此产生的意义（经济效益、社会利益、媒体效应等）都应该明确写出。活动目标要具体化，并需要满足重要性、可行性、时效性。

4. 资源需要

列出所需人力资源、物力资源，包括使用的地方，如教室或使用活动中心都详细列出。可以列为已有资源和需要资源两部分。

5. 活动开展

作为策划的正文部分，表现方式要简洁明了，使人容易理解，但表述方面要力求详尽，写出每一点能设想到的东西，没有遗漏。在此部分中，不仅仅局限于用文字表述，也可适当加入统计图表等；对策划的各工作项目，应按照时间的先后顺序排列，绘制实施时间表有助于方案核查。人员的组织配置、活动对象、相应权责及时间地点也应在这部分加以说明，执行的应变程序也应该在这部分加以考虑。

这里可以提供一些参考方面：会场布置、接待室、嘉宾座次、赞助方式、合同协议、媒体支持、校园宣传、广告制作、主持、领导讲话、司仪、会场服务、电子背景、灯光、音响、摄像、信息联络、技术支持、秩序维持、衣着、指挥中心、现场气氛调节、接送车辆、活动后清理人员、合影、餐饮招待、后续联络等。请根据实情自行调节。

6. 经费预算

活动的各项费用在根据实际情况进行具体、周密的计算后，用清晰明了的形式列出。

7. 活动中应注意的问题及细节

内外环境的变化，不可避免地会给方案的执行带来一些不确定性因素，因此，当环境变化时是否有应变措施、损失的概率是多少、造成的损失多大等也应在策划中加以说明。

8. 活动负责人及主要参与者

注明组织者、参与者姓名、嘉宾、单位（如果是小组策划应注明小组名称、负责人）。

注意：

（1）本部分提供基本参考方面，小型策划书可以直接填充；大型策划书可以不拘泥于表格，自行设计，力求内容详尽、页面美观；

（2）可以专门给策划书制作封页，力求简单、凝重；可以对策划书进行包装，如用设计的徽标制作页眉，图文并茂等；

（3）如有附件可以附于策划书后面，也可单独装订；

（4）策划书需从纸张的长边装订；

（5）一个大策划书，可以有若干子策划书。

四、小结

合理地组织劳动，是保证企业正常生产的条件。社会化大生产要求既要有科学的劳动分工，又要有严密的协作。为保证生产顺利进行，必须把劳动者合理地组织起来，正确地处理他们之间的关系，以及他们与劳动工具、劳动对象之间的关系。

合理地组织劳动，对促进生产力的发展有重要作用。通过劳动组织工作，对生产进行合理的分工和匹配工人，以及严密的协作，才能充分发挥每个劳动者的能力，组成一个具有强大合力的集体，完成个人和少数人难以完成的工作。合理的分工与协作，不但能促进生产力水平的提高，而且能调整生产关系使之适应生产力的发展。它对于提高劳动生产率，加快企业发展有很大的作用。

五、思考题

1. 企业的基层劳动组织是什么？
2. 合理组织劳动的重要作用有哪些？

名言赏析

我觉得人生求乐的方法，最好莫过于尊重劳动。一切乐境，都可由劳动得来；一切苦境，都可由劳动解脱。——李大钊《现代青年活动的方向》

拓展阅读

企业如何做好劳动用工和劳动组织管理

摘要：目前，我国社会经济体制正在向多样化发展，有关劳动纠纷的问题也日益频发，企业的劳动用工组织管理是现在企业建设过程中的重点环节，而且也是人力资源管理过程中的重要构成部分。通常情况下，企业在劳动用工与劳动组织的过程中，会建立与科学规范相关联的劳动关系，只有利用系统化的劳动用工管理，完善劳动考勤的相关制度，才能提高岗位定员在劳动组织管理中的合理性，进而确定岗位的职责，预防并处理好已发生的劳动纠纷，这也是为了增强企业劳动用工与劳动组织管理工作水平，进而制定的一系列相关措施。

关键词：企业；劳动用工；劳动组织；管理

由于社会经济转型和不断发展，针对企业的劳动用工关系，政府制定了相关的法律法规，对其进行规范和管理。现在我国的企业和员工间的劳动关系大致处于较为稳定的状态，企业的劳动合同相对较为规范，科学的劳动组织管理模式、劳动纪律和法律建设也在不断进步和完善中。随着社会经济的不断发展和产业结构的不断调整，企业生产的方式和管理的方式也在不断变化，这就给企业及企业员工之间的关系带来了更多的变化和发展。本文针对企业如何做好劳动用工和劳动组织的管理，进行深入的分析和探究。

一、企业劳动用工和劳动组织的含义

（一）劳动用工的含义

为了追求自身的发展和劳动者个人的权益，劳动者和企业签订关于劳动者个人的劳动合同，在企业管理下进行有偿劳动。根据相关的法律法规，严格执行对劳动者劳动用工和劳动组织的规定和要求。由于社会经济在不断转型，企业在不断发展，企业的劳动

用工在运行的过程中也不断发生变化，一直都有新的问题出现，对于树立企业的形象和健康发展具有一定的影响。

（二）劳动组织的含义

国家和政府没有对企业劳工组织有过明确的要求和规定，而是从总体情况出发，对其进行一定的引导和分析，对自身所存在的实际情况进行详细的研究。必须有系统而具体的协调组织管理能力，才能达到有效的经济效益和有效的组织能力，以及相应的条件，建立并完善相关的制度和体系，从而促进企业的不断发展和有效运行。

二、企业劳动用工和组织管理的隐患

（一）企业和劳动者法律意识的缺乏

劳动者与企业在许多方面都存在着法律问题，由于对相关法律知识缺乏理解和认识，导致许多不公平的现象出现。在劳动者与企业签订劳动合同时，企业总是想到自身的利益，没有考虑劳动者利益，这也是引起劳动纠纷的主要因素之一。部分劳动者自身缺乏相关的法律意识，没有考虑劳动合同的制约因素，因此，常出现频繁违约跳槽的情况。当面临劳动纠纷时，为了保护自身利益，会使用一些非法手段，这就给企业的发展带来非常不好的影响。

（二）劳动者管理制度不够完善

在法律制度方面，部分用人单位或企业，并没有与劳动者签订劳动合同，这样令劳动者的合法权益得不到保障，劳动者就更不会很好地去履行自己的义务和职责。在企业运作的过程中，常有因为用工制度的不规范导致劳动者利益受损害的情况发生。企业必须要制定相应的劳动者用工合同，才能管理和规范劳动者的行为以避免发生劳动纠纷事件。没有合理用工管理制度的企业，不仅是对自身的不负责，也是不尊重他人劳动，这样的企业会很快被社会淘汰掉。只有在法律的公平监督下，企业的运作才能顺利进行。

（三）劳动者合法权益得不到保障

一般而言，职工代表大会人员都是通过民主选举产生的，是为了保障劳动者合法权益的组织。同理可知，工会组织也是大家通过公正公开的方式进行民主选举产生的，针对国家提出的各类方针、政策，增强企业与职工间的关系。从一些企业当前的发展来看，工会组织的功能并没有得到很好的体现，因此，无法保障劳动者的合法权益。企业的管理可以说是独裁的，劳动者完全是按照其要求和说明进行劳动，这样劳动者的合法权益就令人担忧。这对企业的发展来说，也是制约其发展的。企业很难得到发展，就更加令劳动者的合法权益得不到保障，职工代表大会和工会组织就应该发挥自身的作用来协助企业的发展并保障劳动者的合法权益。

（四）企业对劳动者分工不够明确

俗话说：一个萝卜一个坑。由于企业在不断改革和发展，内部的分工就会细化许多，也会导致一些机构的设置不合理。虽然企业的分工和设置是为了企业可以取得更高的经济效益，但是其中部分机构在设置上过于繁杂，分工上不够明确，只会产生相反的效果，阻碍企业经济效益的增长，给企业的发展带来不好的影响。在生产上或是管理上时常都有岗位数量失调的现象发生，这是非常不利于企业发展与社会进步的。

为了更好地解决这四个方面的问题，企业应该对当前企业劳动用工和组织管理的基本现状和问题进行深入分析和研究，制定相关可行的方案或措施，来实现对传统项目的改革和管理。从当前劳动用工组织管理的价值和目的，可以分析和理解劳动用工组织管理的相关作用及深远的价值，对促进企业长久性发展所起的作用和深远影响。因此，对于劳动用工和劳动组织管理而言，更应该加强重视和关注，不仅要加强对传统项目的改革和管理，还要加大力度实现企业的现代化建设与科技科学创新。

三、企业劳动用工和组织管理的相关措施

（一）实施系统化的劳动用工管理

企业应严格按照《中华人民共和国劳动法》（以下简称《劳动法》）和《劳动合同法》的规定和每一位职工签订相关的劳动合同，并严格履行和规范劳动者用工制度。在签订合同的过程中，要保持严谨的态度，还要提供相关的证件和材料，人事管理人员应进行严格的审核和检查，签订相关的劳动合同后，盖上企业人力资源的公章，留下其中一份劳动合同以做备案。劳动用工管理的执行质量好坏，对企业生存与发展的效益具有直接的影响，而且还与企业的经济发展之间有着非常紧密的关系。

（二）实行规范化的劳动合同管理

企业应该针对目前劳动者的工作管理，制定相关的用工管理制度，合理而规范地对企业进行监督。劳资部门和人事部门进行相关的组织管理，不能出现多次签订或重复签订劳工合同的现象。比如，现在一些企业实行的临时用工、全日制用工以及非全日制用工等，对于这些不同的劳动用工，企业应该分开进行系统而严格的管理。针对不同的企业用工要求，实行不同的劳动合同管理制度。企业的劳动用工和劳动组织管理对企业将来的发展，以及未来社会的构建都起着非常重要的作用。

（三）完善合理化的工会组织管理

工会组织对企业的发展具有促进作用，在工会队伍不断壮大的过程中，企业也会得到相应的发展，进而提高企业的劳动组织管理。可以通过工会来掌握劳动者的情绪变化情况，及时调解劳动纠纷问题，以免给双方造成不必要的损失和伤害。由于部分企业到现在工会组织还没有完善和合理化，所以，应该加强这方面的意识，严格按照中华人民共和国《工会法》以及《劳动法》的有关规定，自行组建工会，进而发挥工会组织管理的职能和作用，完善相关劳动用工和劳动组织管理。

（四）加强科学化的岗位设置管理

在企业运行中，各个部门应该结合自身实际用工需求，对相关的岗位人员，制定劳动定员的相关标准，明确提出岗位用工数量，减少裁员情况发生。企业在设置岗位人员时，各个部门都应该及时做好劳动备案。若出现人员变动情况，应该及时通知企业人事资源部门，以免出现有其职无其人的情况，造成人员和资源大量浪费的情况产生。

四、结束语

在社会经济转型和发展的过程中，部分企业为了在实践的运作环节中达到节约成本的目的，也为了追求企业运行中的最大效益，大肆招用劳动工，而且还随意损害劳动者用工的合法权益，这类现象在目前看来十分普遍，而这会对企业的建设以及未来的发展

带来一定的影响。同时企业管理人员也应该对他们加强关注，在使用劳动者用工的过程中，企业管理人员应该严格按照相关的法律法规，为劳动者的合法权益签订合理的劳工合同，保证劳动者自身的合法利益。在劳动组织管理的过程中，企业管理人员可以从中总结出相关的管理经验，然后结合自身实际情况，建立一套适合企业发展的科学管理体系，进而推动企业在各方面的发展，给社会主义经济市场建设打下坚实的基础。

（资料来源：论文网，https://www.lunwendata.com）

项目四

劳动保护与劳动权益

模块导学

学习《中华人民共和国劳动法》《中华人民共和国民法典》，为大学生就业创业拥有良好的法律规范提供思想基础，让大学生意识到合法权益是受保护的，增强了大学生的法律意识，使大学生能够清楚自己的权利和义务，也能够明确员工和企业的关系，从而对大学生就业创业起到推动作用。

【能力目标】
1. 能够利用法律正确判断劳动关系；
2. 能够运用法律手段维护自身合法权益。

【知识目标】
1. 掌握劳动关系的内涵；
2. 了解《中华人民共和国劳动法》等相关劳动法律；
3. 掌握劳动安全的内涵、规定和标准。

【素质目标】
1. 树立正确的就业观、择业观；
2. 遵守法律法规、标准和管理的规定，提升劳动安全意识、自我保护意识。

任务一 劳动关系定义及内容

视频 4-1 劳动关系定义及内容

【能力目标】
根据我国法律规定，能够判断劳动关系。

【知识目标】
1. 掌握劳动关系的内涵；
2. 了解各国劳动法的历史沿革；
3. 掌握《中华人民共和国劳动法》基本内容。

一、任务描述

1. 根据劳动关系的内涵和我国法律规定，如何判定劳动关系？

2. 谈一谈《中华人民共和国劳动法》在保护劳动者权益方面有什么重大意义。

二、任务资讯

（一）解读劳动关系

1. 劳动关系的内涵

劳动关系是指劳动者与用人单位依法签订劳动合同而在劳动者与用人单位之间产生的法律关系。劳动者接受用人单位的管理，从事用人单位安排的工作，成为用人单位的成员，从用人单位领取劳动报酬和受劳动保护。

用人单位是指中华人民共和国境内的企业、个体经济组织、民办非企业单位等组织，同时也包括与劳动者建立劳动关系的国家机关、事业单位、社会团体。

劳动者是指达到法定年龄，具有劳动能力，以从事某种社会劳动获得收入为主要生活来源，依据法律或合同的规定，在用人单位的管理下从事劳动并获取劳动报酬的自然人（中外自然人）。

2. 劳动关系的具体特征

（1）劳动是一种劳动力与生产资料的结合关系。从劳动关系的主体上说，当事人一方固定为劳动力所有者和支出者，称为劳动者；另一方固定为生产资料所有者和劳动力使用者，称为用人单位（或雇主）。劳动关系的本质是强调劳动者将其所有的劳动力与用人单位的生产资料相结合。这种结合关系从用人单位的角度观察就是对劳动力的使用，将劳动者提供的劳动力作为一种生产要素纳入其生产过程。在劳动关系中，劳动力始终作为一种生产要素而存在，并非产品。这是劳动关系区别于劳务关系的本质特征，后者劳动者所有的劳动力往往是作为一种劳务产品而输出，体现的是一种买卖关系或者加工承揽关系等。

（2）劳动关系是具有显著从属性的劳动组织关系。劳动关系一旦形成，劳动关系的一方——劳动者，要成为另一方——所在用人单位的成员。所以，虽然双方的劳动关系是建立在平等自愿、协商一致的基础上，但劳动关系建立后，双方在职责上则具有了从属关系。用人单位作为劳动力使用者，要安排劳动者在组织内和生产资料结合；而劳动者则要通过运用自身的劳动能力，完成用人单位交给的各项生产任务，并遵守单位内部的规章制度。这种从属性的劳动组织关系具有很强的隶属性质，即成为一种隶属主体间的指挥和服从为特征的管理关系。

（3）劳动关系是人身关系。由于劳动力的存在和支出与劳动者人身不可分离，劳动者向用人单位提供劳动力，实际上就是劳动者将其人身在一定限度内交给用人单位，因而劳动关系就其本质意义上说是一种人身关系。但是，由于劳动者是以让渡劳动力使用权来换取生活资料，用人单位要向劳动者支付工资等物质待遇。就此意义而言，劳动关系同时又是一种以劳动力交易为内容的财产关系。

3. 劳动关系法律特征

（1）劳动关系是在现实劳动过程中所发生的关系，与劳动者有着直接的联系。

（2）劳动关系的双方当事人，一方是劳动者，另一方是提供生产资料的劳动者所在单位。

（3）劳动关系的一方劳动者，要成为另一方所在单位的成员，要遵守单位内部的劳动规则以及有关制度。[①]

（二）解读劳动法

1. 各国劳动法的历史沿革

19 世纪以来，随着工业革命的发展，劳动法在各国的法律体系中日益占有重要的地位，并逐渐脱离民法而成为一个独立的法律部门。1802 年，英国议会通过了世界上第一部劳动法——《学徒健康与道德法》，禁止纺织厂使用 9 岁以下的学徒，并规定工作时间每日不得超过 12 个小时，同时禁止做夜班。德国也于 1839 年颁布了《普鲁士工厂矿山条例》。法国于 1806 年制定了"工厂法"，1841 年又颁布了《童工、未成年工保护法》，1912 年最终制定了《劳工法》。进入 20 世纪以后，西方主要的国家大都相继颁布了劳动法规。从 1802 年以后的百余年间，西方国家的劳动法逐渐从民法中分离出来，成为独立的法律部门。十月革命后，1918 年苏维埃政府颁布了世界上第一部社会主义劳动法典，并于 1922 年颁布了新的《苏维埃劳动法典》。早在 1931 年 11 月中国共产党领导的中华苏维埃工农兵第一次全国代表大会就通过了《中华苏维埃共和国劳动法》。中华人民共和国成立后，先后制定了《中华人民共和国劳动保险合同》《企业职工奖惩条例》《国营企业辞退违纪职工暂行条例》等一系列劳动法规。

2.《劳动法》的基本原则

（1）劳动既是权利又是义务的原则。每一个有劳动能力的公民都有从事劳动的同等的权利。

①对公民来说意味有就业权和择业权在内的劳动权。

②有权依法选择适合自己特点的职业和用工单位。

③有权利用国家和社会所提供的各种就业保障条件，以提高就业能力和增加就业机会。

劳动是公民的义务，这是劳动尚未普遍成为人们生活第一的现实和社会主义固有的反剥削性质所引申出的要求。

（2）保护劳动者合法权益的原则。

①偏重保护和优先保护：劳动法在对劳动关系双方都给予保护的同时，偏重于保护处于弱者地位的劳动者，适当体现劳动者的权利本位和用人单位的义务本位，劳动法优先保护劳动者利益。

②平等保护：全体劳动者的合法权益都平等地受到劳动法的保护，各类劳动者的平等保护，特殊劳动者群体的特殊保护。

③全面保护：劳动者的合法权益，无论它存在于劳动关系的缔结前、缔结后或是终结后都应纳入保护范围之内。

[①] 财政部会计资格评价中心. 经济法基础[M]. 北京：经济科学出版社，2017.

④基本保护：对劳动者的最低限度保护，也就是对劳动者基本权益的保护。

（3）劳动力资源合理配置原则。

①双重价值取向：配置是否合理的标准是能否兼顾效率和公平的双重价值取向，劳动法的任务在于，对劳动力资源的宏观配置和微观配置进行规范。

②劳动力资源宏观配置：即社会劳动力在全社会范围内各个用人单位之间的配置。

③劳动力资源的微观配置：处理好劳动者利益和劳动效率的关系。

3.《中华人民共和国劳动合同法》的内涵

《中华人民共和国劳动合同法》是为了完善劳动合同制度，明确劳动合同双方当事人的权利和义务，保护劳动者的合法权益，构建和发展和谐稳定的劳动关系，由第十届全国人民代表大会常务委员会第二十八次会议于 2007 年 6 月 29 日修订通过，自 2008 年 1 月 1 日起施行。2012 年 12 月 28 日第十一届全国人民代表大会常务委员会第三十次会议通过了《关于修改<中华人民共和国劳动合同法>的决定》。

《劳动法》是整个法律体系中一个重要的、独立的法律部门。其内容主要包括总则、促进就业、劳动合同和集体合同、工作时间和休息休假、工资、劳动安全卫生、女职工和未成年工特殊保护、职业培训、社会保险和福利、劳动争议、监督检查、法律责任、附则等十三章 107 条。主要规定了劳动者的主要权利和义务；劳动就业方针政策及录用职工的规定；劳动合同的订立、变更与解除程序的规定；集体合同的签订与执行办法；工作时间与休息时间制度；劳动报酬制度；劳动卫生和安全技术规程等。

4.《中华人民共和国劳动合同法》重点内容解析[①]

第三条 订立劳动合同，应当遵循合法、公平、平等自愿、协商一致、诚实信用的原则。

【解析】 此条是订立、变更和履行劳动合同的基本原则，劳动合同的订立、变更、履行违反本条规定的，将直接导致无效的法律后果。

第七条 用人单位自用工之日起即与劳动者建立劳动关系。用人单位应当建立职工名册备查。

【解析】 要求用人单位建立职工名册备查，目的是解决劳动者在发生劳动纠纷时举证困难，难以证明双方劳动关系的存续情况。有这个规定，发生纠纷时用人单位就负有举证义务了。

第八条 用人单位招用劳动者时，应当如实告知劳动者工作内容、工作条件、工作地点、职业危害、安全生产状况、劳动报酬，以及劳动者要求了解的其他情况；用人单位有权了解劳动者与劳动合同直接相关的基本情况，劳动者应当如实说明。

【解析】 告知义务很重要，劳资双方均有知情权。隐瞒真实情况将影响到合同的效力，另外，与合同无关的个人隐私，劳动者可拒绝回答。操作实务中，从举证角度考虑，用人单位应当以书面形式告知劳动者，并保留相关证据；告知条款可在入职登记表中进行设计。

[①] 闫宝卿，邱小平，李建，等.《中华人民共和国劳动合同法实施条例释义》[M]. 中国市场出版社，2008.

第三十八条　用人单位有下列情形之一的，劳动者可以解除劳动合同：（一）未按照劳动合同约定提供劳动保护或者劳动条件的……

【解析】　强行给员工"放假"或"停工"，可视为未提供劳动条件。

第四十六条　有下列情形之一的，用人单位应当向劳动者支付经济补偿：（一）劳动者依照本法第三十八条规定解除劳动合同的；（二）用人单位依照本法第三十六条规定向劳动者提出解除劳动合同并与劳动者协商一致解除劳动合同的……

【解析（一）】　这就是实践中所称的"被迫解除劳动合同"，劳动者依第三十八条规定解除劳动合同的，法律没有规定需书面形式通知，但从实务操作中举证角度出发，建议采用书面形式，且保留送达证据。

【解析（二）】　注意这里强调解除劳动合同是用人单位提出的，劳动者提出的，用人单位无须支付经济补偿。

三、任务实施

（1）根据劳动关系的内涵和我国法律规定，如何判定劳动关系是否形成？

《中华人民共和国劳动法》（简称《劳动法》）第十六条规定："劳动合同是劳动者与用人单位确立劳动关系、明确双方权利和义务的协议。"

另外还应注意：用人单位招用劳动者未订立书面劳动合同，但同时具备下列情形的，劳动关系成立。

①用人单位和劳动者符合法律、法规规定的主体资格。

②用人单位依法制定的各项劳动规章制度适用于劳动者，劳动者受用人单位的劳动管理，从事用人单位安排的有报酬的劳动。

③劳动者提供的劳动是用人单位业务的组成部分。

（2）谈一谈《中华人民共和国劳动法》在保护劳动者权益方面有什么重大意义。《中华人民共和国劳动法》在我国劳动法制建设的历程中是一座重要里程碑，它的颁布具有重要意义。

首先，《劳动法》是保护劳动者的基本法规，基本宗旨是保护劳动者的合法权益。

《劳动法》第一条就开宗明义指出本法的立法宗旨是保护劳动者的合法权益。然后从劳动报酬权、平等择业就业权、休息权、社会保险和福利等方面，全面地规定劳动者享有的权利。同时也体现了党和国家对各族劳动者切身利益的关心。

其次，《劳动法》，同时也考虑了企业权益的保障。这将有利于建立稳定和谐的劳动关系，维护经济和社会秩序稳定。它打破了所有制界限，建立公平的市场竞争规则。劳动法规定只要是通过劳动合同与用人单位建立劳动关系的，都由劳动法一体调整，劳动关系的主体一律平等适用劳动法。这就消除了歧视，保证劳动者竞争机会均等，保证劳动力在劳务市场中通畅、有效运行。

四、小结

劳动关系是指劳动者与用人单位依法签订劳动合同而在劳动者与用人单位之间产

生的法律关系。19 世纪以来，随着工业革命的发展，劳动法在各国的法律体系中日益占有重要的地位，并逐渐脱离民法而成为一个独立的法律部门。在我国，《中华人民共和国劳动法》由第十届全国人民代表大会常务委员会第二十八次会议于 2007 年 6 月 29 日修订通过，自 2008 年 1 月 1 日起施行。在我国劳动法制建设的历程中是一座重要里程碑，它的颁布具有重要意义。

五、思考题

1. 国家制定劳动法的意义和作用是什么？
2. 《中华人民共和国劳动法》是如何发展起来的？
3. 如何利用《中华人民共和国劳动合同法》维护自身合法权益？

> **名言赏析**
>
> 人的价值应该体现于他能给予什么，而不在于他能获得什么。
>
> ——爱因斯坦

拓展阅读

全面依法治国是坚持和发展中国特色社会主义的本质要求和重要保障

全面依法治国是坚持和发展中国特色社会主义的本质要求和重要保障，事关我们党执政兴国，事关人民幸福安康，事关党和国家事业发展。在协调推进"四个全面"战略布局中，全面依法治国具有基础性、保障性作用。在第十四个五年规划和 2035 年愿景目标中同样提到了全面依法治国的问题。

坚定不移走中国特色社会主义法治道路，坚持依法治国、依法执政、依法行政共同推进，一体建设法治国家、法治政府、法治社会，实施法治中国建设规划。健全保障宪法全面实施的体制机制，加强宪法实施和监督，落实宪法解释程序机制，推进合宪性审查。完善立法体制机制，加强重点领域、新兴领域、涉外领域立法，立改废释纂并举，完善以宪法为核心的中国特色社会主义法律体系。实施法治政府建设实施纲要，坚持和完善重大行政决策程序制度，深化行政执法体制改革，严格规范公正文明执法，规范执法自由裁量权，推进行政复议体制改革。深化司法体制综合配套改革，完善审判制度、检察制度、刑罚执行制度、律师制度，全面落实司法责任制，加强对司法活动监督，深化执行体制改革，促进司法公正。实施法治社会建设实施纲要，加强社会主义法治文化建设，深入开展法治宣传教育，实施"八五"普法规划，完善公共法律服务体系、法律援助和国家司法救助制度。全面加强人权司法保护，促进人权事业全面发展。加强涉外法治体系建设，加强涉外法律人才培养。

（资料来源：选自《中华人民共和国国民经济和社会发展第十四个五年规划和 2035 年远景目标纲要》）

任务二　劳动安全与劳动保护

【能力目标】
1. 能够提升劳动安全意识；
2. 能够提升自我保护能力。

【知识目标】
1. 掌握劳动安全的含义；
2. 掌握劳动安全相关法律中关于劳动者的权利和义务。

视频 4-2　劳动安全与劳动保护

一、任务描述

案例分析

刘某是某职业院校毕业生。一天，刘某接到高中同学李某从外地打来的电话，希望他来公司工作。刘某来到公司后，李某让他签订了一份合同书，并让他交押金5 000元，并承诺如辞职离开公司，押金随时如数退还。刘某觉得两人是好朋友，又有合同和承诺，便拿出5 000元交了押金。当天下午，同学李某就带包括刘某在内五人开始岗前"培训"。"培训"主要是讲怎样赚钱、怎样暴富和赚钱要不择手段以及"发展下线、金字塔"理论等。经过几天"培训""洗脑"后，公司让他"上班"，就是打电话、动员欺骗认识的、想找工作的人来"工作"。

结合案例分析大学生应如何提高自我劳动安全意识。

二、任务资讯

（一）劳动安全

1. 劳动安全的内涵

劳动安全是指在生产劳动过程中，防止中毒、车祸、触电、塌陷、爆炸、火灾、坠落、机械外伤等危及劳动者人身安全的事故发生。

《中华人民共和国劳动法》第五十二条规定："用人单位必须建立、健全劳动安全卫生制度，严格执行国家劳动安全卫生规程和标准，对劳动者进行劳动安全卫生教育，防止劳动过程中的事故，减少职业危害。"

第五十六条规定："劳动者对用人单位管理人员违章指挥、强令冒险作业，有权拒绝执行；对危害生命安全和身体健康的行为，有权提出批评、检举和控告。"

2.《安全生产法》中劳动者和用人单位的权利和义务

（1）劳动者有了解生产作业场所和工作岗位存在的不安全因素和职业危害的权利。用人单位有义务将劳动者生产作业场所和工作岗位中存在的可能导致生产安全事故或者职业病的危害因素如实、全面地告知劳动者。

（2）劳动者有权了解和掌握生产安全事故、职业病的防范措施和应急处理措施，并对本单位的劳动安全卫生工作提出意见、建议。

单位有义务将生产安全事故和职业病的防范措施和应急处理措施告知劳动者。

（3）劳动者有对用人单位劳动安全卫生工作中存在的问题提出批评、检举和控告的权利，有权拒绝违章指挥、强令冒险作业。用人单位不得因劳动者对本单位劳动安全卫生工作提出批评、检举、控告或者拒绝违章指挥、强令冒险作业而降低劳动者的工资、福利等待遇或者解除与劳动者签订的劳动合同。

（4）劳动者发现直接危及人身安全的紧急情况时，有进行紧急避险的权利，即可以停止作业或者采取可能的应急措施后撤离作业场所。

（二）劳动安全技术规程标准

劳动安全技术规程是指国家为了保护劳动者在劳动过程中的安全，防止伤亡事故发生所采取的各种安全技术保护措施的规章制度，包括工厂安全技术规程、矿山安全技术规程和建筑安装工程安全技术规程等。

劳动过程中的复杂性，决定了劳动设备、劳动条件也具有复杂性。由于各行各业的生产特点和工艺过程有所不同，需要解决的劳动安全技术问题也有所不同。因此，国家针对不同的劳动设备和条件以及不同行业的生产特点，规定了适合各行业的安全技术规程。主要有《工厂安全卫生规程》《建筑安装工程安全技术规程》《矿山安全条例》《矿山生产法》《乡镇煤矿安全生产若干暂行规定》《起重机械安全规程》《剪切机械安全技术规程》《磨削机械安全规程》《压力机的安全安置技术条件》《木工机械安全装置技术条件》《煤气安全规程》《橡胶工业静电安全规程》《工业企业厂内运输生产规程》《爆破安全规程》等。《劳动法》第六章"劳动安全卫生"对安全技术规程也进行了原则规定。

（三）安全意识教育

无论是在学校还是将来走向工作岗位，大学生提高安全意识尤为重要。应该从以下三个方面做起。

（1）树立自我保护意识。大学生对自身安全关注不够，缺乏必要的自我保护意识。大学生的经历简单，缺乏社会经验，思想较为单纯，因此，要做一个善于自我保护的有心人。

（2）增强法律意识。每个公民都应具有基本的法律常识和法律意识。大学生遇到问题和纠纷时容易冲动，由于没有足够的法律意识，缺乏法律知识，往往采取一些过激的，甚至愚昧的方式，最终造成严重的后果。有的学生处理问题想当然，在无意中触犯了法律；有的则是当学生的合法权益受到侵害时，不懂得如何用法律来保护自己。无论是在校还是走向社会，大学生都应有意识地学习法律知识，树立知法、懂法，学会使用法律武器解决问题。

（3）要提升防范风险的能力。要树立风险意识，培养科学应对和处置风险的思维方法，以从容不迫、临阵不乱、临危不惧的强大心理素质面对工作中出现的风险和挑战，不断提升精准研判和防范化解风险的能力。

三、任务实施

本任务中的案例提到的刘某同学被骗误入传销组织，主要原因有四个：一是自身防范意识薄弱，轻信他人；二是对同学、朋友的介绍过于信任，没想到熟人还会骗自己；三是就业压力过大，择业时放松了必要的警惕，轻信以用人单位身份出现的非法传销公司；四是存在不劳而获的思想，被非法传销组织宣传的高额回报引诱，甘愿从事非法传销活动。

四、小结

劳动安全是指在生产劳动过程中，防止中毒、车祸、触电、塌陷、爆炸、火灾、坠落、机械外伤等危及劳动者人身安全的事故发生。无论是在学校还是将来走向工作岗位，大学生提高安全意识尤为重要。同时，大学生应提升防范风险的能力，掌握科学应对和处置风险的方法，以从容不迫、临阵不乱、临危不惧的强大心理素质面对工作中出现的风险和挑战。

五、思考题

1. 大学生在顶岗实习时如何提升安全意识？
2. 《劳动法》中哪些条款是保障劳动者劳动安全的权利的？

> **名言赏析**
>
> 天行健，君子以自强不息。
>
> ——《周易》

拓展阅读

大学生如何提升法律意识和法律观念

法律是保护我们合法权益的重要依据，是我们美好生活的卫兵，作为一名大学生，我们不能只学习专业知识，还要增强法律意识。那么，如何增强法律意识呢？

（1）我们可以利用课余时间参加学校组织的"模拟法庭"实践活动，旁听案件的审判过程，了解法律相关知识。

（2）对于学校不定期举办的法律知识培训和讲座，我们要认真听，把重要的内容记在笔记本上，不定期地翻看以增强记忆。

（3）大学一般都会开设法律相关的选修课，如法律基础知识选修课，对于这些课程，我们要当作必修课来学习。

（4）对于学校组织的法律竞赛和辩论赛等活动，我们要踊跃报名，积极参加。从活动中培养法律意识，增加学习法律的兴趣。

（5）老师组织的以"增强法律意识"为主题的班会，不可缺席，在班会中积极参与讨论与发言。

（6）观看法律相关的宣传片和书籍，如民法、刑法、知识产权法等书籍，储备法律知识，增强法律意识，增强法治观念。

（资料来源：https://k.sina.com.cn/article_7033983761_1a342131100100sipz.html）

任务三　劳动权益与劳动维权

【能力目标】

1. 能够辨别就业歧视；
2. 能够利用法律手段维护劳动权利。

【知识目标】

1. 掌握劳动者权利的内容；
2. 了解就业歧视的含义；
3. 掌握劳动仲裁的内容和需要提交的材料。

视频 4-3　劳动权益与劳动维权

一、任务描述

案例分析

高先生曾是上海一家单位的助理工程师，最初比德创展公司找到他，希望他能去工作。经过慎重考虑，高先生表示同意。此后，高先生还完成了由比德创展公司经理发来的一份测试卷，该经理在看过测试卷后称可以接收其任职。不久后，高先生按照公司的要求进行了体检，体检结果显示其为乙肝"小三阳"。当高先生拿着体检结果及相关材料到比德创展公司报到时，公司拒绝与其签订劳动合同。因此，高先生将比德创展公司告上了法庭，要求单位书面赔礼道歉，赔偿经济损失，并要求比德创展公司支付精神损害抚慰金。

双方观点：原告高先生认为，比德创展公司的行为违背了"用人单位招用人员，不得以乙肝'小三阳'为由拒绝录用"的原则，属于就业歧视。被告比德创展公司始终辩称，高先生并不是因为乙肝体检结果被拒绝录用的，而是因为培训不合格以及其他综合因素，不符合上岗要求。

（资料来源：唐付强. 就业歧视何时了[J]. 天津社会保险，2008(5): 61.）

结合案例，分析如何利用法律手段解决就业歧视问题。

二、任务资讯

（一）劳动者的权利

《中华人民共和国劳动法》规定了劳动者在劳动关系中的各项权利，主要有以下几个方面。

（1）劳动者有平等就业的权利。这是指具有劳动能力的公民，有获得职业的权利。劳动是人们生活的第一个基本条件，是创造物质财富和精神财富的源泉。劳动就业权是有劳动能力的公民获得参加社会劳动和切实保证按劳取酬的权利。公民的劳动就业权是公民享有其他各项权利的基础。如果公民的劳动就业权不能实现，其他一切权利也就失去了基础。

（2）劳动者有选择职业的权利。这是指劳动者根据自己的意愿选择适合自己才能、爱好的职业。劳动者拥有自由选择职业的权利，有利于劳动者充分发挥自己的特长，促进社会生产力的发展。劳动者在劳动力市场上作为就业的主体，具有支配自身劳动力的权利，可根据自身的素质、能力、志趣和爱好，以及市场资讯，选择用人单位和工作岗位。选择职业的权利是劳动者劳动权利的体现，是社会进步的一个标志。

（3）劳动者有取得劳动报酬的权利。随着劳动制度的改革，劳动报酬成为劳动者与用人单位所签订的劳动合同的必备条款。劳动者付出劳动，依照合同及国家有关法律取得报酬，是劳动者的权利。而及时定额地向劳动者支付工资，则是用人单位的义务。用人单位违反这些应尽的义务，劳动者有权依法要求有关部门追究其责任。获取劳动报酬是劳动者持续地行使劳动权不可少的物质保证。

（4）劳动者有权获得劳动安全卫生保护的权利。这是保证劳动者在劳动中的生命安全和身体健康，是对享受劳动权利的主体切身利益最直接的保护。这方面包括防止工伤事故和职业病。如果企业单位劳动保护工作欠缺，其后果不仅是某些权益的丧失，而且会使劳动者的健康和生命直接受到伤害。

（5）劳动者享有休息的权利。我国宪法规定，劳动者有休息的权利，国家发展劳动者休息和休养的设施，规定职工的工作时间和休假制度。

（6）劳动者享有社会保险和福利的权利。疾病和年老是每一个劳动者都不可避免的。社会保险是劳动力再生产的一种客观需要。我国《劳动法》规定劳动保险包括养老保险、医疗保险、工伤保险、失业保险、生育保险等。

（7）劳动者有接受职业技能培训的权利。我国宪法规定，公民有受教育的权利和义务。所谓受教育既包括受普通教育，也包括受职业教育。公民要实现自己的劳动权，必须拥有一定的职业技能，而要获得这些职业技能，越来越依赖于专门的职业培训。因此，劳动者若没有职业培训权利，那么劳动就业权利也就成为一句空话。

（8）劳动者有提请劳动争议处理的权利。劳动争议是指劳动关系当事人，因执行《劳动法》或履行集体合同和劳动合同的规定引起的争议。劳动关系当事人，作为劳动关系的主体，各自存在着不同的利益，双方不可避免地会产生分歧。用人单位与劳动者发生劳动争议，劳动者可以依法申请调解、仲裁、提起诉讼。劳动争议调解委员会由用人单位、工会和职工代表组成。劳动仲裁委员会由劳动行政部门的代表、同级工会、用人单位代表组成。解决劳动争议应该贯彻合法、公正、及时处理的原则。

（9）法律规定的其他权利。法律规定的其他权利包括依法参加和组织工会的权利，依法享有参与民主管理的权利，劳动者依法享有参加社会义务劳动的权利，从事科学研究、技术革新、发明创造的权利，依法解除劳动合同的权利，对用人单位管理人员违章指挥、强令冒险作业有拒绝执行的权利，对危害生命安全和身体健康的行为有权提出批评、举报和控告的权利，对违反劳动法的行为进行监督的权利等。

（二）解读就业歧视

国际劳工组织在《关于就业和职业歧视公约和建议书》中给"歧视"下了一个较规范的定义。任何根据种族、肤色、性别、宗教、政治观点、民族、血统或社会出身所做的区别、排斥或优惠；其结果是取消或有损于在就业或职业上的机会均等或待遇平等，从而构成歧视。就业歧视是指没有法律上的合法目的和原因而基于种族、肤色、宗教、政治见解、民族、社会出身、学习方式、性别、户籍、残障或身体健康状况、年龄、身高、语言等原因，采取区别对待、排斥或者给予优惠等任何违反平等权的措施侵害劳动者劳动权利的行为。

平等的就业权是大学生作为公民的基本权利之一。《中华人民共和国宪法》（简称《宪法》）以及《中华人民共和国劳动法》（简称《劳动法》）、《中华人民共和国就业促进法》（简称《就业促进法》）等都对劳动者的平等就业权进行了明确规定。教育部也多次强调，要坚决反对任何形式的就业歧视，为大学毕业生创造公平的就业环境。

（三）解读劳动仲裁

1. 劳动仲裁的含义

劳动仲裁是指由劳动争议仲裁委员会对当事人申请仲裁的劳动争议居中公断与裁决。在我国，劳动仲裁是劳动争议当事人向人民法院提起诉讼的必经程序。按照《劳动争议调解仲裁法》规定，提起劳动仲裁的一方应在劳动争议发生之日起一年内向劳动争议仲裁委员会提出书面申请。除非当事人是因不可抗力或有其他正当理由，否则超过法律规定的申请仲裁时效的，仲裁委员会不予受理。

2. 劳动仲裁需准备的材料

不同的人申请劳动仲裁需要的材料也不同。劳动仲裁需要的材料，我们可以归纳为以下三类。

第一类：申请人是员工的，需提交下列材料。

（1）劳动仲裁申请书（详细陈述申请事项事实理由，一式两份或按被申请人人数提供）。

（2）申请人身份证明及复印件。

（3）有委托代理人的，须当面签订并提交《授权委托书》，注明委托事项，同时提交受委托代理人的身份证复印件。如委托人的代理人是律师事务所派出的执业律师，应提供执业律师的证件复印件；如委托人的代理人是公民，应提供与委托人签订的不收费代理协议书，以及代理人和委托人之间的关系的法律资料。

（4）被申请人工商注册信息资料。

（5）申请人与被申请人存在劳动关系的证明材料[证明材料包括劳动合同、暂住证、工作证、厂牌、工卡、工资表（单）、入职登记表、押金收据，以及被处罚凭证和被开除、除名、辞退、解除（或终止）劳动关系通知或证书等]。申请人提交证明材料时，应附原件及复印件各一份，审核后退回原件。

（6）《提交证据材料清单》一式两份。

第二类：申请人属集体争议的，需提交如下材料。除提交第一类（1）至（6）项资料外，申请人需推荐3或5名员工代表，并提交员工代表名单以及全体员工签名表，其中属欠薪的集体争议案件，申请人还需提交用人单位拖欠员工工资的人员名单和拖欠余额表。

第三类：申请人是用人单位的，需提交下列材料。

（1）被申请人身份证明复印件。

（2）申请人与被申请人存在劳动关系的证明材料（与第一类第（6）项要求相同）。

（3）《营业执照》副本复印件。

（4）《法定代表人身份证明书》。

（5）有委托代理人的，须提交《授权委托书》（注明委托事项）委托代理人的身份证复印件。

（6）《提交证明材料清单》（一式两份）。

三、任务实施

本任务案例法院判决如下。

法院经审理认为，比德创展公司要求高先生进行体检时，公司的培训已经结束，如其公司确实是因为培训原因而拒绝录用，则其在培训结束一段时间后要求高先生进行入职体检与常理不符。而且，比德创展公司也没有提供其他证据充分证明其在邀请原告应聘后又拒绝录用存在其他合理理由。因此，法院确定，比德创展公司就是因为高先生体检结果为乙肝"小三阳"而拒绝录用。

法院还认为，高先生有理由对比德创展公司将录用自己形成合理信赖。在比德创展公司违反平等就业原则，拒绝录用高先生的情况下，其公司应该赔偿高先生自原单位离职至其再次就业前的信赖利益损失。

此外，比德创展公司以体检结果作为拒绝录用高先生的理由，无疑会导致高先生遭受巨大的心理压力及承受精神痛苦，应当支付精神损害抚慰金。因此，北京市朝阳区人民法院最终一审认定，比德创展公司确因乙肝歧视而拒绝录用高先生，依法判决其向高先生书面赔礼道歉，并赔偿经济损失17 572.75元，精神损害抚慰金2000元。

本案是《就业促进法》实施后的乙肝歧视第一案。我国是乙肝高流行地区，每年报告乙肝新发病例近100万。乙肝病毒主要有血液、母婴垂直(分娩和围产期)和性接触三种传播途径，不会通过呼吸道和消化道传染，一般接触也不会造成乙肝病毒的传播。因此，原劳动和社会保障部于2007年5月18日发布的《关于维护乙肝表面抗原携带者就业权利的意见》规定，除国家法律、行政法规和卫生部规定禁止从事的易使乙肝扩散的工作外，用人单位不得以劳动者携带乙肝表面抗原为理由拒绝招用或者辞退乙肝表面抗原携带者。2008年1月1日起施行的《就业服务与就业管理规定》第十九条也进行了相同规定。

对于大学生来说，在求职和工作时，一方面应正确看待就业歧视问题，正视现实，做好充分的心理准备和思想准备。平等就业是我国法律赋予公民的一项基本权利，但在现实中由于种种原因致使就业歧视在一定时期内将长期存在并产生影响，这是在短时期内不可避免的。另一方面，学会应对可能遭受的歧视。平时树立"职业面前人人平等"的观念，树立自信，不随波逐流。可以向学校就业部门的老师进行咨询，获取求职方向、求职技巧方面的指导，发现自己的长处或缺点，以及在求职中可能遇到的歧视，然后从容面对。另一方面，在遭遇歧视时要学会据理力争，必要时要诉诸法律，用法律武器维护自己的合法权益。

四、小结

《中华人民共和国劳动法》规定了劳动者在劳动关系中的各项权利，主要包括劳动者有平等就业的权利，劳动者有选择职业的权利，劳动者有取得劳动报酬的权利。劳动者享有休息的权利，劳动者享有社会保险和福利的权利，劳动者享有接受职业技能培训的权利，劳动者有提请劳动争议处理的权利，以及法律规定的其他权利。对于大学生来说，平等的就业权是大学生作为公民的基本权利之一。教育部也多次强调，要坚决反对任何形式的就业歧视，为大学毕业生创造公平的就业环境。

五、思考题

1. 什么是劳动仲裁？
2. 大学生如何保护自己的合法权益？
3. 哪些劳动权益是受法律保护的？

名言赏析

党和国家要实施积极的就业政策，创造更多就业岗位，改善就业环境，提高就业质量，不断增加劳动者特别是一线劳动者劳动报酬。要建立健全党和政府主导的维护群众权益机制，抓住劳动就业、技能培训、收入分配、社会保障、安全卫生等问题，关注一线职工、农民工、困难职工等群体，完善制度，排除阻碍劳动者参与发展、分享发展成果的障碍，努力让劳动者实现体面劳动、全面发展。

——2015年4月28日，习近平总书记在庆祝"五一"国际劳动节暨表彰全国劳动模范和先进工作者大会上的讲话

拓展阅读

大学生法制意识培养的重要性

加强法治教育有利于帮助广大大学生养成自觉守法、遇事找法、解决问题靠法的思

维习惯和行为方式，提高青少年的法治素养。当下，随着网络技术的进步，大学生面对的世界更加纷繁复杂。大学生由于社会经验不足，法律意识淡薄，容易误入歧途，走上不归路。因此，必须要加强法治教育。想要让法律入耳入脑入心，就要创新法治教育的形式与内容，让法治教育跟上时代的潮流。

法治教育，学校先行。学校是开展法治教育的主阵地，要将普法融入学校教育教学与日常管理，推进青少年法治教育规范化和常态化。"语言暴力、行为暴力和心理暴力是否都属于校园欺凌的范畴""如何有效甄别网络诈骗"……如今，越来越多的学校一改往日贴标语、办讲座、背条文的传统方法，通过启发式、互动式、探究式教学方法，在真实的法治情景中激发青少年的学习兴趣。在新的教育形势下，大学生应在日常学习中，将法律知识内化为法律意识，涵养成法治精神。

法治教育，家庭也要把好关。增强法治教育的实效性和针对性，除了学校的日常教育，也离不开家庭的悉心指导。家长要身体力行，以日常生活为课堂，在潜移默化中引导青少年明辨是非善恶，在心中种下法治的种子。同时，要懂得倾听孩子的声音，及时和孩子沟通，帮助孩子理解社会热点现象，让孩子做到懂法、护法、违法、用法。

此外，社会力量也该参与其中，加强检察、司法、公安、税务等单位的沟通合作，进一步统筹整合社会法治资源，打造社会多方共同参与的青少年法治教育新格局。

十年树木，百年树人。只有以生动、科学的方式开展大学生法治宣传教育，才能更好地促进其健康成长、全面发展，培养社会主义合格公民，加快社会主义法治国家的建设进程。

（资料来源：https://www.sohu.com/a/510691671_121255311）

第二部分

劳动实践篇

项目五

在劳动中收获点滴幸福（日常劳动实践）

▶ 模块导学

劳动教育具有显著的实践性，必须面向真实的生活世界，引导学生以动手实践为主要方式，在认识世界的基础上，获得有积极意义的价值体验。本项目将通过针对日常劳动中的衣、食、住、行方面的四个任务，带领学生在日常生活劳动中收获点滴幸福。

【能力目标】

1. 能够整理衣物，并合理地收纳衣物；
2. 会制作日常食用的面食；
3. 能够分类处理垃圾并保持居所卫生清洁；
4. 能够简单保养和简易维修家庭汽车。

【知识目标】

1. 掌握日常整理、收纳衣物的方法；
2. 熟悉经典面食——饺子的制作方法；
3. 掌握垃圾分类处理的方法；
4. 了解家庭汽车保养技巧。

【素质目标】

1. 培养学生生存发展所需的基本劳动能力；
2. 遵守厨房安全操作，树立劳动安全意识；
3. 体会劳动创造美好生活，在劳动中收获点滴幸福。

任务一　衣物整理和收纳技巧

【能力目标】

1. 能够合理地清理旧衣物；
2. 能够分类整理衣物；
3. 能够根据季节对衣物分类收纳。

视频 5-1　衣物整理和收纳技巧

【知识目标】

1. 了解断舍离的理念；
2. 掌握分类整理衣物的方法；
3. 掌握收纳衣物的方法。

一、任务描述

处于四季分明气候中的人们总会一次次面临换季的大小事情,除了过敏、传染病、节气习俗,还有一项非常重要的任务就是整理衣橱。每当换季时,衣柜难免堆积如山。这时,学会基本的收纳整理技巧,就能轻松很多。在干净的空间里,那种让人一眼就能看见东西位置的感觉,是很踏实的。把家经营得好,生活态度会有所改变,让生活把自己雕琢得更加优雅。

本任务分解为以下两个小任务。

任务1 换季整理衣橱别头疼,"舍"字帮你摆脱烦恼

每次换季收纳的时候,最好在开始保存之前通过列出分类来合理化利用家中的存储空间。首先,我们需要"减去",清洗并处理掉未穿的旧衣服,然后进行整理。"断舍离"的概念,非常契合现代人生活中的烦恼,因此流行至今。其中的"舍"代表处理掉堆放在家里没用的东西,这一点非常适合作为换季整理衣橱时的核心理念,帮你摆脱烦冗衣橱的累赘。

任务2 分类整理衣物

分类收纳整理,就是把衣服分为需要储存的、穿着的。每一次整理,都是主人对这个屋子、这个家的一次重新的守护。这份守护或将重塑一个家庭的生活轨迹、家人的关系。整理于你我或许真的比想象的更为重要,那是对家的信心,对生活品质的追求。

二、任务资讯

(一)断舍离,和旧衣物说拜拜

一方面,不合身的衣服应当果断"舍"去。随着时间的流逝,你的身材可能会发生一些变化,导致原先的衣服不再合身。这种情况下,即使衣服完好无损也应当处理掉或者送人。因为不合身的衣服会导致衣服穿着效果大打折扣或者舒适度打折。

另一方面,衣服如果出现变形、变色、破损等问题,不要犹豫果断扔掉。这也是为什么一部分人更加青睐高档服装的原因:质量上乘的衣服,穿着感受好,保养得当的话不易变形、变色、破损,不仅让穿衣者收获一份好心情,还能减轻衣橱的负担。

不符合当下审美的衣服也可以列为"舍"的对象。虽然时尚经常是以"轮回"的形式反复出现,但是当一件衣服再次流行的时候,它的质地恐怕已经非常陈旧,没办法再正常穿着了。因此,有些人在购买衣服的时候,就倾向于经典款、经典色。

(二)分类整理收纳衣物

整理衣物的原则就是看得清、拿不乱,分类叠放也是有技巧的。首先,应对衣橱(衣柜)进行分区整顿,明晰、规范各区的功能,需要储存的衣物放在衣柜的顶层,当季穿着的放在最容易拿到的位置。

随后,按照衣物的不同种类,进行叠放收纳。建议将所有衣服分为两类。一类是需

要悬挂的衣服，如易起皱和变形的衣服（西服、丝绸等）。根据大小和长度分类。另一类是可以叠放的衣服，应分为季节性衣物。根据季节，以合适的方式收纳季节性衣服，条件允许的话，可以安装相应柜格的收纳筐。

（1）外套类：羽绒服等厚外套占地方，不如叠起来放在衣橱最高位，和被子这类大件一起用压缩袋收纳好。

（2）上衣类：衬衫挂放最合适，不然容易起褶子。而针织衫叠放就好，挂放容易变形。T恤适合叠成块，方便找，还节省空间。

（3）裤子：如果空间富余，可以找个地方专门挂裤子，这样裤子可以更平整。

（4）裙装：裙子是开春以后常穿的单品，适合挂放。如果有很多条裙子，也可以像叠T恤那样叠成方块。

除此之外，内衣要单独存放在抽屉内，不要跟外衣混在一起。袜子、内裤和内衣也尽量分开存放，可以避免细菌互相污染。

三、任务实施

任务 1　清理衣柜中穿不着的旧衣物

首先，来清理你的衣柜吧！

改造：在我们生活中，很多看似无用的东西，经过我们的奇思妙想就能发挥新的价值。比如长年累月堆积在衣柜的角落里的旧衣物，稍加改造，就可以变废为宝。

比如做个大抱枕。方法如下：先做一个大的抱枕枕套，把不要的旧衣服洗干净，再叠整齐，然后统统塞进去，扣子、拉链等硬物叠在里面。一件私人定制大抱枕就做成了。

又如，从旧衣服上剪下同等大小的条形布条，再把它们缝成各种形状，进而做成钱包，甚至是购物袋。围裙、小块布缝缀的被罩（见图5-1），甚至是墙壁上的帘布，这些都是重复利用旧衣服的方法。

当然，还可以把旧衣服剪裁成其他有用的东西，变废为宝，如可以把旧衣服弄成桌布。喜欢手工的同学还可以将旧衣服制作成小篮子，做成芭比娃娃的衣服，都是不错的选择。

试着发挥你的想象，大胆改造吧！

赠送：送给朋友发挥余热。许多旧衣服其实没有穿过，只是买回来感觉过了穿着时段。看看你是否有适合送给的朋友。当衣服符合他们的穿衣风格，并且朋友也乐意接受就是一件好事情。

捐赠：捐给贫困山区献爱心。将自己不需要的旧衣服捐赠给红十字会、各种慈善基金会等慈善机

图 5-1　改造旧衣服

构也是一个好办法,既能帮助别人,也是一件善事。现在网上还有一些自发性的公益组织也可以进行捐赠。注意要保证你捐赠的衣服能够穿着,而且清洗整理干净再捐出去。

想一想:除了上述方式,你还能想出什么清理旧衣物的方法呢?

任务 2　不同种类衣服的收纳

七分整理,三分收纳。只有先整理完毕,才能进行收纳。动手整理你的衣柜吧!

实施1:选择假期中的一天或一个周末,对家中衣柜的衣物分类整理收纳,并以图片或者视频的形式分享你的劳动成果和经验。

实施2:请按照你的整理思路,完成图5-2中衣柜的收纳整理。

图 5-2　衣柜

四、小结

本次课通过两个任务:断舍离旧衣物、整理收纳衣柜,帮助同学们学会合理地清理旧衣物,并分类整理归纳衣物。

收纳不仅仅局限于衣柜的收纳,从房间的收纳和整理,到超市货架的物品摆放,都渗透着收纳的学问,同学们可以根据兴趣爱好了解更多关于收纳的知识,感受劳动带来的点滴幸福。

五、思考题

1. 请谈一谈你对断舍离的理解。
2. 请说出还有哪些清理旧衣物的方法。
3. 内衣、袜子、挂饰怎么收纳更合理呢?

名言赏析

万物之始，大道至简，衍化至繁。　　　　　　　　　　——老子《道德经》

老子告诫后人，任何自然规律都是非常简单的，把复杂冗繁的表象层层剥离之后就是事物最本质的大道。"断舍离"从表面看来是整理杂物、抛弃废物的一种简单、新型的生活整理术，但追根溯源，它与中国传统文化息息相通。它是一种引领人们以勇气放下包袱，以冷静掌控抉择，以平和对待得失，以中庸拒绝极端，以简洁面对生活的人生大智慧，可以称得上是一种具有俯瞰力的哲学处世态度。"断舍离"通过对日常家居与心灵环境的收拾与整理来锻炼实施减法思维方式，即脱离物欲和执念，从而使"看得见的世界"与"看不见的世界"同时变得有序与和谐。"断舍离"使每个人都能够切身感受到，由它带来的生活和心灵上的双重改变，借助它，我们将会有意识地、自在地、轻松地、果断地面对未来的人生。

拓展阅读

大道至简与博大精深

大道至简意味着"少而精"，博大精深意味着"多而广"，大道至简与博大精深是一对矛盾，是一体的两面。大道至简与博大精深是可以转化的，大道至简往往要博采众长，与其他专业融会贯通。仅仅融会贯通又会造成新的"博大精深"，融贯中西、博采众长只是基础，还不是大道至简。大道至简必须再整合创新，跳出原来的框框，去粗取精，抓住要害和根本，挥动奥卡姆剃刀，剔除那些无效的、可有可无的、非本质的东西，融合成少而精的东西。所谓"为学日增，为道日减"就是这个道理。

大道至简与学习

大道至简源自老子的道家思想。道，即道理，理论。大道，是指事物的本源，生命的本质。大道至简的含义就是最有价值的道理其实是最朴素的道理，很重要的道理其实是很平常的道理。大道至简应是一种境界，就像读一本书，初读是从简单到复杂，再读是从复杂到简单，读熟了就只剩一个纲了，这就是简。大道至简也是一种哲学，无论是做人还是做事都会给人以指导。在当今这个层层叠叠的大千世界中，我们要学会把复杂变成简单，用智慧创造"简单"，在变迁中不断地升华。

大道至简感悟

"如果你简单，这个世界就对你简单"。

简单生活才能幸福生活，人要知足常乐，宽容大度，什么事情都不能想得繁杂，心灵的负荷重了，就会怨天尤人。要定期对记忆进行一次删除，把不愉快的人和事从记忆中摈弃，简简单单的生活就是快快乐乐的生活。

大道至简定律之言

道生一，一生二，二生三，三生万物。　　　　　　　　——《道德经》

万物之始，大道至简，衍化至繁。　　　　　　　　　　——《道德经》

一阴一阳之谓道。　　　　　　　　　　　　　　　——《易传·系辞上》

舍弃一切复杂的表象，直指问题的本质。

真传一句话，假传万卷书。

复杂表面形式和现象终会归于简单的规律，最有价值的道理其实是最朴素最简单的道理。

大道至简的方法论

（1）化繁为简。去粗取精，剔除那些无效的、可有可无的、非本质的东西，抓住要害和根本，融合成少而精的东西，化繁为简。

（2）回归本质。大道至简，简单并非贫乏，看起来简单，但本质的来源却错综复杂。舍弃一切复杂的表象，直指问题的本质。要求人们能掌握事物的形式和现象，以洞察和探索事物的本质。

（3）坚持简单到复杂，再从复杂到简单的认识规律。简单认识到复杂认识，再从复杂认识到简单结论，再用简单结论去认识复杂的世界（注意结论存在及应用条件）。

（资料来源：https://www.toutiao.com/article/6424619728232251905/?wid=1649477025238）

任务二　厨房安全和面食制作

【能力目标】

1. 能够准确说出厨房中的安全隐患；
2. 面对厨房的安全隐患时，能采取合理的应对方法消除隐患；
3. 会准备饺子所需原材料、制作饺子馅、包饺子。

【知识目标】

1. 了解厨房中常见的安全隐患；
2. 掌握常见厨房安全问题的应对方法；
3. 掌握饺子的制作方法。

一、任务描述

厨房是一个家最有生活气息的地方，炒几道家常小菜，包一些可口的饺子，和家人坐在一起，吃着饭聊着天，可以说是一天中最温馨的时光了。然而很多人都不知道，在厨房里，一些看似平常的行为，却隐藏着巨大的安全隐患。

那么，厨房常见的安全隐患有哪些呢？首先，先检查厨房环境是否安全。

任务1　检查厨房环境是否安全

做一做：请判断以下行为是否正确，在（　　　）里打√或×。
（1）用微波炉加热鸡蛋。　　　　　　　　　　　　　　　　　　　　（　　）
（2）灶火旁喷杀虫剂。　　　　　　　　　　　　　　　　　　　　　（　　）
（3）开着火的灶台旁边，放着一袋面粉。　　　　　　　　　　　　　（　　）
（4）使用油锅直接烹饪没解冻的食品。　　　　　　　　　　　　　　（　　）
（5）食物放入冰箱后，就不会再变质。　　　　　　　　　　　　　　（　　）

案例分析

案例1　用微波炉加热鸡蛋，相当于往嘴里放鞭炮

湖北武汉的朱先生，用塑料碗盛满水，将鸡蛋放入碗中，用微波炉加热。两分钟后打开微波炉，发现鸡蛋"爆炸"，炸裂物飞得到处都是。

鸡蛋挺好，微波炉也挺好，但把鸡蛋放进微波炉，就相当于往嘴里放了个鞭炮……

提示：凡是带硬壳或者带皮的密封食品，都必须开封处理后才能用微波炉加工。专家建议，鸡蛋最好别用微波炉加热，如果一定要用，先去壳，放到容器里打散，像做蛋羹那样。

案例2　小区发生高压锅爆炸，居民一度以为地震了

2019年2月26日下午，浙江杭州一小区的居民家中，突然发生爆炸……爆炸声响彻小区，窗口三块绿色玻璃被击碎。停在楼下的多辆汽车的挡风玻璃被四射的玻璃碎片击穿，不仅如此，汽车引擎盖也被划伤了，而最远的玻璃甚至飞出了小区。事故发生后，消防部门第一时间到场处置。小区大多数居民以为是燃气管道或煤气罐爆炸引起！然而，经消防部门调查证实：这次火警原因是高压锅爆炸。

提示：使用高压锅前，一定要事先检查排气孔，严格按照说明控制食物体积。

最好不用高压锅煮豆类、稀饭、海带汤等容易堵塞中心孔及安全阀疏气孔的食物；切勿超期使用高压锅，密封胶圈的使用时间不要超过两年，要定期进行更换，如发现边缘有漏气情况，应立即停止使用并进行检修。

案例3　明火旁喷杀虫剂，厨房引燃爆炸

在厨房发现几只蟑螂，顺手抓起杀虫剂喷一喷，结果蟑螂钻到煤气灶下面……这是很可能在厨房遇到的事儿，但危险就蕴藏在其中。杀虫剂中含有极其易燃、易挥发的物质，而且喷雾传播的速度很快，只要和空气的混合比例恰当，一点点火花甚至静电，就能引燃甚至爆炸。法制晚报曾报道，一位主妇杀蟑螂时不小心把杀虫剂对着有火的煤气炉喷，结果引发了厨房爆炸。

提示：厨房有煤气明火时，千万不要使用任何杀虫剂！

案例 4　灶火旁放面粉，引发粉尘爆炸

灶台开着火，边上放着一袋面粉，这个场景好像挺普通。然而这时候，如果不小心将面粉撒了，或者吹过来一阵风，就很可能发生粉尘爆炸。据江南都市报报道，江西省曾发生过一起居民屋的面粉爆炸事故。屋主严重受伤。

提示：为了安全起见，厨房正点着火的时候，如果要处理面粉，最好还是拿出去操作，别在厨房有明火的地方倒面粉。

案例 5　冷冻食品直接进油锅，油沸腾后食物炸飞伤人

苏州市民匡女士着急煎饺子，速冻水饺没有解冻就放锅里了，结果油溅了出来，把手都溅红了，烫伤了一大片，几天还不见好。美国消费产品安全委员会做了一项模拟实验，将一只冷冻的火鸡放入热油锅。当火鸡被放入油锅的瞬间，油锅被点着，大火殃及旁边的模拟房屋。

提示：经冷冻的食物一定要在解冻后才能再入油锅烹饪。没解冻的冷冻食品直接放进热油锅里，食物外层的冰迅速变成水蒸气，让油锅立即沸腾起来。不仅锅里的食物会炸飞伤人，沸腾的油溢出来，落到燃气灶的火苗上还会起火！

以上都是血淋淋的教训，希望大家引以为戒，为了家人的安全和健康，一定不能大意。

任务 2　制作经典面食——饺子

一日三餐，离不开厨房。每个人居家过日子，都必须有一点生活常识，这是保证我们能够健康快乐生活的必要条件。确认厨房安全以后，一起学习制作中华民族的传统美食——饺子。一家人围在一起，吃着热腾腾的饺子，胃里心里都是暖暖的。

二、任务资讯

（一）厨房安全常识

1. 厨房食物安全

（1）购买食物时，注意食品包装有无生产厂家、生产日期，是否过保质期，食品原料、营养成分是否标明，有无 QS 标识，不能购买"三无"产品。

（2）打开食品包装，检查食品是否具有它应有的感官性状。不能食用腐败变质、油脂酸败、霉变、生虫、污秽不洁、混有异物或者其他感官性状异常的食品，若蛋白质类食品发黏，渍脂类食品有哈喇味，碳水化合物有发酵的气味或饮料有异常沉淀物等均不能食用。

视频 5-2　厨房安全

（3）注意个人卫生，饭前便后洗手，自己的餐具洗净消毒，不用不洁容器盛装食品（见图 5-3）。

（4）厨房里的蔬菜等物品容易发霉变质，滋生细菌等，影响身体健康，所以应该及时处理厨房垃圾。

2. 厨房用电安全

（1）安全使用厨房电器。空转或者空烧会加快电器的磨损及老化，因而对于大部分厨房电器而言，在使用时防止空转（如榨汁机）、空烧（如微波炉、电饭煲）是最首要的一个环节。正确的做法是，在使用终了后马上关闭电器、切断电源。

图 5-3　厨房食品安全

（2）防止湿润环境。厨房是家居环境中最湿润的环境之一，而湿润对于家电类产品的危害也是很大的。因而，为了保证家电产品的抗电、绝缘指标的长时间优良，尽可能为小家电产品找到一个与水源或者其他湿润环境相对于远一些的地方放置。湿润的环境也是人们触电的一个重要原因，平时应该养成良好的习惯——经常擦拭有水的地方（见图5-4）。

（3）请在不超过额定电压的条件下使用。我们有时候会一起使用很多家电，这样易造成电路电流过大从而烧坏家用电器，甚至导致火灾。建议不要同时使用很多家用电器。

3. 厨房用火安全

（1）易燃易爆物品存放集中。厨房内的天然气、液化气罐、打火机、料酒、食用油、面粉、酒精等物品，乱摆乱放或者使用不当很容易引发燃烧、泄漏或者爆炸。

（2）油烟重。厨房用水频繁，环境比较潮湿，烹饪食物的过程中油烟易积聚，若长期不清洗，墙壁、抽油烟机、油烟管道、排气扇、燃气灶等地方

图 5-4　厨房用电安全

油垢越积越厚，使用明火时，稍不注意就可能引起火灾。

（3）电气线路隐患大。随着厨房越来越现代化，厨房电器增多，易造成电器超负荷使用。此外，有些家庭为图一时方便，私拉乱接电气线路，出现电线不穿管、电闸不设后盖等现象，在厨房潮湿、油腻的环境中，很容易发生漏电、短路起火。

（4）灶具器具安全隐患大。在日常家庭中，高压锅、蒸汽锅、电饭煲、冷冻机、烤箱等操作不当或使用时无人看管，极易发生火灾或爆炸事故（见图 5-5）。

为了防范厨房火灾，主要采取的措施如下：

图 5-5　厨房用火安全

（1）定期检查。规范厨房电气线路，定期对厨房内电气线路、电器、燃气管道、阀门、燃气灶等进行定期检查，避免因线路老化、电器短路、燃气泄漏等引发火灾事故。

（2）清理油垢。用完厨房后，要对燃气灶具、墙壁、抽油烟机罩等进行清洗，每半年清洗一次油烟管道，防止油垢引发火灾。

图 5-6 厨房电器超负荷用电

（3）规范放置厨房用品。天然气、液化气罐、打火机、料酒、食用油、面粉、酒精等物品要规范放置，远离火源，随用随放。

（4）严禁电器超负荷使用。厨房内的电器开关、插座等应以封闭为佳，防止水渗入，并应安装在远离燃油、燃气设备的部位。厨房内运行的各种电器设备不得超负荷用电（见图 5-6），使用过程中要注意防止电器设备和线路受潮。

（5）及时断火断电。使用结束后，应及时关闭所有燃气燃油阀门，切断电源、火源。

如若真的发生厨房火灾，千万不要慌张，可根据不同情况采取不同的处置方法：

（1）燃气火灾扑救。家庭厨房管道煤气和液化石油气一旦发生火灾，在没有引燃其他建筑物及厨房其他器具时，可迅速用湿毛巾、灭火器等，盖住气瓶及管道起火点，并立即关闭气阀，截断气路，然后再消除余火。

（2）油锅起火扑救。油锅起火要立即关火，然后用锅盖盖住起火的油锅。此外，可以用湿抹布覆盖住起火的油锅，覆盖时不能留下空隙。如果厨房里有切好的蔬菜或其他食物，可沿着锅的边缘倒入锅内，利用蔬菜、食物与着火油的温度差，使锅里燃烧着的油的温度迅速下降。注意：油锅起火时千万不要用水扑救，因为冷水遇到高温油会形成"炸锅"，使油火到处飞溅。

（3）电器起火扑救。发现厨房电器着火，要第一时间拉下总闸，然后用干粉灭火器扑救，如无灭火器也可用湿棉被等覆盖灭火。在未拉下总电闸前，切忌用水扑救电器火灾，以防发生触电事故。

（二）制作饺子的原料、饺子的常见包法

1. 饺子的制作原料

（1）面粉：可选荞麦面、玉米面、小麦面。

（2）水：有温水、冷水、开水之分，开水适合做蒸饺，冷水、温水适合做煮饺。

（3）蔬菜：一般选用茎叶类蔬菜，蒸饺可选用块根、块茎类蔬菜。但如做西红柿馅的饺子，需要将西红柿略烫后剥去皮，并去掉其中的籽，只用果肉。

视频 5-3 面食制作

（4）水果：如苹果、梨、菠萝、阳桃等均可选用。

（5）水产：虾仁、蟹肉、扇贝、蛏子、较大的鱼（如草鱼、金枪鱼、石斑鱼等）的肉、鱿鱼等。

（6）肉类：猪、牛、羊、鸡、鸭、兔等。

（7）其他辅料：鸡蛋、豆腐干、干豆腐、油豆腐、奶酪、肉皮、高汤、皮冻等。

（8）佐料：盐、味精、花椒粉、胡椒粉、油、葱、姜、蒜或薑粉、酱油、芥末膏、孜然粉、花椒水等。

可以根据个人口味，选取不同的材料调制饺子馅，制作出各种美味可口的饺子。比如选用猪肉加白菜做成猪肉白菜馅的饺子，具体原料参见图 5-7。选用蟹肉加少许韭黄可做蟹肉韭黄三鲜馅饺子，选用鱿鱼头加韭菜、鸡蛋可做三鲜馅蒸饺，选用羊肉加圆葱可做一锅鲜美的羊肉圆葱饺子，选用牛肉加萝卜可做牛肉萝卜馅蒸饺，选豆腐干加芹菜等做成素馅煎饺，还可选虾仁与菠萝做成酸甜鲜香的水果虾仁饺子。

图 5-7　饺子原料

2. 饺子的常见包法

饺子常见的包法主要有月牙饺、三角饺子、四角饺子、元宝饺子、手提包饺子、大肚饺等。

三、任务实施

任务 1　检查图 5-8 所示的厨房，说出可能存在的安全隐患

图 5-8　存在安全隐患的厨房

任务 2　动手实践，与家人朋友一起包饺子吧！

实施 1：制作饺子皮。

（1）用冷水和面，但在加水的时候要用筷子一边搅一边加，这样水加得均匀，也容易把握住加水的量，一般搅到只剩一点干面就不要加水了，然后用手揉成一团后密封放置十几分钟再揉一会儿（见图 5-9）。

第1步 制作面团

将饮用水小剂量地倒入放面粉的面盆中，注意不要一次倒太多。用筷子快速搅拌，将面粉和水搅拌成棉絮状。用手将棉絮状的面揉成面团，然后盖上保鲜膜或者锅盖放一旁静置饧面。

图 5-9　制作面团

（2）饺子面一定要揉了再揉，揉一会儿，歇一会儿，让它饧一下，越揉越好吃，一般 3 至 4 次，一次揉 4 遍，一遍 5 分钟即可。

（3）然后再放置 12～15 分钟，尽量不超过半小时。放置时间越长，面和水越均匀，这样在做饺子皮时也不容易干面皮。

（4）在案板上撒上面粉再擀饺子皮，这样不会粘，擀饺子皮要转圈擀。也可以撒上面粉，把每一个面团用手捏正，用靠手掌大拇指的那块大肌肉往下一压即可。

实施 2：调制饺子馅。

这里，以猪肉白菜馅饺子为例调馅（见图 5-10）。

第2步 调饺子馅

1.洗净白菜叶片，沥干水。2.切碎放入盆中，撒一勺食盐腌制五分钟，用手挤出白菜本身的水分，这样能使饺子馅不出汤。3.将葱姜切成碎末撒在肉馅上，加入盐、老抽、十三香后用筷子顺时针搅拌（提示：把馅儿打散就不香了）。4.肉馅打好后，加入挤好的白菜充分搅拌均匀。

图 5-10　调饺子馅

做饺子馅料最好选择猪前腿的肉，因为猪前腿是猪活动较多的地方，肉吃起来劲道，而且吸水能力很强，肥瘦相间。选择适量的七分瘦三分肥的猪前腿肉，是最适合做馅料的。一般来说，饺子馅的肉与菜比例以 1∶1 或 2∶1 为宜。

在调馅的时候加入以下调料能使饺子馅美味可口：生姜、花椒水、葱姜油、陈皮粉。

（1）生姜可以去除猪肉当中的腥味。在剁肉馅的时候将生姜放到猪肉馅当中一起剁会更方便简单。肉馅一定要搅拌到上劲，这样做出来的肉馅口感才会更好，鸡蛋清可帮助肉馅上劲。

（2）5 克花椒用 220 克水小火煮 10 分钟，然后焖半小时，花椒水就做好了，花椒水不仅可以增香，还可以去除猪肉等食材的腥膻味。

（3）在饺子馅中加葱姜油，比使用家里的食用油会更加香。把适量葱姜在油中炸一下，冷却后将适量油加入饺子馅料中。

（4）陈皮用得好，不仅能使美食吃着不油腻，而且还会给美食增加香味。在饺子馅料中加适量的陈皮粉，是非常合适的。

最好不要加料酒，因为时间稍长，料酒就会使猪肉馅变酸。另外，可以加勺蚝油，不仅能大大提高饺子馅的鲜味，而且具有一定黏度的蚝油也能帮忙锁住水分，使饺子煮熟后鲜美多汁。

实施 3：包饺子。

根据个人喜好，选择一种或几种常用的包饺子方法进行制作（见图 5-11）。

第3步 包饺子

1.将面团揉软、搓条儿、切成大小均等的饺子面剂。2.用手将饺子剂按扁，擀成大小均等的饺子皮。3.将适量的猪肉白菜馅放在饺子皮的中心位置。4.将饺子皮捏严实，饺子就包成功了。

图 5-11　包饺子

四、小结

关于厨房安全，除了食物安全、用电安全、用火安全问题外，你还能说出其他的厨房安全问题吗？安全无小事，责任重于山。不仅厨房里的安全需要重视，任何一项劳动生产工作，我们都要重视细节，严格执行劳动安全规章。

盘内一分钟，厨内更多功。要想做出美味可口的饺子，需要大家多多动手实践。除了饺子，还有很多经典的中华美食，试着说一说你了解的中华美食。

五、思考题

1. 厨房里常见的安全问题，除了文中所述，你能想到的还有哪些？

2. 电器起火、油锅起火、燃气起火时应该分别如何扑救？

> **名言赏析**
>
> 一粥一饭，当思来之不易；半丝半缕，恒念物力维艰。
>
> ——清·朱柏庐《朱子家训》

拓展阅读

饺子的文化

饺子源于古代的角子。饺子原名"娇耳"，距今已有1 800多年的历史了，是深受中国汉族人民喜爱的传统特色食品。饺子又称水饺，是中国北方民间的主食和地方小吃，也是年节食品。有一句民谚叫"大寒小寒，吃饺子过年"。根据文献记载，春节时候吃饺子这种习俗最晚在明代已出现。到了清代，这种习俗已经非常广泛，并逐渐固定下来。这种习俗和中国古代的计时法有关系，中国古代用十二地支来记录每一天的时间。也就是把每一天分为十二个时段，那么每天从子时相当于每天半夜二十三点到凌晨一点这个时间开始，那么到了每年的年底——年三十的时候，不仅是新旧两天的更替，而且是新旧岁的更替，中国人管它叫"交子"。在辞旧迎新这个界限吃饺子，很有仪式感。因为饺子和这个"交子"正好是谐音，而且饺子寓意吉祥，所以才慢慢形成在交子这个时刻吃饺子的习俗。

对崇尚亲情的中国人来说，在除夕夜里，窗外雪落无声，屋内灯光暖人，锅里热气腾腾。把所有的思念与祝福，都包进那薄薄的饺子皮！红红的火苗滚开的水，越煮越觉得有滋味，伴随着辞旧迎新的鞭炮，盛上饺子，也盛出了对来年美好的期望。

（资料来源：https://wenku.baidu.com/view/1b1f1fc490c69ec3d4bb7561.html）

任务三　个人及家庭卫生清洁

【能力目标】

1. 能够保持个人卫生；
2. 能够按照正确的洗手步骤洗手；
3. 会正确佩戴口罩；
4. 能够按照正确的清洁顺序打扫家庭或寝室卫生。

【知识目标】

1. 理解个人卫生清洁的意义；
2. 掌握正确的洗手步骤和正确佩戴口罩的方法；
3. 了解日常家庭卫生清洁的一般顺序；
4. 掌握清洁不同房间卫生的技巧。

视频 5-4　个人及家庭卫生清洁

一、任务描述

良好的生活习惯要从自身做起，每天打扫屋子，保证室内空气的流通，这样就会减少室内细菌的数量。定期洗澡，保持个人的清洁，这样能够使人体更好地排出身体的毒素，保证身体处于一个良好的状态，增强对疾病的抵抗能力。而家是每个人最重要的地方，保持家里的清洁卫生可以让我们每天的生活都变得轻松愉快。

任务1 保持个人卫生

案例分析

案例6 如何能成功搭车

如何能成功搭车？一位心理学家曾经做过一个实验，他分别让一位挎着菜篮子、脸色疲惫的中年妇女，一位打扮美丽、妆容精致的漂亮女郎，一位面部干净、戴金丝眼镜的青年学者，一位留着怪异头发、脸上脏兮兮的男青年在公路边搭车。结果发现，四个人当中，搭车的成功率从高到低的顺序是：漂亮女郎、青年学者、中年妇女、邋遢男青年。其中，"邋遢男"尝试了几十次，却只成功了一次。

想一想：请从礼仪角度分析四个人搭车成功率不同的原因。

案例7 礼仪与员工业绩

一公司某员工口头表达能力不错，人既朴实又勤快，在业务人员中学历又高，领导对他抱有很大期望。可是他做销售代表半年多了，业绩总是得不到提升。到底问题出在哪儿？原来他是个不爱修边幅的人，喜欢留着长指甲，指甲里经常藏着很多"东西"。脖子上的白衣领常常有一圈黑色的痕迹。他喜欢吃大葱、大蒜之类的刺激性的食物。

想一想：请从礼仪角度分析这位员工业绩上不去的原因。

不同的仪表代表了不同的人，随之就会有不同的际遇。这不仅仅是以貌取人的问题，而是个人对自己仪容仪表的管理问题。无论是在职场生活，还是在社会生活中，仪容仪表、仪态礼仪都是非常重要的，每一方面都需要做好。在人际交往中，它用一种无声的语言向人们展示出一个人的道德品质、礼貌修养、人品学识、文化品位等方面的素质与能力。个人卫生清洁属于日常生活劳动的一部分，因此，可以说劳动创造美，劳动创造际遇。

个人卫生除了影响个人际遇，更重要的是直接影响一个人的身体健康。不注重个人卫生容易患病，对自己的身心健康极其不利，所以一个良好的卫生习惯很重要。

说一说：你认为应该从什么方面保持个人卫生？

任务2 清洁家庭卫生

除了个人卫生，家庭卫生是我们大部分人都要面对的问题，其实家庭卫生也就是家里的环境卫生，无非物品摆设、家庭卫生打扫等。看似简单，做起来可不容易。在清洁家庭卫生方面，你有什么技巧吗？

二、任务资讯

（一）良好的个人卫生习惯

良好的卫生习惯，不仅仅是个人的事情，同时也关系到集体环境卫生。个人有责任也有义务在了解卫生知识的同时，养成良好的卫生习惯，预防疾病，保护和增进身体健康。讲卫生是尊重自我、尊重他人的表现，也是一个人文明程度的表现。建议从以下几个方面养成个人卫生习惯。

（1）勤洗澡洗头，勤剪指甲。用温清水洗澡，用毛刷将隐藏在手指甲、脚指甲的脏物清洗干净。

（2）衣着干净整洁。要做到服装整洁，勤换勤洗。

（3）培养良好的饮食卫生习惯。定量、定时进餐。平时多吃水果、蔬菜，多饮水；按时睡眠；避免紫外线照射。

（4）注意口腔的清洁。早晚要刷牙，饭后仔细漱口；不吸烟，不过量喝酒，不喝浓茶，以防牙齿变黄。

（5）注意清除身体的异味。防治口臭，注意说话时，侧对别人的鼻腔；在参加公众活动前尽量不吃葱、蒜、韭菜、臭豆腐等味道浓烈的食品。不要用手指挖鼻腔，擤鼻涕。

（6）定期整理和清洗背包或书包。最好每月刷洗、擦拭一次背包或书包。经常清洗可以有效预防细菌滋生。

（7）得了传染病要及时向学校报告，并及时就医，严重时留在家中休息直至身体痊愈。养病治疗时，不到处乱跑，以免传染给他人。

（8）爱护环境，不随地吐痰和乱扔杂物。随身携带纸巾，爱护环境是一个文明人应有的责任，也是对他人劳动成果的尊重。

六步洗手法

六步洗手法具体操作如下（图5-12）：
（1）双手手心相互搓洗（双手合十搓五下）；
（2）双手交叉搓洗手指缝（手心对手背，双手交叉相叠，左右手交换各搓洗五下）；
（3）手心对手心搓洗手指缝（手心相对十指交错，搓洗五下）；
（4）指尖搓洗手心，左右手相同（指尖放于手心相互各洗搓五下）；
（5）一只手握住另一只手的拇指搓洗，各搓五下，左右手相同；
（6）弯曲手指使关节在另一手掌心旋转揉搓，交换进行，各搓五下。

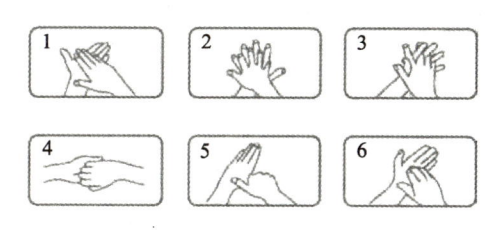

图 5-12　六步洗手法

想一想：旅途在外没有清水，不方便洗手怎么办？

可以使用含酒精的消毒产品清洁双手。75%酒精可灭活病毒，所以达到一定浓度的含酒精消毒产品可以作为肥皂和流水洗手的替代品。

正确佩戴口罩

1. 如何选择口罩

选择一：正常外出时选择一次性医用口罩即可，连续佩戴 4 小时更换，污染或潮湿后立即更换；

选择二：去医院看病或人群密集处可选用 N95 医用防护口罩，连续佩戴 4 小时更换，污染或是潮湿后立即更换。（棉布口罩、海绵口罩均不推荐）

2. 如何正确使用口罩

医用口罩的使用方法：

（1）口罩颜色深的是正面，正面应该朝外，而且医用口罩上还有鼻夹金属条。

（2）正对脸部的应该是医用口罩的反面，也就是颜色比较浅的一面，除此之外，要注意带有金属条的部分应该在口罩的上方，不要戴反了。

（3）分清楚口罩的正面、反面、上端、下端后，将手洗干净，将两端的绳子挂在耳朵上。

（4）最后用手压紧鼻梁两侧的金属条，使口罩上端紧贴鼻梁，然后向下拉伸口罩，使口罩不留有褶皱，覆盖住鼻子和嘴巴。

3. 特殊人群如何佩戴口罩

（1）孕妇佩戴防护口罩，应注意结合自身条件，选择舒适性比较好的产品。

（2）老年人及有心肺疾病的慢性病患者佩戴后会造成不适感，甚至会加重原有病情，应寻求医生的专业指导。

（3）儿童处在生长发育阶段，其脸型小，应选择儿童防护口罩。

（资料来源：人民健康网）

（二）家庭卫生清洁的顺序

很多事情都讲究一个顺序，从而可以达到最高的效率。打扫卫生也不例外，因为打扫卫生也是一项技术活，如果不按顺序打扫的话，就容易出现反复打扫的现象。那么，日常家庭卫生清洁的顺序是怎样的呢？

日常家庭卫生清洁的顺序（图 5-13）：先清洁天花板、窗户、纱窗等容易积压灰尘的地方，然后清洁玻璃，接着清洁厨房墙壁、炉灶等，再清洁房间、客厅，最后清洁卫生间。因为卫生间是可以清洗清洁用具的地方，因此在打扫完其他区域后最后清洁卫生间。

天花板纱窗，玻璃 → 清洁厨房 → 清洁房间 → 清洁客厅 → 清洁卫生间

图 5-13　家庭卫生清洁顺序

1. 清洁天花板和窗户

天花板和窗户是容易积压灰尘的地方，在清洁天花板和窗户的时候，可能会有灰尘掉落，因此应该先清洁比较好。可以使用鸡毛掸子来清扫天花板。把窗户的纱窗拆卸下来，放到卫生间去清洗，可以使用鞋刷、洗洁精或者是洗衣粉加清水进行清洗，清洗干净以后，放到通风处晾干即可。

2. 清洁玻璃

（1）可以使用双面玻璃刮来清洁玻璃，不仅干净而且非常便捷。清洗玻璃的时候，要在玻璃刮上蘸上洗洁精，检查安全绳是否系牢，系在没有操作的那只手上，再操作清洁器进行清洗工作。

（2）假如玻璃上有水泥等脏污，应该先去除，然后再使用玻璃刮进行清洗。一般需要擦拭两遍，第一遍擦拭后应该把清洁器清洗干净，再进行第二遍擦拭，这个时候应该从上往下刮。玻璃角落可以使用不掉毛的吸水毛巾进行清洁。等到玻璃清洁完成以后，就可以把纱窗重新装上。

3. 清洁厨房

（1）清洁厨房的时候，应该先擦拭墙壁，可以将清洁剂兑上温水，再加等量的洗衣粉或者洗洁精进行擦拭。假如厨房很脏的话，可以多放一些。

（2）把清洁剂的混合液充分搅拌均匀后，直接使用毛巾蘸清洁剂来清洁厨房墙壁即可。墙壁清洁以后是灶面清洁，可以使用一条干净的毛巾蘸清洁剂清洗一遍，再用清水擦拭一遍，这样就不会有油腻感了。至于抽油烟机等电器最好是请专业人士帮忙拆洗。

4. 清洁房间

清洁房间的时候要注意卫生死角，比如衣柜顶、门框顶、床头柜底下等。

5. 清洁客厅

客厅是经常有人走动的地方，可以在清洁房间后进行清洁。

6. 清洁卫生间

卫生间是可以清洗清洁用具的地方，因此在打扫完家里所有其他区域的卫生以后再进行清洁。

打扫卫生是一项技术活,最好是按照打扫顺序来进行,从而节省打扫时间,避免重复打扫,提高劳动效率。

三、任务实施

(1)按照个人卫生习惯培养表(表 5-1),在一个月内养成个人良好的卫生习惯,每完成一项,在相应的天数格内打对钩。并对比一个月前后,个人的卫生清洁频率。其中,可根据实际情况添加个人卫生清洁项目。

表 5-1 个人卫生习惯培养表

时间 项目	第一周							第二周							第三周							第四周						
	1	2	3	4	5	6	7	1	2	3	4	5	6	7	1	2	3	4	5	6	7	1	2	3	4	5	6	7
洗头																												
剪指甲																												
换洗衣服																												
早晚刷牙																												
饭后漱口																												
清洗背包																												
换洗床单																												
换洗被罩																												
…																												
…																												

(2)选择一个周末对家庭进行一次大扫除,并拍摄整理前后的照片或视频,从对比中分享你的劳动经验和体会。

四、小结

家是最小国,国是千万家。而家又是一个个你我他组成的,因此养成清洁个人卫生的好习惯,从正确佩戴口罩、正确洗手消毒等细节开始。营造清洁美丽的家居环境,养成定期消毒杀菌的习惯,不仅能有效抵御病毒的侵袭,还能够充实生活,愉悦心情,对于养成良好的生活卫生习惯都具有重要的意义。

五、思考题

1. 请大家谈一谈清洁个人卫生的意义。
2. 请大家利用统筹方法罗列打扫家庭卫生的顺序。

> 📦 **名言赏析**
>
> 只有身体好才能学习好、工作好,才能均衡地发展。　　　　——周恩来

项目六

在劳动中练就真正本领（职业劳动实践）

▶ 模块导学

劳动是创造物质财富和精神财富的过程，是人类特有的基本社会实践活动。劳动教育是发挥劳动的育人功能，对学生进行热爱劳动、热爱劳动人民的教育活动。本项目包含关于第一产业（农业）、第二产业（工业）、第三产业（服务业）的三个生产和服务型劳动任务，让学生面对真实的个人生活、生产和社会性服务情境，带领学生们在劳动中练就扎实本领。

【能力目标】

1. 能参加基本的田间种植劳动；
2. 会使用常用的劳动工具；
3. 能够说出3D打印机的应用范围。

【知识目标】

1. 了解二十四节气与耕种的联系；
2. 了解3D打印机区别于其他传统打印机的优势；
3. 熟悉会议服务的流程。

【素质目标】

1. 树立正确的劳动观念；
2. 培养对耕地与粮食的感情，尊重并感恩劳动者的成果；
3. 培养在实际工作中树立服务意识、安全意识、创新意识，并遵守职业道德规范；
4. 体会农业劳动、工业劳动、服务业劳动的艰辛，在劳动中练就真正的本领。

任务一　参与耕种与田间管理

【能力目标】

1. 能够参加基本的田间种植劳动；
2. 会使用常用的劳动工具。

【知识目标】

1. 掌握基本的田间劳动技能；
2. 了解二十四节气与耕种的联系。

视频 6-1　参与耕种与田间管理

在物质文明极其进步的今天，机器早已代替人力劳动，陷于城市快节奏生活的许多人,对自然田园风光特别神往。与城市的华灯霓虹不同的是,乡野里有着数不尽的童年和向往。

种豆南山下,草盛豆苗稀。晨兴理荒秽,戴月荷锄归。
道狭草木长,夕露沾我衣。衣沾不足惜,但使愿无违。

——东晋·陶渊明《归园田居·其三》

在普普通通、平平常常四十个字的小空间里,我们仿佛看到了诗人陶渊明隐居之后躬耕劳动的情景,不考虑诗中的典故,单纯从诗的情调、意境出发,诗人躬耕田亩,把劳动写得富有诗意。

锄禾日当午,汗滴禾下土。谁知盘中餐,粒粒皆辛苦。

——唐·李绅《悯农》

在烈日当空的正午,农民在田里辛勤劳作(图6-1),其中的"谁知盘中餐,粒粒皆辛苦"是中国传统的"治家格言",提醒人们注意节约用度,珍惜劳动成果。古时农民终年辛勤劳动的生活,如今的我们很少能体验到了。种地是辛苦的,但是在诗人的笔下,总能幻化出形形色色的未来。

田园,本就是一首诗。四季变换,各自精彩。

一、任务描述

利用场地资源,学校开垦并建设了劳动实践基地,依据农时制订菜单式耕种计划,为学生提供生产工具和原料,采取"包田到班"责任制,由学生选定农作物品种、制定具体农事劳动方案直至收获,让学生体验从播种、浇水、施肥、田间管理直至收获的全过程,体会农业劳动的艰辛,培养对耕地、粮食和农民的感情,树立尊重农民、珍惜粮食的意识,并体验劳动收获的快乐。图6-2所示为学生们在劳动实践基地劳作的场景。

图6-1 农民在劳作

以小组为单位,各小组负责各班所在的劳动实践基地区域,从选择农作物、翻地松土、播种、施肥、浇水、除草、除虫、废料处理到劳动工具的管理、出勤学生名单的登记管理等。由劳动部或其他专门的学生部门做好劳动评价,作为班级劳动基地学期评比的重要参考项。

二、任务资讯

(一)二十四节气

二十四节气是指二十四个时节和气候,是中国古代订立的一种用来指导农事的补充历法,在春秋战国时期形成,是中国古代汉族劳动人民长期经验的积累和智慧的结晶。由于中国农历是一种"阴阳历",即根据太阳和月亮的运行周期制定的,因此不能完全

图 6-2　学生们在劳动实践基地劳作

反映太阳的运行周期，但当时中国又处于一个农业社会，农业生产需要严格了解太阳的运行情况，农事完全根据太阳进行，所以在历法中又加入了单独反映太阳运行周期的"二十四节气"，用作确定闰月的标准。二十四节气能准确反映季节的变化，指导农事活动，影响着千家万户的衣食住行。

二十四节气是根据太阳在黄道（即地球绕太阳公转的轨道）上的位置变化来划分的。这也是二十四节气属于阴阳历中阳历成分的原因。

立春｜雨水｜惊蛰｜春分｜清明｜谷雨｜立夏｜小满｜芒种｜夏至｜小暑｜大暑
立秋｜处暑｜白露｜秋分｜寒露｜霜降｜立冬｜小雪｜大雪｜冬至｜小寒｜大寒

（二）二十四节气与耕种

二十四节气代表着气温变化和气候变化。通过二十四节气，我们可以知道什么时候花开、什么时候种菜，民间甚至将这种规律总结成了二十四节气种菜表和口诀，我们可以根据这种变化来选择何时耕种、何时秋收，甚至可以知晓什么时候种什么样的蔬菜。比如谷雨前后，种瓜点豆。

二十四节气种菜口诀

处暑就把白菜移，十年准有九不离。
冬至收萝卜，小雪收白菜。
立冬快拔菜，不拔受霜害。

谷雨前后，种瓜点豆。
要种四季豆，不在清明后。
秋分种，立冬盖，来年清明吃菠菜。
冬至油菜，年大麦。
春分早，谷雨迟，清明种薯正当时。
谷雨栽上红薯秧，一棵能收一大筐。
谷雨前后栽地瓜，最好不要过立夏。
白露种葱，寒露种蒜。
秋分种小葱，盖肥在立冬。
过了谷雨种花生。
秋分收花生，晚了落果叶落空。
苞米下种谷雨天。

三、任务实施

参加劳动实践基地农作物的种植和管理

提前做好分工，确保各班责任地块每周都有劳动小组进行劳动，并做好班级内劳动记录（可建立在线出勤记录表）。每周由负责此项工作的学生部门不定时检查。检查时，劳动委在场待检，检查中发现的问题由劳动部进行拍照记录。各班职责及具体检查标准如表6-1所示。

表6-1 劳动基地各班职责及检查标准

具体职责	检查标准	扣分标准
班内分好劳动组	班内每名学生严格按照本班分组参加劳动	无分组，扣2分
班级劳动记录	每次做好劳动记录，由专人负责	每周的记录主动上报，劳动部进行检查，缺一次扣2分
配合劳动部检查	劳动委在场待检，并组织协调本班每天的劳动任务和劳动人次	拒检，扣2分
根据劳动部提出的情况整改	检查当天及时整改	未及时整改，扣2分

（注：★为重点检查内容。）

以上检查记录由负责部门检查后整理归档，作为班级劳动基地学期评比的重要参考项。劳动基地分给各班负责，具体劳动任务、劳动标准及扣分标准如表6-2所示。

表6-2 劳动任务和劳动标准

各班劳动任务	劳动标准	班级扣分标准
除草	及时除草，确保地面松软，地上无杂草；杂草等垃圾倒入专门存放垃圾的地方	不除草，扣1分；除草不干净、未清理出田地，扣0.5分
浇水	除花生、红薯、黄豆之外，其他菜地根据天气情况浇水，保持土地湿润，应浇尽浇，结果期可以多浇	该浇未浇，扣1分

续表

各班劳动任务	劳动标准	班级扣分标准
松土	及时松土，地面不能呈现板结状态。如果松土后并未到检查时间，劳动委拍照发劳动部群里，当天会有劳动部成员检查	如果虚报事实，劳动委个人扣2分，班级扣1分
捡石子、砖块	地面干净，无以下杂物：石头、砖头、零食垃圾袋等	如果碎石头过多，认为是没清理状态，扣0.5分
绑绳子	搭架的植物，根据实际长势，绑绳子，使植物挺立依附竹竿生长。不要绑得太紧，防止植物的茎长大长粗以后，被绳子束缚	未绑绳子或者不检查整理，每株扣0.5分
秧苗保护	参加劳动任务时，爱护植物，不破坏株苗。	已经长好的苗被除掉和破坏，扣1分
工具归还	劳动完毕擦拭干净工具，原样归还。劳动部会记录当天劳动班级借出多少工具。如果少工具，丢工具，没归还，没摆放，进行班级记录并扣分	少工具，丢工具，没归还，没摆放等情况扣1分
沟渠修整	沟渠应保持整洁，无杂草、砖块等杂物，定期维护	长草，或者沟渠坏掉，无法浇水，扣1分

以上由劳动委负好责任，要重视各自班级负责管理的劳动基地，共同建设好学校劳动实践基地。

四、小结

农业劳动具有显著的实践性，以动手实践为主要方式。本次课讲解二十四节气与耕种的联系，引导学生参与真正的农耕、管理，培养学生的责任担当意识，引导学生在认识世界的基础上，学会建设世界，塑造自己，从而发挥劳动的育人功能。

五、思考题

1. 掌握一种农作物种植方式，以合适的方式进行分享。
2. 除了二十四节气种菜口诀，你还了解哪些与耕作相关的谚语口诀？

> **名言赏析**
>
> 春耕、夏耘、秋收、冬藏，四者不失时，故五谷不绝。
>
> ——《荀子·王制》

拓展阅读

《荀子·王制》中有这么一句箴言："春耕、夏耘、秋收、冬藏，四者不失时，故五谷不绝。"意思是说：我们经历的每一年时间，都会度过春、夏、秋、冬四个时令季节。

如果对应到天地农耕这件事情上，就会衍生出春天萌生，夏天滋长，秋天收获，冬天储藏的生长过程。如果对应到人生成长的事情上，又会衍生出一准备、二行动、三归宿、四沉淀的处事经历。

对于每一个渴望成长、追逐梦想的人来说，无论是大的成长经历还是小的计划目标，无论是校门之内的学习之旅还是职场社会的职业生涯，我们都应该明白耕（准备）、耘（行动）、收（归宿）、藏（沉淀）的智慧哲理，从而找到属于我们的幸福航道。

1. 春耕，即是准备

一年之计在于春，一日之计在于晨。

春天对于人们的最大价值，往往不是着急、忙碌、模棱两可的行动经历，而是周密、翔实、张弛有度的准备计划。任何人想要做好一件事情，都要预先有所准备、有所规划、有所展望，而不是像无头苍蝇一般胡乱飞舞，那样只会白白浪费掉自己的时间和精力，降低自己的行动效率。尤其当我们面对新的工作环境、迎接新的角色定位、适应新的生活节奏、经历新的情感脉络时，我们必须预先树立清晰明确的行动思路，找到恰如其分的方式方法，瞄准适合自己的突破角度。

如此谋定而后动，我们才能更加高效地努力和行动。正所谓磨刀不误砍柴工，机会总是留给有准备的人。

2. 夏耘，即是行动

人与人之间的差距，往往不是在智力和天赋上，而是在行动和执行上。很多事情，并不是我们想象一下就能够圆满实现，而是通过勤劳的双手，一点点开拓、一点点谋求、一点点争取。

"天下事有难易乎？为之，则难者亦易矣；不为，则易者亦难矣。"意思是说：天底下的事有困难和容易之分吗？只要肯付诸行动，困难的事也变得容易；如果不躬行实践，容易的事也会变困难。行动，是解决一切困难、问题的良药；行动，是体现一切价值、意义的阶梯；行动，更是取得一切成功、成就的唯一路径。

3. 秋收，即是归宿

在人生的道路上，当我们有所计划、有所行动，并且有所成就的时候，我们距离真正的幸福和快乐，往往还差最后的一小步距离。

我们要善于将自己的时间、财力、知识、阅历反馈给我们自己、反馈给家庭亲人、反馈给行业工作、反馈给城市社会……如此，我们才能将自身的资源、收获和功绩，真正转化为幸福的归宿。

就比如：

用自己的时间，经营一项属于自己的兴趣爱好，让自己的人生更加多姿多彩；

用自己的收入，满足家庭亲人的生活需求，让家人们丰衣足食；

用自己的知识，让一个行业岗位发扬光大，给团队同事带来新的契机；

用自己的阅历，给整个城市社会带来改善和福祉，使整个城市社会变得更加完善和优异。

如此这样，我们的时间、财力、知识、阅历才能产生最大价值和意义，而不是冷冰冰的价值和数字。

4. 冬藏，即是沉淀

在这个日新月异、包罗万象的时代里，只有懂得沉淀过去的人，才能更好地展望未来，在新的人生旅途上，占得先机，蒸蒸日上。

什么是沉淀？

沉淀是一种低调收敛的处事态度。有些人稍微作出一些功业成绩，就忙于自喜邀功，傲慢得意，结果却乐极生悲，陡转直下，失去了原本的优势和业绩。真正有能力的人，往往懂得收敛锋芒，蓄势再为，把目光放在更加长远的地方，而不是得意于短暂的功劳成就。

沉淀也是一种总结反思的行为习惯。对于每一天、每一月、每一年的成败经历、得失利害，只有通过不断地反思总结，我们才能取其精华，去其糟粕，让自己保持在更加健康、快速、准确的成长道路上。

沉淀更是一种懂得放手的人生智慧。正所谓"拿得起难，放得下更难"。在人生的道路上，我们要懂得给那些越积越多的想法、越堆越杂的欲念、越增越多的贪妄来一次割舍和断裂，从而让自己在人生道路上轻装上阵，不被杂乱无序的生活、情绪所桎梏和拖累。

春、夏、秋、冬四者之间周而复始，循环更替。

如此，既代表着农作物生生不息的生长过程，又代表着我们茁壮自立的人生经历。准备、行动、归宿、沉淀……小事如此，大事亦然！

（资料来源：https://baijiahao.baidu.com/s?id=1676804196496583289）

任务二　3D 打印机

【能力目标】

能够说出 3D 打印机的应用范围。

【知识目标】

1. 了解 3D 打印机的工作原理；
2. 了解 3D 打印机的优势。

一、任务描述

1986 年，美国科学家 Charles W. Hull 首次在他的博士论文中提出用激光照射液态光敏树脂，固化分层制作三维物体的快速成型概念，他将这项技术命名为立体光敏成型技术（SLA），并申请了专利。同年，Hull 成立了 3D Systems 公司，研发了第一台商用 3D 打印机，被称为立体光敏成型设备，如图 6-3 所示。

1988 年，3D Systems 公司推出了面向公众的第一款商业化快速成型机 SLA250（图 6-4），它以液态树脂选择性固化的方式成型零件，开创了快速成型技术的新纪元。经过 20 多年的发展，SLA 已经成为当今研究发展最成熟、应用最广泛的典型 3D 打印技术，在全世界安装的快速成型机中光固化成型系统约占 60%。

1988 年，美国科学家 Scott Crump 发明了熔融沉积成型技术，成立了著名的 Stratasys 公司。

图 6-3　Hull3D 打印的半身像及 3D 打印机 SLA-1

图 6-4　SLA250

二、任务资讯

（一）3D 打印技术

3D 打印是增材制造（Additive Manufacture）的主要实现形式。"增材制造"的理念区别于传统的"去除型"制造。传统机械制造是在原材料基础上，借助工装模具使用切削、磨削、腐蚀、熔融等办法去除多余部分得到最终零件，然后用装配拼装、焊接等方法组成最终产品。而"增材制造"与之不同，无须毛坯和工装模具，就能直接根据计算机建模数据对材料进行层层叠加生成任何形状的物体。

3D 打印技术，是以计算机三维设计模型为蓝本，通过软件分层离散和计算机数字控制系统，利用激光束、热熔喷嘴等方式将金属粉末、陶瓷粉末、塑料、细胞组织等特殊材料进行逐层堆积黏结，最终叠加成形，制造出实体产品。与传统制造业通过模具、车床等机械加工方式对原材料进行定型、切削并最终生产出成品不同,3D 打印将一维实体变为若干个二维平面。通过对材料处理并逐层叠加进行生产,大大降低了制造的复杂度。这种数字化制造模式不需要复杂的工序,不需要庞大的机床,不需要众多的人力,直接由计算机图形数据便可生成任何形状的零件,使生产制造的中间环节降到最小。

用日常生活中的普通打印机可以打印计算机设计的平面图形,而 3D 打印机与普通打印机工作原理相似,只是打印材料不同。普通打印机的打印耗材是墨水(或聚粉)和纸张,而 3D 打印机消耗的是金属、陶瓷、塑料等不同的"打印材料",是实实在在的原材料。打印机与计算机连接后,通过计算机控制可以把"打印材料"一层层地叠加起来,最终把计算机上的蓝图变成实物。通俗地说,3D 打印机是可以"打印"出真实 3D 物体的一种设备。比如打印一个机器人、玩具车、各种模型,甚至是食物或人体器官等。之所以通俗地称其为"打印机",是因为参照了普通打印机的技术原理,分层加工的过程与通常的打印十分相似,这项打印技术也可称为 3D 立体打印技术。

(二)3D 打印技术发展现状

我国 3D 打印技术的研究工作起步于 20 世纪 90 年代初,最早进行 3D 打印技术研究的科研机构包括华中科技大学、西安交通大学、南京航空航天大学、清华大学、大连理工大学、上海交通大学、浙江大学、西北工业大学、中北大学、南京理工大学和北京隆源自动成型有限公司等,这些科研机构早期在各成型工艺和成型设备的研究和开发方面各有侧重,也取得了许多重大成果,如南京航空航天大学研制的 RAP-I 型激光烧结快速成型系统、北京隆源自动成型有限公司开发的 AFS-300 激光快速成型的商品化设备等。

目前仍从事 3D 打印技术研究的高校与科研机构有数十家,在所涉及的基础理论和关键技术的研究方面均积累了较为丰富的经验。当前,部分国产 3D 打印设备已接近或达到美国公司同类产品的水平,价格却便宜甚多,自主研发应用于 3D 打印的材料也逐步趋于完善,材料价格更具竞争优势。总体而言,我国已初步形成了 3D 打印设备和材料的生产与销售体系。

近年来,在科学技术部及省市有关部门的支持下,我国已经在深圳、天津、上海、西安、南京、重庆等地建立了一批向企业提供 3D 打印技术的服务机构,也涌现出了一大批市场化的民营公司投资的 3D 打印服务机构并开始起到积极的作用,推动了 3D 打印技术在我国的广泛应用,使我国 3D 打印技术的发展走上了专业化、市场化的轨道,对我国制造型企业的发展起到了支撑作用,提升了企业对市场的快速响应能力,提高了企业的竞争力,同时也为国民经济增长作出了重大贡献。

目前,3D 打印市场已经度过了启蒙期,正处于快速发展的阶段。相较于发达国家,我国的 3D 打印技术及装备普及程度较差,一方面由于政府及相关机构对该领域的相关研究投入不够,仅对国家自然科学基金、"863"计划等部分项目给予资助,而资助力度仅够完成一些原理性的研究,无法向产品化、产业化的方向发展;另一方面由于国外 3D 打印设备非常昂贵,动辄几十万元,甚至数百万元,这是广大的中小企业或者学校无法负担的,广大的普通民众更无法承受。目前国内的 3D 打印处于仅有零星研究,没有形成"气候"的阶段，这对于发展形成新产业的确是十分不利的，并且很有可能影响我国实现制造强国和创新驱动等战略方向发展的步伐。

国内 3D 打印产业也面临着创新升级的瓶颈。当前，我国 3D 打印技术发展迅速，但与发达国家相比，我国的 3D 打印还停留在概念层面，尚无成熟的营利模式，以 3D 打印为主业的上市公司数量很少，规模很小；从应用层面来讲，低端运用已趋于饱和，工业级应用则由于成本高、技术欠缺等问题，市场占比仅为 20%～30%。目前，我国多数 3D 打印企业的设备集中在民用为主的桌面式 FDM（熔丝沉积制造）3D 打印机，成型产品则局限在玩具、礼品、展会及 3D 影像等市场。

三、任务实施

参观 3D 打印机，体验 3D 打印机的工作过程，并从中国制造、中国梦的角度撰写收获和体会。

四、小结

本次课主要讲解 3D 打印技术的工作原理、优势和发展趋势，使同学们感受从普通打印到 3D 打印技术的变化，感受科技的进步与发展。

五、思考题

1. 说一说 3D 打印机的工作原理。
2. 3D 打印机与普通打印机相比较，优势有哪些？
3. 请查阅资料，谈一谈 3D 打印机对医疗、文化、建筑、食品、汽车等行业有哪些影响？

> **名言赏析**
> 科学技术是第一生产力！　　　　　　　　　　　　　　　　——邓小平

拓展阅读

赤子科技：3D 打印让传统文化与现代科技完美碰撞

"饰有龙纹、凤纹的鼎身，铸有四方神兽的四角飞棱，饰有'中非合作论坛'会徽标志……"2015 年 12 月，中非合作论坛约翰内斯堡峰会上，这款由黑石雕塑主创 3D 设计稿"寰宇四方，命运共同"的"四方共同宝鼎"被中方作为国礼赠送给论坛各非洲成员，让传统元素和大国工匠精神惊艳了世界，见图 6-5。短短 20 天内，从设计到 3D 打印建模、蜡模制作、精密铸造，与时间赛跑。而赤子科技就是 3D 数据精造打印原型的参与者，让中国传统文化与现代科技完美碰撞，让创新的工匠精神交相辉映。

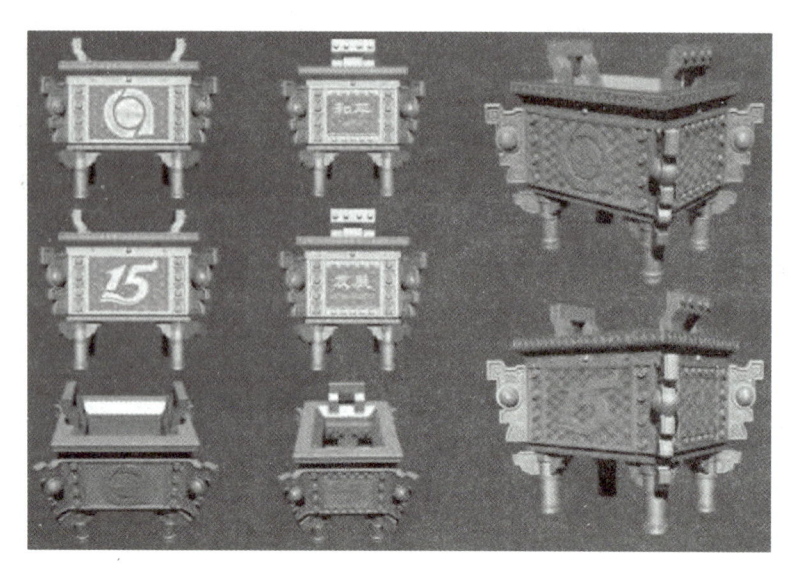

图 6-5　四方共同宝鼎

为什么赤子科技的 3D 打印能脱颖而出呢？

始于情怀，源于执着的创客之路

尽管已在外生活多年，但作为土生土长的白鹿塬人，郗鑫（西安赤子数字科技有限公司创始人）至今还操着一口纯正的塬上话。或许就是这份割舍不断的乡土之情，让陕西"愣娃"的生、冷、蹭、倔特性似乎与生俱来地根植于他的血脉中。而在西安美院雕塑专业上下求索的经历，又在血脉中增添了更多艺术家细腻的气质。

或许，这些因子本应该让郗鑫走上雕塑之路的，但大学期间的一件事却让预期的道路发生偏移。

大学期间，郗鑫特别喜欢一位扬名全国的西安美院教授、西北雕塑大家陈云岗老师创作的《大江东去》雕塑作品。一代文豪苏东坡踞坐如山，目光深邃，衣纹跌宕，翻卷起伏宛如河山。作品在全国美展上获得大奖。既然是可碰触的实物，可他看到的却是陈老师在画集里的描述：尽可能地给观者拍各个角度的照片，传递作者的情感。多好的雕塑最后都要靠摄影平面传递情感给观者。3D 打印的貔貅见图 6-6。

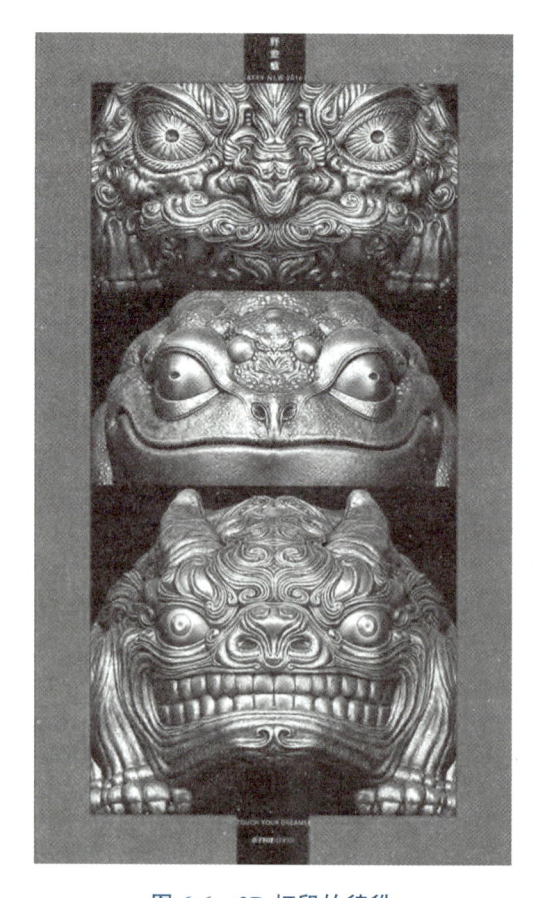

图 6-6　3D 打印的貔貅

"这件事对我触动很大,怎样才能将震人魂魄的雕塑实现 3D 可视化与观者产生共鸣,这是我那段时间一直思考的问题。"郁鑫说。于是,带着这样的问题,西美毕业之后郁鑫来到上海,在 IDMT 环球数码(上海)挥汗学习、PDE 英资游戏开发公司历练,开阔了思路,积攒了宝贵的国际产品级的概念和 3D 制作能力。其间,他发现将雕塑作品数字化——扫描泥塑小稿,再在电脑中精修,运用游戏次世代的技术,能更好地实现雕塑 360°虚拟 3D 化展示,雕塑类人物的 3D 打印见图 6-7。

2014 年 5 月,"赤子科技"正式成立于西安碑林区。而此时,3D 打印的浪潮席卷全国。赤子科技,映照着他和团队的赤子之心。

图 6-7　3D 打印——雕塑类人物

鬼斧神工的 3D 打印

在赤子科技的 3D 打印工区,一台号称西安最大的光固化 3D 打印设备正在日夜不停地工作着。3D 打印只需要把复杂数据通过电脑进行优化拆分,壁厚和支撑设置合理,剩下的事情就交给打印机了。

"相比传统的雕塑,3D 打印省了一个做泥型然后翻模的环节,更快更精确。最终的呈现结果,还可大可小,一个数据,多种尺寸,这在常规传统的制作面前,已经算是魔术般的无限版俄罗斯套娃了。而且工作环境也更干净。"郗鑫说。目前,赤子已经为西安诸多雕塑艺术家提供了解决方案。

深厚的美术功底、丰富的经验和高端的 3D 设备,让郗鑫的团队从众多 3D 打印公司中脱颖而出。用密密麻麻的篆书体构成的秦人头像;镂空的京剧脸谱茶盘;威风凛凛的关二爷;怒目圆睁的韦陀护法;憨态可掬的卡通"兵马俑";宝相庄严的"千手观音";为故宫博物院设计的"文官武将格格";身着宽袍长袖的汉代女子……这一件件具有浓浓中国风的 3D 打印珍品,就是由郗鑫和他的团队操刀完成的,已应用在西安多个旅游景区。

"Touch Your Dream!是我们公司的 Slogan。"郗鑫说,把自己的想法通过电脑的劳作、3D 打印机的效能呈现,能把想法拿在手里。这种过程和实物拿在手里的感觉,有种上帝之手的快感与幸福。所想即所得,人人都可以是造物主。这也正是 3D 打印最美妙之处,文创作品的 3D 打印见图 6-8。

图 6-8 3D 打印——文创作品

在巨人的肩膀上将 3D 打印进行到底

创业过程五味杂陈,荆棘丛生。但在这片赤子之心的坚持下,郗鑫团队 3D 打印之路从未放弃。如今的郗鑫,已经在 3D 打印界小有名气,荣登《3D 打印》杂志封面人物。赤子科技也享誉 3D 打印圈,吸引风投关注和意向投资。

"创业是一个人的理想,却不是一个人的战争。"就在 2017 年,赤子科技正式入驻环大学创新产业带。在这个大家庭里,郗鑫结识了更多志同道合的小伙伴。在微信群里,他主动联系"西安礼物"项目负责人,期待在文化衍生品创作方面联姻。赤子科技也被碑林区评为"碑林区优秀青年创业项目",获得 20 万扶持资金。在碑林环大学创新产业带里,相互融合渗透的资本、信息、人才、政策等,成为赤子茁壮成长的助推器。

独乐乐不如众乐乐。赤子科技还与环大学创新产业带共建了 3D 打印一体化服务平台，建立有序运行的 3D 扫描及 3D 打印一体化服务，建成文创领域 3D 打印产品展示平台，建立 3D 打印人才基地，为更多创业者开放各类资源和服务。

谈及未来，这个掌握着 3D 打印最核心要素——3D 数据优化与重建能力的赤子团队，立意要打通传统文化衍生品和数字制造之间的障碍，用新的技术思路改造提升优化传统文化衍生品的生产流程，让传统文化和现代科技完美碰撞！

（资料来源：https://xian.qq.com/a/20170714/051721.htm）

任务三　办公会议与督导管理

【能力目标】

1. 能够进行会议服务；
2. 能够主持班前会。

【知识目标】

1. 掌握会议服务的流程；
2. 了解班前会的程序。

视频 6-2　办公会议与督导管理

一、任务描述

任务 1　参加一次学校或其他企事业单位的会议服务

检查会议设备设施运转情况，做好会议准备工作，按照会议要求布置会场，做好会议中服务及会后收场工作。

任务 2　主持一次"班前会"

每个人的职业发展都是从基础岗位开始的，随着岗位技能的不断熟练，有些人会逐步发展到管理督导岗。班前会大部分由班组（科室、部门）的督导管理岗人员（科长、部长）来安排，在每天工作前，对具体工作作出安排。学生在企业实习中，主持一次班前会，能更好地了解工作中存在的问题并及时地反映给班组成员，使企业、员工都能充分地认识自己。

二、任务资讯

（一）会议服务流程

1. 会前准备程序

（1）接到办公室通知后，根据会场人数、会议标准及会议性质来摆放所需物品，并按具体准备规定进行。

（2）由办公室安排悬挂会议所需会标及摆放座签，并确认会标内容是否准确无误，座签是否摆放正确。

（3）安排部署好会议服务人员和具体分工，会议开始前半小时准备好热水并打开空调。

（4）在会议开始前半小时，所有工作准备到位、人员到位，迎接客人的到来。

2. 会议服务程序

（1）客人到达后，迎宾人员应面带微笑，对所有来开会的客人都使用礼貌用语"您好""上午好""下午好"。

（2）主要领导到达后，有专人引领到领导座位，并进行拉椅服务。

（3）客人到达后，进行第一次的倒水，倒水时动作要轻，不要发出太大的声响，一般都由两人在会议桌两边同时倒水，倒完水后立即返回，并在会议室门口处站立观察会场动态，盯会者必须大脑精神集中，观察领导及每一位客人的动态，从客人眼神或动作中领会客人需求并及时上前询问解决。

（4）会议进行中，盯会人员根据会议议程，提前将要讲话人员的话筒打开，并将话筒对准讲话人。

（5）开始使用投影汇报时，要关闭投影幕布前的灯，使会场的灯光变为投影模式，汇报结束后，要立即打开幕布前的灯，改为正常模式。

（6）根据大部分客人喝水情况，约为20分钟添一次茶水，若主要领导喝水较快还不到倒水时间，可根据情况先给领导添水，若大部分客人刚进会场喝水较快，可以根据情况全场提前倒水。

（7）烟灰缸有3个及3个以上烟头或者有水果干果皮，要及时更换烟灰缸，主要领导香巾若使用要及时更换，所有更换的物品都以主要领导优先，然后依次进行。

（8）会议期间可根据会场情况适当调节空调温度，会场温度不能过低或过高，若抽烟人数多，烟味大，可将窗户打开1~2扇通风，使会议室内空气保持流通。

（9）会议期间，若领导有重要事情要谈不需要会议服务，服务人员应倒完水后退出会议室在门外等候。

3. 会议结束服务

（1）会议快结束时，提前安排部属送客人员站在门口，通知公寓楼值班室将客人房间准备好，若会议结束后客人去餐厅用餐，要与餐厅及时沟通，提前做好准备工作。

（2）会议结束，立即将所有会议室的门打开，迎宾人员热情送客，使用礼貌用语"请慢走"，盯会人员要给领导拉椅，由专人负责引领领导及客人去房间休息或用餐。

（3）客人离开会议室后，要立即查看会议室有无客人遗留物品，若发现遗留物品及时通知客人，若不清楚是哪位客人的物品，可与办公室联系帮忙转交。

（4）会议结束后，立即清理会场物品，打扫会场卫生，检查设备设施是否全部关闭，锁好会议室门。

（二）班前会

1. 班前会的重要性

班前会，是企业基层管理的重要组成部分，是基层管理干部（班组长）向部属传达上层的意见、布置工作任务、检讨工作绩效的主要途径。

基层管理干部（班组长）可以通过主持班前会来培养锻炼组织能力和领导才能，还可以借此向部属宣传企业的文化理念和管理思想，带动部门气氛并提供良好的沟通园地。

生产人员通过参与班前会，可以培养良好的工作习惯，适应公司的氛围，改变不良行为，使自己的陈旧观念与思想得到更新，并由此提升个人的价值观。

班前会，也是基层管理干部（班组长）向部属进行工作安排、激发工作热情的手段。

2. 班前会的程序

班前点名—整理队列—宣读口号—查仪表、查安全、查精神状态—布置工作—总结表扬。

三、任务实施：参加一次学校或其他企事业单位的会议服务，并撰写实践报告，认真记录实践的收获、成绩和经验教训

具体要求如下：

（1）文明礼貌，谦虚谨慎，勤奋工作；

（2）尊敬领导，团结同事，密切企业合作关系，维护学校声誉；

（3）遵守职业道德规范，保守技术机密和商业机密，不做任何有损实践单位利益的事情。

考核标准如表 6-3 所示。

表 6-3　会议服务技能考核明细表

姓名：　　　　　　班级：　　　　　成绩：

项目	分数	评分细则	A	B	C	D	得分
引领服务	12	1. 站立姿势	2	1	0.5	0	
		2. 淡妆上岗、精神饱满、服饰挺括、佩戴证章	2	1	0.5	0	
		3. 面部表情、礼貌用语	2	1	0.5	0	
		4. 引领姿势标准	2	1	0.5	0	
		5. 引领的位置正确	2	1	0.5	0	
		6. 拉椅让座	2	1	0.5	0	
座次服务	4	1. 座位摆放合理	2	1	0.5	0	
		2. 有主席台时突出主位	2	1	0.5	0	
香巾	8	1. 叠香巾的方法	2	1	0.5	0	
		2. 递香巾的姿势	2	1	0.5	0	
		3. 礼貌用语	2	1	0.5	0	
		4. 撤香巾姿势及礼貌	2	1	0.5	0	

续表

项目	分数	评分细则	得分情况 A	B	C	D	得分
茶水	14	1. 杯垫（与桌边距离 5 厘米）	2	1	0.5	0	
		2. 杯子放杯垫中心	2	1	0.5	0	
		3. 杯把方向一致（45 度）	2	1	0.5	0	
		4. 倒水姿势标准	2	1	0.5	0	
		5. 水位（七分满）	2	1	0.5	0	
		6. 水杯呈一直线	2	1	0.5	0	
		7. 礼貌用语	2	1	0.5	0	
烟缸	10	1. 烟缸距桌 1/3 处（放烟缸垫中心）	2	1	0.5	0	
		2. 更换烟缸的动作	4	3	2	1	
		3. 清理桌面卫生	2	1	0.5	0	
		4. 礼貌用语	2	1	0.5	0	
水果	8	1. 果盘距桌边 2 厘米，水果摆放美观	4	3	2	1	
		2. 纸巾碟与果盘平行放置，纸巾叠放整齐	2	1	0.5	0	
		3. 礼貌用语	2	1	0.5	0	
送客	4	1. 礼貌用语	2	1	0.5	0	
		2. 主动问询客人	2	1	0.5	0	
应变	20	1. 突发事件处理	20	15	10	5	
特色介绍	20	1. 会议室特色	10	6	4	2	
		2. 会议接待常识	10	6	4	2	
总分	100						

评分标准参考表 6-4。

表 6-4 主持"班前会"评分标准

姓名：　　　　　　　　班级：　　　　　　　成绩：

程序和项目	评分细则	分值	扣分
1. 检查仪容仪表	检查表情是否精神、自然	3	
	检查头发、指甲是否符合要求	3	
	检查是否淡妆、不戴首饰、不留胡子	3	
	检查工作服是否整洁	3	
	检查是否有笑容	3	
2. 点名	是否点名	3	
	被点到的人是否答到	3	
	检查声音是否洪亮	3	
	是否进行出勤情况记录	2	

续表

程序和项目	评分细则	分值	扣分
3. 调整	是否调整员工精神状态	3	
	是否观察员工情绪	4	
4. 传达	是否传达饭店的政策、人员变动、经营信息、促销活动	3	
	是否传达各部门的工作指令、工作任务,以及要求和标准	5	
	传递信息是否及时、准确无保留,是否使员工清楚明白	4	
5. 强调	是否强调本岗位劳动纪律、服务程序和服务标准	4	
	是否有监督和落实	4	
6. 专题培训	是否根据工作变化进行简短培训	3	
	培训是否以突发性的问题为主	4	
	是否对近期工作中发生的问题进行分析	4	
7. 通报	是否强调上一班遗漏下来待处理问题	3	
	是否安排专人具体落实	3	
8. 宣布	是否宣布当日重要客人的相关信息	3	
	是否安排责任到人	5	
9. 布置	是否强调要点及特殊事项	3	
	是否对工作进行合理的组织	3	
10. 讲评	是否对工作中出现的问题进行分析	5	
	对表现突出的员工及时给予表扬	5	
11. 落实	是否进行落实当班工作	3	
	是否对当日当班布置工作的落实情况进行检查	3	
	合计	100	

四、小结

企业实践是人才培养方案中的重要组成部分,是学生理论联系实际的重要环节。参加企业实习是学生走向工作岗位前的重要阶段,能使学生初步具备在岗位独立工作的能力,为学生的就业和专业发展奠定基础。组织和准备一次会议,就是很好的实践锻炼机会。了解会议服务流程,能够合理组织开展班前会,对相关专业的学生实习及未来走向工作岗位、晋升都很有必要。

五、思考题

1. 简要说明会议服务流程有哪些。
2. 根据学习内容自己安排一次"班前会",用提纲形式展现出来。

名言赏析

居安思危,思则有备,有备则无患。　　　　　　　　——《左传·襄公十一年》

拓展阅读

关于会议的十点知识

一、凡是会议，必有准备

会议最大的成本是时间成本，没有准备的会议就等于一场"集体谋杀"。

二、凡是会议，必有主题

没有主题和流程的会议，就好比让大家来喝茶聊天，浪费大家的生命。会议的主题，要事先通知与会人员。

三、凡是会议，必有纪律

在会议前先宣布会议纪律。

四、凡是会议，会前必有议程

要在会议之前明确会议议程。会议运营人员要在会前把明确、清晰的书面会议议程发给各参加会议的人员。每一项讨论必须控制时间，不能滔滔不绝，海阔天空。

五、凡是会议，必有结果

开会的目的就是解决问题，会议如果没有达成结果，是对大家时间的浪费。会议的决议要形成记录，并当场宣读出来确认。没有确认的结论，可以另外再讨论，达成决议并确认的结论，马上进入执行程序。

六、凡是开会，必有训练

培训是节约时间成本的投资，让员工快速成长。培养员工，让员工减少犯错，提高技能，本质就是提高时间价值。

七、凡是开会，必须守时

设定时间，准时开始、准时结束。

八、凡是开会，必有记录

一定要有一个准确完整的会议记录，每次会议都要形成决议，会议的各项决议一定要有具体执行人员及完成期限。

九、凡是散会，必有事后追踪

加强稽核检查：要建立会议事后追踪程序，会议每项决议都要有跟踪、稽核检查。

十、最后请记住三个简单却很有意义的公式：

（1）开会＋不落实＝零。

（2）布置工作＋不检查＝零。

（3）抓住不落实的事＋追究不落实的人＝落实。

（资料来源：http://www.doc88.com/p-6708724662405.html）

项目七

在劳动中淬炼成长（学校劳动实践）

> **模块导学**

校园劳动和其他形式的劳动有些不一样，它不仅承担着一定形式的劳动，还肩负着劳动观念的教育。校园是大学生劳动教育的主要场所，也是大学生树立正确劳动观的思想教育基地。学校要培养大学生德智体美劳全面发展，引导大学生崇尚劳动、勤于劳动，在教育教学中弘扬劳动精神，培养大学生在劳动中脚踏实地、勇于创新。这不仅体现了学校关于确定立德树人根本任务的现实要求，还是新时代做好大学生劳动教育的行动指南。劳动教育被清晰明确地定为教育体系的重要组成部分。校园劳动作为劳动教育体系的一部分，是劳动教育理论和实践的完美结合。实践是需要理论进行指导的，大学生在学校学到的劳动教育知识，首先就应当运用到校园劳动中去。校园劳动不但能从思想上培养学生树立良好的劳动价值观，而且能从行动中支持劳动教育的开展，是理论与实践的完美结合。

【能力目标】

1. 在实践中，提高校园劳动实践的能力；
2. 能够切实体会劳动，践行劳动精神。

【知识目标】

1. 熟悉服务校园方面的相关知识；
2. 了解服务校园的意义。

【素质目标】

1. 在劳动中体验劳动最光荣；
2. 激发自觉维护学校卫生的热情，培养公共卫生意识，承担起建设、保护美丽校园的责任；
3. 激发投身垃圾分类的热情；
4. 真正地热爱劳动，并在勤工俭学劳动中获得满足感，从而感受到幸福。

任务一　校　园　清　洁

【能力目标】

1. 在实践中，提升清洁校园的能力；

2. 能够列出校园环境清洁的内容和理解美化校园环境的意义。

【知识目标】

1. 了解校园清洁相关的知识；
2. 能够明确学校室内室外宿舍等空间清洁要求，掌握操作流程。

视频 7-1 服务校园之校园清洁

一、任务描述

在世界卫生日到来之际，学校为了让校园环境焕然一新，组织学生全员对学校教学楼进行大清扫。

二、任务资讯

（一）校园劳动

在校园参加劳动，能够让大学生养成勤奋、实干的好习惯，促进科学作息，有利于增强行动力和执行力劳逸结合，有助于提高大学生的学习效率，有益于身心健康。同时，在校园参加劳动，还能够让大学生体验不同职业的艰辛。在学校劳动中，大学生可以体验到众多的劳动者角色，如保安、清洁工、图书管理员等多个工种，这些工作有利于大学生一边劳动一边观察，自觉养成文明好习惯，主动地去配合安全检查和安全询问，也可以减少乱扔垃圾、乱贴乱画等不文明行为。大学生参与学校的安全、保洁等领域的工作，还能增强主人翁意识，在学习、工作过程中养成良好的行为习惯。

（二）校园劳动的形式

在校园中提升生活劳动素养的途径有认真学习劳动教育课程，参加学校劳动活动。其中，劳动活动主要分为课堂劳动和课外劳动。

1. 课堂劳动

课堂上的劳动主要展现形式是劳动课，学生可以在劳动课上参加劳动，提高自己的动手能力。学校劳动课程大致可以分为劳动健身课程、劳动技能课程、劳动艺术课程和劳动实践课程。

学校生活劳动是指学生在校园内开展的日常性劳动，主要包括打扫宿舍卫生、校园保洁、教学区卫生、绿化美化、勤工俭学等。宿舍、教室和校园是我们生活和学习的地方，宿舍卫生、教室卫生和校园卫生需要我们每个人注意清洁和维护。大家共同行动，才能保持美丽干净的校园环境。

2. 课外劳动

校园劳动的展现形式主要还是课外劳动，学生除了在课堂上学习知识外，其他大部分时间都在课外劳动中学习。课外劳动大致可以分为打扫卫生和参加活动两大板块。

（1）打扫卫生。打扫卫生包括教室卫生、校园卫生、寝室卫生、垃圾分类等。

（2）参加活动。参加活动包括勤工助学和社团活动，校内设立勤工助学岗位，主要是让学生在帮助老师处理日常事务的同时也学会热爱劳动、尊重劳动。

校园生活劳动有其特殊性，既要有集体主义观念，服从分配，又要注意安全，规避危险。在参加校园劳动时，要遵守劳动纪律，从集体利益出发，服从分配，认真完成劳动任务。加强劳动锻炼，养成热爱劳动的习惯。

（三）校园公共环境卫生清洁

校园清洁是大学生劳动教育的重要方面，各级各类学校可通过劳动活动月、劳动周、宿舍卫生、争创文明教室等活动，组织学生进行卫生大扫除，通过清扫劳动，使其养成爱护校园环境的良好习惯。

校园公共环境包括室内环境和室外环境，具体有教室、宿舍、实训室、操场、图书馆、会议室、礼堂、花园、食堂、体育馆等。各级各类学校对于本校的卫生保洁都有一定的标准和规范，总体来讲，主要包括以下几个方面。

1. 室内环境

（1）门窗四壁净，地面屋顶净，灯具及悬挂物净，栏杆扶手及把手干净。

（2）卫生间、盥洗间无臭味、无黄垢、无便迹、无积水、无污迹等，水池无青苔、无堵塞等。

大学生在积极参加学校组织的各项卫生清扫活动之余，在日常生活和学习生活中也要时刻保持卫生意识，做到：①以爱护教室环境为己任，自觉维护校园清洁卫生，做好值日工作；②不乱扔垃圾，并提醒乱扔垃圾的同学；③看到地面上有纸屑等，主动捡起来，教室垃圾桶满了，主动倒掉；④杜绝"课桌文化"，爱护公共财物；⑤上课前，确认讲台、黑板是干净整洁的，给老师一个轻松的上课环境；⑥向"墙壁涂鸦"说不。

2. 室外环境

（1）校园内道路、场地保持干净整洁，地面无明显杂物、无明显积水、无明显污渍；校园内无卫生死角。

（2）草坪、花坛及绿化带内干净整洁，无暴露垃圾及丢弃物。

（3）废物箱、垃圾桶内垃圾杂物少，外表干净。

（4）喷泉、景观水塘和水渠等水域中无废弃物与漂浮物。

3. 宿舍楼卫生清洁

宿舍楼是大学生重要的生活和学习场所，保持卫生尤为重要。大学生要积极参与宿舍卫生大扫除及日常卫生清扫活动。宿舍楼卫生包括宿舍内卫生和公共区域卫生，如洗手间、楼道、洗漱间、洗澡间等。

宿舍内的卫生不仅要依靠同学们通过大扫除、争先进、创文明等活动保持，还要通过日常清洁来维护。

宿舍内卫生清洁标准：

（1）学生宿舍要安排好值日表，轮流值日，保持室内清洁卫生。

（2）宿舍内地面、阳台要整洁、无垃圾、无积水、无杂物，不随地吐痰等。
（3）床铺被褥摆放整齐，床上不准堆放各类杂物。
（4）室内外的墙壁保持干净，不准乱贴、乱写、乱画，不准乱挂衣物及其他物品。
（5）室内家具摆放整齐，桌面保持干净，不乱放物品。
（6）床下干净，鞋子、洗漱用品统一摆放整齐。
（7）每日清理宿舍垃圾，做到人走垃圾无。
（8）门窗玻璃、日光灯等要保持干净，窗台上不乱堆放杂物。

宿舍楼公共区域人流量较大，使用较为频繁，而且经常用水，需要更加注意卫生。宿舍公共区域卫生标准：

（1）每日对走廊、公共卫生间、楼梯间等区域进行卫生清理。
（2）定期对走廊、宿舍及卫生间进行消毒，确保无病菌。
（3）严禁张贴及投放各类宿舍小广告。
（4）禁止向洗漱间、水池、便池等投放各类生活垃圾、剩饭等。
（5）及时清理垃圾桶内的垃圾。

三、任务实施

完成全员大清扫活动，填写表 7-1。

表 7-1 教学楼及宿舍清扫表

项目		分值	卫生要求及评分标准	扣分	得分
教室（含实训室）（45分）	地面	5	每日清扫，全天保洁，无乱摆乱放，无污物、无痰迹、无纸屑、无瓜壳等。未及时清扫扣5分，每发现一处扣0.5分		
	四壁及天花板	5	无蛛网、积尘、乱写乱画、乱张贴，无脚手印等污迹；粘贴面上无积尘污迹。发现一处扣1分		
	电扇、空调、黑板	5	无蛛网、积尘等污迹，黑板槽无粉笔灰。发现一处扣0.5分		
	门窗及窗台、玻璃	5	无污物、无痰迹、无纸屑、无瓜壳等。发现一处扣0.5分		
	讲台	10	讲台用具摆放整齐、有序，桌面无污迹、杂物。发现一处扣1分		
教室（含实训室）（45分）	室外走廊	5	无蛛网、积尘、乱写乱画、乱张贴，无脚手印等污迹。发现一处扣1分		
	卫生工具存放间	5	无蛛网、积尘、乱写乱画、乱张贴，无脚手印等污迹，垃圾容器内无垃圾。发现一处扣1分		
	用具（办公、教学、生活用品等）	5	摆放整齐、有序，桌椅面及用具用品干净无污迹、积尘。发现一处扣1分		
公共区域（15分）	地面、水沟	5	无积尘、无杂草、无积水、无乱摆乱放，无污物、无痰迹、无纸屑、无瓜壳等垃圾。发现一处扣2分		
	垃圾桶	5	垃圾箱正面干净无灰尘、无污迹，平时内部垃圾不超其容积的四分之一，大扫除时间段垃圾箱内无垃圾。发现一处扣1分		
	楼道卫生	5	楼道、墙角无乱堆乱放，无灰尘，无蛛网、积尘、乱写乱画、乱张贴，无脚手印等污迹。发现一处扣1分		

续表

项目		分值	卫生要求及评分标准	扣分	得分
厕所 （20分）	地面、隔断	5	地面无垃圾、无积水、无污垢，隔断无污迹、无污垢、无蛛网。发现一处扣2分		
	墙壁及天花板	5	无蛛网、积尘、乱写乱画和张贴小广告，无脚手印等污迹；粘贴画上无积尘、污迹。发现一处扣1分		
	洗手台	5	可视面洁净，无污垢、污迹、积水，盆、台下面无积水、无积尘、无污物、无污迹。发现一处扣1分；无乱摆乱放，无污物、无痰迹、无纸屑、瓜壳等。无蛛网、积尘、乱写乱画、乱张贴、无脚手印等污迹，粘贴画上无积尘污迹。发现一处扣2分		
	便槽	5	无尿垢，便槽无粪便，冲洗干净。发现一处扣1分		
宿舍 （20分）	地面、四壁及天花板	5	摆放规范、整齐，无积水、无污迹、无异味。发现一处扣1分		
	床上摆置	5	床上无杂物，叠放整齐、平整、不凌乱，床单、被子干净，无异味、无污迹。发现一处扣1分		
	桌面物品摆放、洗漱物品	5	摆放规范、整齐，无积水、无污迹、无异味。发现一处扣1分		
	垃圾桶	5	垃圾桶内垃圾不超过桶容积的五分之四，无异味物品。发现一处扣1分		

四、小结

校园劳动是大学生在校期间参加的主要劳动之一，也是培养大学生树立正确劳动观的主要方式之一。参加校园劳动有助于培养正确的社会主义核心劳动观，有助于养成良好的劳动习惯，有助于培养团队精神。大学生在校园生活劳动中各司其职，互相配合完成任务，有助于培养其团队精神。

在校园参加劳动，能够让大学生养成勤奋、实干的好习惯，促进科学作息，有利于增强行动力和执行力。劳逸结合，有助于提高大学生的学习效率，有益于身心健康。同时，在校园参加劳动，还能够让大学生体验不同职业的艰辛。在学校劳动中，大学生可以体验到众多的劳动者角色，如保安、清洁工、图书管理员等多个工种，这些工作有利于大学生一边劳动一边观察，自觉养成文明好习惯，主动地去配合安全检查和安全询问，也可以减少乱扔垃圾、乱贴乱画等不文明行为。大学生参与学校的安全、保洁等领域的工作，还能增强主人翁意识，在学习、工作过程中养成良好的行为习惯。

五、思考题

1. 除了校园清洁，你还能想到哪些可以为校园服务的事情？
2. 如何组织学生进行校园卫生大扫除？

名言赏析

一屋不扫，何以扫天下。

——清·刘蓉《习惯说》

拓展阅读

重庆一大学组建物业中心，大学生承包校内清洁卫生

中午吃过午饭，邹栋才没有回寝室，而是来到教学楼前自己负责清理的草坪区域，开始拔除杂草。从上学期开始，重庆工程学院辞退了大部分保洁员，将教学楼、学术楼、草坪等非机动车道以外的卫生保洁工作承包给了学生，并优先考虑来自贫困家庭的孩子。

1. 承担校内大部分清洁工作

在重庆工程学院，有约400名学生承包了学校的保洁工作。他们都隶属于花溪物业服务中心，这个中心从组建到运营，全部都由学生自主完成。

目前，学院内除了机动车道清扫和一些垃圾搬运的重体力活，大部分的校内清扫工作都由该中心承担。

服务中心进行公司化运营，设置了经理、主任、部长等职位，进入中心的学生，在申报后，有15天的试用期，试用合格后进行岗前培训。试用期主要考查学生对待工作的态度。

进入中心之后，"员工"基本工资是300元/月，如果工作努力，也有可能升任小组长、部长等"领导"岗位。

2. 如何清扫也是门学问

软件工程专业的李梅是中心的部长之一，她和部门的"员工"一起承包了部分教室的清洁打扫。

"以前在家里，真没怎么做过清洁，加入中心之后，一切都要认真去学才行。"李梅说，即使身为部长，也是划定了清洁区域的。他们的工资要比单纯的工作人员高一些，基本工资+管理工资，每个月可以领到600元。

别小看了管理这个环节。同样身为部长的邹栋才笑言，他们部门的同学每天上岗的时候，都必须打卡。"我们用的是水印相机，中午去打扫的时候，要自拍上传3张照片，包括打扫前后的清洁程度，每张照片上面都有时间标志。"

同学做过清洁后，部长或小组长们还要不定时巡查。同时，服务中心也设置了专门的检查部门和投诉渠道。

学院内部分厕所也由学生承包，工资比清扫教室要高一些。学生小陈说，清扫厕所很脏很累，但对自己是一种锤炼。

3. 增强学生社会责任感

这个服务中心面向全校招聘，但会优先考虑贫困生，其中9成以上的学生都来自贫困家庭。

"由学生承包校内清洁卫生，效果越来越好，最起码干净程度比以前有所提高。"学院党委副书记盛友兴说，学院设立的这个平台，可以锻炼大学生吃苦耐劳和生活自理的能力，"他们能够更好地体会父母挣钱的不易"。

在盛友兴看来，在服务中心做事，不仅仅是为学生获得一些生活费，在社会化岗位的亲身体验，也是为学生毕业求职时积累的一笔财富。

"下一步,学院还准备将服务的范围拓展,除一些关键性的岗位,比如保安等,更多不存在职业风险的岗位将全部拿给学生进行尝试。"

(资料来源:重庆晨报)

任务二 垃 圾 分 类

【能力目标】

1. 能分辨可回收物、有害垃圾、厨余垃圾和其他垃圾,可独立实现垃圾分类;
2. 在实践中,养成崇尚劳动的观念和环保意识。

【知识目标】

掌握垃圾分类的知识和方法。

视频 7-2 服务校园之垃圾分类

一、任务描述

为引导大学生培养良好的生活习惯和环保意识,树立绿色健康的生活理念,学校组织了以"垃圾分类'净'学校,演绎校园新风貌"为主题的生活垃圾分类活动,倡导师生们爱护环境、保护地球。请完成垃圾分类及垃圾处理,填写表 7-2。

表 7-2 垃圾种类及垃圾处理

主要分类	可回收垃圾	厨余垃圾	有害垃圾	其他垃圾
分类定义				
主要种类				
处理方法				
分类好处				

二、任务资讯

(一)垃圾分类

清扫完毕后另一项重要的任务就是处理垃圾,无论是学校还是家庭,各种垃圾从未间断过,那么如何更加有效率、更加环保地处理这些垃圾呢?这时候必须要先对垃圾进行分类。

垃圾分类,一般是指按一定的规定或标准将垃圾分类储存、投放和搬运,从而转变成公共资源的一系列活动的总称。

(二)垃圾分类的意义

(1)改善人们的生活环境。生活垃圾如果随意堆放或简单填埋,会污染土壤、水源和空气，还会滋生大量蚊蝇和细菌，传染疾病，直接危害人们的身体健康。混合垃圾在收集、运输、处理过程中容易发酵，产生渗沥液，污染环境。因此，垃圾分类是保护环境的重要举措。

（2）有利于资源循环。如果不分出厨余垃圾，可回收物就会被污染，只能被焚烧、填埋，这将降低资源的利用率。而通过垃圾分类把废弃物中有回收利用价值的纸类、塑料类或玻璃类、金属类、织物类及电器类分离出来循环利用，就可以减少垃圾处理量。

（3）促进全民文明素养的提升。垃圾分类是一项需要全民参与的系统工程，垃圾分类把大家紧紧联系在一起。每个人、每个家庭都实行垃圾分类，就能共同缔造美好生活环境。这不仅是城市治理能力的体现，还是文明素养提升、文明习惯养成、"绿色意识"增强的重要体现。

（三）垃圾分类的标准

关于垃圾分类的标准，各个省（市）的划分稍有区别。大学生进行垃圾分类时应以本地区垃圾分类的标准为依据。下面以北京和上海为例，介绍垃圾分类的标准。

2020年5月1日，北京市正式实施《北京市生活垃圾管理条例》，规定统一按照厨余垃圾（绿容器）、可回收物垃圾（蓝容器）、其他垃圾（灰容器）、有害垃圾（红容器）进行分类（图7-1）。

图7-1 垃圾桶

（1）厨余垃圾是指家庭中产生的菜帮菜叶、瓜果皮核、剩菜剩饭、废弃食物等易腐性垃圾；从事餐饮经营活动的单位和集体食堂在食品加工、饮食服务、单位供餐等活动中产生的食物残渣、食品加工废料和废弃食用油脂；农贸市场、农产品批发市场产生的蔬菜瓜果垃圾、腐肉、肉碎骨、水产品、畜禽内脏等。其中，废弃食用油脂是指不可再食用的动植物油脂和油水混合物。

（2）可回收物垃圾是指在日常生活或者为日常生活提供服务的活动中产生的，已经失去原有全部或者部分使用价值，回收后经过再加工可以成为生产原料或者经过整理可以再利用的物品，主要包括废纸类、塑料类、玻璃类、金属类、电子废弃物类、织物类等。

（3）其他垃圾是指除厨余垃圾、可回收物垃圾、有害垃圾之外的生活垃圾，以及难以辨识类别的生活垃圾。

（4）有害垃圾是指生活垃圾中的有毒有害物质，主要包括废电池、废荧光灯管，废油漆、溶剂及其包装物，废杀虫剂、消毒剂及其包装物，废胶片及废相纸等。

除此之外，率先开展垃圾分类的上海市，按照可回收物、有害垃圾、湿垃圾、干垃圾标准对垃圾进行分类。

（1）可回收物垃圾是指废纸张、废塑料、废玻璃制品、废金属、废织物等适宜回收、可循环利用的生活废弃物。

（2）有害垃圾是指废电池、废灯管、废药品、废油漆及其容器等对人体健康或者自然环境造成直接或者潜在危害的生活废弃物。

（3）湿垃圾是指易腐垃圾，如食材废料、剩菜剩饭、过期食品、瓜皮果核、花卉绿植、中药药渣等易腐的生物质、生活废弃物。

（4）干垃圾是指其他垃圾，即除可回收物、有害垃圾、湿垃圾以外的其他生活废弃物。

所以，在不同地区，一定要注意分类标准的差异性。

（四）垃圾分类注意事项

人们在家中、学校、工作单位等地处理垃圾时，应将垃圾按本地区的要求做到分类贮存或投放。实施垃圾分类流程时注意做到以下几点：

（1）垃圾收集。

收集垃圾时，应做到密闭收集、分类收集，防止二次污染环境，收集后应及时清理作业现场、清洁收集容器和分类垃圾桶。非垃圾压缩车直接收集的方式，应在垃圾收集容器中内置垃圾袋，通过保洁员密闭收集。

（2）投放前。

对于纸类垃圾，应尽量叠放整齐，避免揉团；

对于瓶罐类物品，应尽可能将容器内产品用尽后，清理干净后再投放；

对于厨余垃圾，应做到袋装、密闭投放；

不同物品进行归类、整理，便于投放，避免麻烦。

（3）投放时。

应按垃圾分类标志的提示，分别投放到指定的地点和容器中。其中玻璃类物品应小心轻放，以免破损，划伤手指。

（4）投放后。

应注意盖好垃圾桶盖，以免垃圾污染周围环境，蚊蝇滋生。

（五）大学生参与垃圾分类的途径

大学生作为社会的重要组成部分，应该起到带头作用，从自己做起，积极做好垃圾分类的宣传、学习和参与工作。学校的各个社团都有一些专门针对垃圾分类的宣传活动，大学生不仅要积极参与组织活动，更要在活动中认真学习垃圾分类知识，并将自己学到的知识传播给他人；号召广大师生、家长、朋友在生活中自觉做到保护环境，支持学校各项活动；配合社区各种工作，共创文明和谐的绿色环境。

三、任务实施

完成垃圾种类划分及垃圾处理，填写表 7-3。

表 7-3　垃圾种类及垃圾处理方式

主要分类	可回收物垃圾	厨余垃圾	有害垃圾	其他垃圾
分类定义	可以回收的垃圾	食品类等剩余废弃物	生活垃圾中的有毒有害物质	除厨余垃圾、可回收物垃圾、有害垃圾之外的生活垃圾，以及难以辨识类别的生活垃圾
主要种类	废纸类、塑料类、玻璃类、金属类、电子废弃物类、织物类等	菜帮菜叶、瓜果皮核、剩菜剩饭、废弃食物等易腐性垃圾；食物残渣、食品加工废料和废弃食用油脂；以及农贸市场、农产品批发市场产生的蔬菜瓜果垃圾、腐肉、肉碎骨、水产品、畜禽内脏等	废电池、废荧光灯管、废油漆、溶剂及其包装物，废杀虫剂、消毒剂及其包装物，废胶片及废相纸等	除上述几类垃圾之外的砖瓦陶瓷、渣土、卫生间废纸、纸巾等
处理方法	通过综合处理进行回收	经生物技术直接处理	一般使用填埋处理	通常根据垃圾特性采取焚烧或者填埋的方式处理
分类好处	可以减少浪费，节约资源	每吨可产生 0.3 吨有机肥料	卫生处理可有效减少对地下水、地表水、土壤及空气的污染	

四、小结

垃圾分类是处理垃圾公害的最佳解决方法和最佳出路，垃圾分类能够使民众学会节约资源、利用资源，养成良好的生活习惯，提高个人的综合素养。绿水青山就是金山银山。生态净则文明兴，垃圾分类，功在当代，利在千秋。让我们从现在开始，从自身做起，自觉践行垃圾分类。

五、思考题

1. 保鲜膜属于哪类垃圾？
2. 包了口香糖的纸巾属于哪一类垃圾？
3. 大学生参与垃圾分类的途径有哪些？

> **名言赏析**
> 世界上没有垃圾，只有放错地方的宝藏。　　——但丁（意大利中世纪诗人）

> 垃圾是放错了地方的资源，是地球上唯一一种不断增长、永不枯竭的资源。这句话是意大利的诗人但丁说的，但丁这句话强调世间万物只要找到适合自己的位置，就能成为有用的东西。在当今社会里，可以用来这句话强调垃圾分类的重要性。当垃圾分类成为一种习惯时，我们也就在无意中挽回了那些即将流失的资源。既然是放错地方的宝藏，通过有效分类管理，就可以挖掘和发挥垃圾的最大价值。

拓展阅读

"加减乘除""百十千万"……解码上海垃圾分类一年间

2019年7月1日，《上海市生活垃圾管理条例》正式实施。实施一年来，上海作为首个"吃螃蟹"的城市，在垃圾分类这件"小事"上庄严立法，全民参与、全程发力。上海市绿化市容局局长邓建平谈起上海垃圾分类一年间的新特点和新挑战，他说了两个词："加减乘除""百十千万"。用"新时尚"改变一座城。垃圾分类能否成功，考验的是市民素质以及从"他律"实现"自律"的转变。有法律法规支撑，有市民全员参与，有志愿者全程引导，上海生活垃圾分类的社会氛围越发浓厚。

"加"体现在：资源化利用实现增量，因为分类细致、纯度高、质量有保障，分出的垃圾得到了更高效的资源化利用，回收利用率达到35%。

"减"落实在：干垃圾处置量减量和垃圾填埋处置比例降低。

"乘"立足在：垃圾分类，社会效益倍增，市民基本养成垃圾分类习惯，居住区垃圾分类达标率从2018年的15%倍增到90%。

"除"着力在：环境污染点大幅减少，撤桶并点、定时投放后，住宅小区环境改善；废物箱减少后，道路公共场所环境卫生保持良好，处置设施污染物排放明显下降。

上海市民到底多给力？即便在大雨倾盆的早上，撑伞赶来倒垃圾的居民也络绎不绝。从一个人的努力扩展到2000多万人的合力，从一户人家的行动到千家万户的行动，"百十千万"的格局悄然演进。

上海的这场垃圾分类绿色转型不仅引领了"新时尚"，提升了城市品质，更释放出环保产业升级的"新动能"。从"新时尚"到"好习惯"，百姓是参与者更是受益者。生活中废弃物品的数量和种类越来越多，准确分类投放确实不易。但为了保护地球母亲，造福子孙后代，我们每个人都必须学会并践行生活垃圾分类投放。

（资料来源：https://www.sohu.com/a/404744968_120244154）

任务三 勤 工 助 学

【能力目标】

在实践中，提升勤工助学的能力素质，为今后顺利走向职场、融入社会打下坚实基础。

【知识目标】

掌握勤工助学的内涵、特点和岗位类型等相关知识。

一、任务描述

新学期学校图书馆需要招聘勤工助学岗位，你觉得在此次招聘助学岗位中如何能够脱颖而出。

二、任务资讯

（一）勤工助学的岗位

除上文提到的清扫校园、垃圾分类等活动外，大学生其实还可以做一些力所能及的事情，如勤工助学。每所学校都会或多或少为学生预留一些带有酬劳的工作岗位，这样不仅可以减轻一些贫困家庭学生的经济负担，解决一些学生的生活费问题，还可以增强学生的实践锻炼能力；同时在学校不同工作岗位的历练还可以服务校园，让学生更加热爱自己的学校，具有强烈的归属感。

勤工助学（或勤工俭学）是高等学校组织学生参加校内的助教、助研、助管，实验室的生产活动和各项公益劳动，从勤工助学基金中支付相应的报酬，使经济困难学生具有稳定、可靠的经济来源的一种资助方式。勤工助学活动由学校统一组织和管理。

从岗位来源来看，勤工助学的岗位分为校内岗和校外岗。校外岗也纳入学校管理。

从勤工助学的时间来看，勤工助学的岗位分为固定岗位和临时岗位。固定岗位是指持续一个学期以上的长期性岗位和寒暑假期间的连续性岗位。临时岗位是指通过一次或者几次勤工助学活动即完成任务的工作岗位。

从勤工助学的岗位工作内容来看，勤工助学的岗位主要有：

（1）教学辅助工作，如校教务信息员、学院教务助理等。

（2）科研辅助工作，如兼职实验员，参与教师科研工作，承接校内外研究项目等。

（3）院内管理工作，如党总支工作助理、学生工作助理、共青团工作助理、图书馆管理员、校园治安员等。

（4）校内生活服务、环境美化和卫生保洁工作，如帮厨、膳食助理，各类卫生保洁工作。

（5）临时搬运和卫生、绿化工作。

（6）家庭辅导教师。

（7）校外科技实践活动。

（8）其他适宜学生从事的工作。

（二）勤工助学中的安全保护

《高等学校学生勤工助学管理办法》对学生在校期间勤工助学做了相关规定。同时，各大中专院校针对自己学校的情况也分别出台了相关管理规定。学生在校期间，如果要参加勤工助学，不仅要了解国家的政策，还要了解本学校的相关政策。

1. 勤工助学中的劳动保护

学校要加强对用人单位招聘和使用学生的过程进行监督，对有损学生合法权益的行为应予以纠正，甚至取消用人单位招聘学生勤工助学的资格。要保证学生参加勤工助学时依法享有劳动保护。

2. 勤工助学中的报酬保障

2018年9月，教育部印发《高等学校学生勤工助学管理办法》修订稿。新规调整了大学生校内勤工助学临时岗位的薪酬，由原来的原则上不低于每小时8元调整为每小时12元；参加勤工助学的时间原则上每周不超过8个小时，每月不超过40个小时。学生在勤工助学过程中要切实保障自己的合理报酬，防止被克扣和拖欠。学生参加校外勤工助学的酬金标准不低于学校所在地政府或有关部门规定的最低工资标准，具体数额由用人单位、学校与学生协商确定，并写进聘用协议。

3. 勤工助学中的人身安全

高校安排勤工助学岗位，应优先考虑家庭经济困难的学生。对少数民族学生从事勤工助学活动，应尊重其风俗习惯；不得组织学生参加有毒、有害和危险的生产作业以及超过学生身体承受能力、有碍学生身心健康的劳动。禁止学生参加高空作业、污染严重、放射性强等易对人体造成伤害和威胁的工作以及其他不适合学生承担的工作。

（三）勤工助学中的侵权应对

在勤工助学过程中，如果出现权益受到侵害的情况，学生要第一时间通知校方，而不要私自解决。在校内开展勤工助学活动的，学生及用人单位须遵守国家及学校勤工助学相关管理规定。学生在校外开展勤工助学活动的，勤工助学管理服务组织必须经学校授权，代表学校与用人单位和学生三方签订具有法律效力的协议书。签订协议书并办理相关聘用手续后，学生方可开展勤工助学活动。协议书必须明确学校、用人单位和学生等各方的权利和义务，开展勤工助学活动的学生发生意外伤害事故的处理办法及争议解决方法。

在勤工助学活动中，若出现协议纠纷或发生意外伤害事故，各方应按照签订的协议协商解决。若不能达成一致意见，则按照有关法律法规规定的程序办理。

三、任务实施

新学期，学校要招聘图书管理员，根据以下招聘条件，满足的打"√"。

表 7-4 图书管理员招聘要求

岗位种类	图书馆借还管理岗	符合的打√	图书整理员	符合的打√
招聘人数	2		2	
招聘对象	家庭贫困学生		家庭贫困学生	

续表

岗位种类	图书馆借还管理岗	符合的打√	图书整理员	符合的打√
招聘时限	当前学期		当前学期	
工作时间段	8:00—12:00 14:00—18:00 19:00—20:50		8:00—12:00 14:00—18:00 19:00—20:50	
工资待遇	参照学校勤工助学标准发放，聘期结束，对考核合格者出具学校实习证明		参照学校勤工助学标准发放，聘期结束，对考核合格者出具学校实习证明	
基本技能	（1）了解书刊的分类、编制书目索引，以及各科书所在的具体位置。 （2）知晓图书馆管理细则，审查借阅者身份、维护图书馆秩序及防止偷书行为的发生。 （3）了解如何对购买的图书进行登记、盖收藏章、打分类号、归类、存列，整理书籍，按次序上架等基本工作，保证书籍排放整齐、正确。 （4）对工作内容要充分了解，做好应对工作的心理准备和服务技能准备		（1）掌握文献著录规则、编目及书目数据的相关知识，工作细致、踏实稳重，责任心强、勤奋、敬业，热爱文档管理工作。 （2）审查借阅者身份、维护图书馆秩序及防止发生偷书行为。 （3）办理图书借还手续，审查归还图书有无残损、污染，依规定对损坏图书行为进行处理；生成催还图书报表，敦促逾期借书者还书，对逾期者按规定罚款	
岗位职责要求	（1）要求责任心强，工作踏实仔细，能够很好地完成交付的各项工作任务。 （2）做好书本整理、上架及统计添加、删除和修改图书借阅者的基本信息等工作。 （3）协助学校图书管理员完成其他工作		（1）要求责任心强，工作踏实仔细，能够很好地完成交付的各项工作任务。 （2）做好书本整理、上架及统计添加、删除和修改图书借阅者的基本信息等工作。 （3）对书籍进行定期除尘，做好防火、防虫、防潮等工作。 （4）协助学校图书管理员完成其他工作。	

四、小结

学校相当于我们的另一个家，在这个校园里充满了我们的欢声笑语，留下了我们成长的足迹，奠定了我们成长的坚实基础，所以校园的美好需要每一位学生来共同守护。参与勤工助学等校园志愿服务活动，既能提高学生的基本动手能力和技巧，又能培养大学生吃苦耐劳的良好品质。

五、思考题

1. 如何能在应聘图书管理员时脱颖而出？
2. 勤工助学对于个人来说，有哪些作用？
3. 除了校园清洁、勤工助学，你还能想到哪些可以为校园服务的事情？

> **名言赏析**
>
> 勤工俭学的意义还在于它能够培养和发挥青年的创造性和才能。如果我们给青年安排一条轻便的道路，他们只需饭来张嘴，上课就念书，什么也不管，这样我们就会害了青年，会使聪明人也变成傻瓜。
>
> ——徐特立

拓展阅读

大学生劳动教育的价值意蕴

《中共中央国务院关于全面加强新时代大中小学劳动教育的意见》（以下简称《意见》）于2020年3月正式发布。《意见》指出，"劳动教育是中国特色社会主义教育制度的重要内容，直接决定社会主义建设者和接班人的劳动精神面貌、劳动价值取向和劳动技能水平"，要"把劳动教育纳入人才培养全过程""促进学生形成正确的世界观、人生观、价值观"。"青年兴则国家兴，青年强则国家强。"大学，是大学生世界观、人生观、价值观确立的关键时期。劳动教育，可以让大学生立足实践，认识世界，探索真理，不断完善自己。马克思说："历史承认那些为共同目标劳动因而变得高尚的人是伟大的人，经常赞美那些为大多数人带来幸福的人是最幸福的人。"当代大学生应不畏艰难、百折不挠、敢于担当，在劳动中增阅历、长才干、坚意志、熟技能、知荣辱、懂感恩，为美好的未来做好思想、信念、人格、品质上的准备。因此，大学生的劳动教育要以习近平新时代中国特色社会主义思想为指导，落实立德树人根本任务，把握育人导向，遵循教育规律，培养出为人民大众劳动、为党为国家奉献的新青年。

一、全部社会生活在本质上是实践的

物质生产实践是人类最基本的实践，其中的劳动实践则是我们生产和发展最重要的实践形式之一。恩格斯指出，"劳动是整个人类生活的第一个基本条件，而且达到这样的程度，以至于我们在某种意义上不得不说：劳动创造了人本身"。正确理解"劳动创造了人本身"这一哲学命题，可以使青年大学生了解世界、认识自我、认知劳动，树立马克思主义劳动观。

新时代大学生劳动教育肩负着重要的世界观培育功能。通过劳动教育，广大青年学生可以更加深刻地理解劳动的本质、价值和方式，认清劳动与社会发展的关系，以科学理性的态度对待劳动、劳动者、劳动方式。通过劳动教育，可以让青年学生在了解自然、认识世界的同时，也了解人民的疾苦及劳动在社会发展进程中的重大作用，加深广大青年学生对社会历史发展的理解，最终形成正确的新时代劳动价值观。劳动观决定劳动态度，劳动态度影响劳动者的精神面貌。通过劳动教育，有助于大学生养成踏实、勤奋、严谨的劳动品质，使其在劳动实践中成长、成才。作为进入社会前的最后一站，大学的劳动教育可以帮助青年学生正本清源，反求诸己，思考如何才能紧跟时代，夯实基础，服务社会，真正成为社会主义事业的建设者和接班人。

二、劳动光荣，创造伟大

新时代大学生应该树立以劳动为基础，以知行合一为取向的人生观。当代大学生知

识丰富、视野开阔、思维活跃，但是也有个别大学生厌恶劳动、拈轻怕重、浮躁懒惰、耽于幻想，只是学习了一些书本知识，没有实践的检验，缺乏劳动的锻炼，这样的精神面貌和价值取向，使得加强大学生劳动教育迫在眉睫。新时代大学生劳动教育，一方面要使大学生通过对劳动意义的学习，坚定劳动的信念；通过对劳动规律的学习，掌握劳动的方法；通过对劳动规章的学习，遵守劳动的纪律。另一方面，要鼓励大学生走向田间地头，走向工厂社区，以人民群众为师，以公共服务为业，实现知行合一的真正的劳动实践。

马克思说："我的劳动是自由的生命表现，因此是生活的乐趣。"新时代大学生劳动教育，就是要着眼于新时代发展的特点，结合大学生思想观念的实际情况，依托大学的教育资源，和社会密切合作，引领大学生努力劳动、艰苦奋斗，深刻理解"空谈误国、实干兴邦"的道理，树立通过劳动中的知行合一实现真正幸福的人生观。大学生对幸福的理解决定了他们以后的成长道路和成才方向，也决定着他们将来对社会的奉献程度，只有通过劳动教育和劳动实践，培养正确的幸福观和择业观，才能使大学生形成优秀的人格、品质、意志，形成坚定的符合社会主义核心价值观的思想和精神面貌。

三、人民创造历史，劳动开创未来

通过劳动教育可以更加坚定大学生的社会主义信念。劳动是中国人民的本色，习近平总书记指出："我们的根扎在劳动人民之中。在我们社会主义国家，一切劳动，无论是体力劳动还是脑力劳动，都值得尊重和鼓励。"在中国特色社会主义制度下，劳动者主体通过劳动实现物质文明和精神文明的进步，获得自由与发展，也必将通过劳动实现中华民族伟大复兴。新时代意味着新发展，但是社会主义的内核不能丢，中国共产党的优良传统不能变。劳动教育可以帮助大学生深刻理解参与社会主义劳动的意义和价值，培养他们身体力行、踏实奋进的劳动品质和以崭新的劳动精神面貌、劳动价值取向和劳动技能水平向新时代献礼的价值追求。

新时代大学生劳动教育，不仅承载着劳动育人、劳动创新的时代任务，更承载着砥砺大学生公共服务精神的教化功能。大道之行，天下为公。毛泽东同志指出，劳动英雄和模范工作者"有三种长处，起了三个作用"，即带头作用、骨干作用和桥梁作用。新时代大学生劳动教育有助于培养大学生勤俭、奋斗、创新、奉献的劳动精神，培养他们服务社会、服务他人的奉献情怀和服务意识，培养他们通过劳动实践磨炼意志、砥砺品格，进而实现人生价值的能力，最终通过劳动培养大学生成为为人民服务的骨干。

习近平总书记指出："必须牢固树立劳动最光荣、劳动最崇高、劳动最伟大、劳动最美丽的观念。"社会主义的大学培养的是社会主义建设者和接班人，大学生不仅要在德智体美上成为优秀的时代新人和未来实现中华民族伟大复兴中国梦的主力军，也必须从劳动中体验生活的本质，了解社会责任，明确奋斗方向。新时代大学生要在劳动中展现精神面貌、在劳动中修正价值取向、在劳动中提高技能水平，为实现美好生活给自己定目标、加任务、压担子。在新时代，大学生劳动教育要育人优先、遵循规律、着力创新，培养大学生树立马克思主义劳动观，引导大学生树立辛勤劳动、诚实劳动的理念，让劳动光荣、创造伟大成为铿锵的时代强音。

（资料来源：http://news.bjtu.edu.cn/info/1003/32320.htm）

项目八

在劳动中创造价值（社会劳动实践）

▶ 模块导学

社会劳动实践是学校教育的一种延伸，是大学生走出校门、接触社会、了解国情、学以致用的重要机会，是大学生投身社会建设、向群众学习、锻炼才干的重要渠道，是提升大学生思想觉悟、增强大学生服务社会意识、促进大学生健康成长的有效途径。

【能力目标】

1. 通过社会劳动实践，正确认识社会，提高学生服务社会的能力；
2. 培养学生养成尊重他人、帮助他人、服务社会的意识，促进其全面发展。

【知识目标】

1. 了解服务社会劳动实践的意义；
2. 熟悉服务社会方面的相关知识。

【素质目标】

1. 掌握社会技能，利用专业技术技能奉献社会，同时提升自己的社会技能；
2. 真正地热爱劳动，并在服务社会中获得满足感，从而感受到幸福。

任务一　支　教　活　动

【能力目标】

1. 掌握参加支教活动的方法，关注支教活动中应重视的问题；
2. 激发投身支教活动的热情，提升服务社会和劳动实践的能力。

【知识目标】

1. 了解支教活动的基本知识和相关内容；
2. 在服务社会中，了解参加支教活动、奉献社会的意义。

视频 8-1 服务社会之支教活动

一、任务描述

1998 年 7 月 6 日，共青团中央、教育部发布《关于实施青年志愿者支教扶贫接力计划有关政策的意见》（以下简称《意见》）。《意见》指出，为充分开发青年人力资源，促进广大青年在实践中锻炼成长，加强社会主义精神文明建设，同时缓解贫困地区教师数量不足、质量偏低的问题，根据中央领导的指示，中央文明办、共青团中央从1998年开始组织实施青年志愿者支教扶贫接力计划。这项计划以公开招募、定期轮换的方式组织具有一定文化水平的青年志愿者到贫困地区从事1~2年中小学教育和科技、文化、医疗等方面的志愿服务。自此开始，中华大地掀起了扶贫支教的热潮。时至今日，支教活动热度不减，每年都有大量青年学生主动请缨，参与到支教队伍中。

请你以支教学生的身份，参考表8-1中的内容，设计一份完整的支教活动方案。

表8-1 设计一份支教活动方案

序号	项目	内容	备注
1	教具准备		
2	参与人员		
3	活动设计		
4	安全保护		
5	考核评价		

二、任务资讯

习近平总书记指出："扶贫必扶智，让贫困地区的孩子们接受良好教育，是扶贫开发的重要任务，也是阻断贫困代际传递的重要途径。""十年树木，百年树人"，教育扶贫能让贫困地区的孩子掌握知识、改变命运、造福家庭，是最有效、最直接的精准扶贫。摆脱贫困，不仅要摆脱物质的贫困，也要摆脱意识和思路的贫困。暂时的贫穷并不可怕，怕的是智力不足、头脑空空；怕的是知识匮乏、精神委顿。在扶贫工作中，如果一味地依赖外部力量帮扶，不重视提升贫困群众的教育、文化水平和综合素质，振奋他们的精神风貌，光"输血"不"造血"，"授人以鱼"而不"授人以渔"，一旦外部力量撤走，"返贫"现象极易发生，势必影响扶贫脱贫的质量和效果。因此，脱贫致富不仅要注意富口袋，更要注意富脑袋。"扶贫先扶智"决定了教育扶贫的基础性地位，"治贫先治愚"决定了教育扶贫的先导性功能，"脱贫防返贫"决定了教育扶贫的根本性作用，而这些都离不开教师，所以我们很多有志青年将自己的青春奉献给了支教。

案例分析

孙丽倩：从志愿者到特岗教师

参加西部计划大学生志愿者行动的河北支教教师孙丽倩扎根阿勒泰，帮助当地贫困学生完成学业。

2006年7月，孙丽倩从石家庄科技工程职业学院（现河北正定师范高等专科学校）毕业，刚刚毕业便来到了新疆阿勒泰市切木尔切克乡寄宿制中学，开始了为期一年的支教。孩子们大多来自偏远的村子和贫困家庭，营养不良问题普遍存在。为此孙丽倩坚持自己做饭，不再买新衣服，团中央发的每月 600 元生活费，她也节省下来资助贫困学生。一年的志愿期结束时，孙丽倩没有选择离开。2007 年，她以报考科目第一名的综合成绩考入阿勒泰地区富蕴县喀拉通克乡一中，今年新学期，孙丽倩被分配到富蕴县初级中学担任高中语文老师并带班："现在也是想各种办法把自己的班带好，当一个好老师。"

除了"西部计划大学生志愿者"，孙丽倩还有着另外一个"志愿者"身份——"中国麦田计划"志愿者。多年来，孙丽倩的足迹遍布了阿勒泰的角角落落，募集图书、书包、文具、体育器材。2006 年 8 月起，孙丽倩共为贫困孩子发放资助款 25 万元。孙丽倩说："希望更多的志愿者能到新疆来，我觉得新疆真的很漂亮，还有就是新疆的人很淳朴。希望自己能够有更多的时间来做麦田，也希望麦田在阿勒泰能够帮助更多的人。"

想一想：思考孙丽倩身上有哪些值得我们学习的良好品质。

（一）扶贫支教的意义

在不少人看来，每年暑假，很多大专院校都会安排学校中表现优异的学生到一些教育条件相对落后的地区进行支教，很多人质疑这种短时间的支教不过就是一种学生扩大自己的影响力、为自己的简历添光彩和树立良好形象的形式主义，质疑他们是在作秀，实则不然，这些在短时间内进行下乡支教活动的老师，并不一定要为孩子们带去多么深厚的文化知识，也不一定要让他们学会那么多基础知识，而是要让他们感受到学习的乐趣，通过这些支教老师的耳濡目染，让他们更好地理解学习的意义所在，只有这样他们才能在日后的学习和生活中，拿出自己最积极昂扬的一面，去做一个真正有担当、有抱负的青年学生，这才是下乡支教的意义。

大学生支教作为高校公益活动的主要形式之一，其积极意义在于引导大学生以脑力劳动为依托，以培育爱国精神为根本，培育社会责任感，践行劳动实践理念，其重要意义有以下几点。

1. 以脑力劳动为依托，接受劳动教育

众所周知，劳动分为体力劳动和脑力劳动两种。支教作为脑力劳动中的一种方式，是大学生体验劳动精神、树立劳动观念的重要途径之一。通过扶贫支教，大学生在利用所学知识、传授所学知识的同时，又能够体会到脑力劳动的乐趣，加深对脑力劳动的了解，这对青年学生树立劳动观念有着重要的实践意义。

2. 以爱国精神为根本，升华劳动观念

扶贫支教的最终目的是改变贫困地区教育落后的现状和面貌，均衡国家教育资源和力量，以达到教育均衡发展的目的。扶贫支教在中国大地规模空前。大学生能够参与这样具有时代意义的活动，对爱国精神会有更加深刻的体会。同时，在支教过程中，大学生通过自己的劳动为国家、社会、他人作出应有的贡献，对于大学生体验劳动的收获感、培养劳动自豪感具有重要意义。

3. 以提高综合能力为目的，为全面参加社会劳动打基础

在支教过程中，大学生需要进行各方面的劳动准备和实践。"台上一分钟，台下十年功"，这句话对台上的教师同样适用。尤其对于没有教学经验的青年大学生而言，要想在支教中获得良好的教学效果，需要做好很多方面的准备工作。比如支教前，大学生需要对当代中国的教学形式、教学理念、教学改革、教学技术、教学方法、教学评价等有大致而深入的了解，需要对教师职业道德进行系统的学习，需要对支教地区的教育现状、所教授的学生群体有所了解，需要对支教的课程内容有深入的把握，需要对该课程适合采用的教学方法进行深入研究。不仅如此，在支教过程中，对学生的生活、学习、思想等各个方面的问题，支教教师都要有应对和解决的能力。通过支教，可以进一步锻炼自己，实现自我价值，不断地完善自己的人际交往能力；通过集体活动，可以形成"镜子效应"，看到自身的不足，不断地完善自己；而且支教环境的艰苦能让我们的适应性和耐受性增强；支教中的心得体会甚至会影响自己的人生观，在支教中不断实现自我价值，有利于建立正确的人生观、自我价值观。

在上述过程中，支教教师需要具备较强的综合能力。在学习、实践和总结的过程中，大学生可从多个方面体会劳动的复杂性、深刻性和挑战性，为以后全面参加社会劳动打下良好的基础。

（二）扶贫支教的类型

从总体上来讲，大学生参加的扶贫支教有两种类型：一种是政府部门、学校组织的支教，也就是官方组织的支教；另一种是民间组织发起的支教或个人进行的支教。

1. 官方组织的支教

官方组织的支教活动有多个层次。2003年，教育部、共青团等部委联合发起的"大学生志愿服务西部计划"，中央财政对该计划给予适当支持，从高校毕业生中招募志愿者，到西部贫困县的乡镇一级教育、卫生、农技、扶贫等单位服务2年，服务期间计算工龄。志愿者服务期满后，鼓励其扎根基层或者自主择业和流动就业；愿意报考研究生、党政机关和应聘国有企事业单位的，仍可享受上述在艰苦地区工作2年或2年以上人员的优惠政策。作为实践育人工程，这一计划对引导具有理想主义情怀的青年人通过火热的西部基层实践，进一步坚定理想信念、锤炼意志品格、升华志愿情怀有着不凡的意义；引导和帮助高校毕业生树立正确的就业观与劳动观，并为他们搭建了到西部、到基层、到祖国和人民最需要的地方干事创业的通道与平台。

共青团中央发起的"扶贫接力计划"采取公开招募和定期轮换的方式，动员和组织青年以志愿服务的方式到贫困地区开展为期半年至2年的教育、农业科技推广、医疗卫生、乡镇企业发展等方面的服务工作，服务期满后，由下一批志愿者接替其工作，从而形成接力机制。"扶贫接力计划"实施多年，造就了大批青年学生通过自己的劳动奉献社会。此外，各级省政府也会组织省级的支教活动。各高校则有学校组织的支教活动。大学生可根据自身需要选择报名，申请参加。

2. 民间组织或个人支教

很多社会团体，如志愿组织、大学生社团等也会组织大量的支教活动。有精力的大学生可以通过这些组织报名参加支教。同时，有些需要教师的学校也会在网上发起需求，有精力的大学生可以自行参加。

（三）大学生参加扶贫支教的注意事项

（1）个人准备。到西部贫困地区支教会遇到很多困难，如语言上的、饮食上的、环境上的、心理上的、习惯上的、感情上的、思维方式上的等。因此自己一定要事前做好充分的准备。其实支教的时间有限，能做的事情更有限。但我们可以做好这件事情：激发孩子们的学习热情和奋起的精神，为他们的心灵打开一扇通向外界的窗口。其实，教育不应是一桶水，而应该是一把火、一把点燃孩子心灵的火。所以，大学生在去支教前要做好过苦日子的心理准备，静下心来，学会动手照顾自己的生活，之后才能在支教中真正做到帮助他人。

（2）要充分重视前任支教教师的总结以及当地教师的意见，尤其是在学生管理方面。前任支教教师和当地教师经过多年的经验积累，对本地区、本班学生的基本情况更为了解，也在实际教学中积累了更多的经验，他们总结出的一套教学管理体系、办法和技巧往往是"接地气"的。大学生初来乍到，对当地情况不了解，仅凭在校期间学习的教育理论就想从根本上打破原有的教育氛围，是不切实际的。如果有更好的建议，要和当地教师进行深入的沟通和交流，达成一致意见后才能循序渐进地实施。毕竟，教育不是一朝一夕之功，要在实践中慢慢摸索，慢慢总结。

（3）在教学上，没有固定的方法和理念，要有创新的精神。到底用什么方法能够激发学生的学习兴趣，培养学生养成良好的学习习惯，是教师一生的必修课。大学生要在有限的支教时间里多学习教育理论、多研究教育案例、多实践总结，方能从中有所收获。

（4）切忌用物质刺激学生。支教的本意是输出知识的力量，而非物质的力量。因此，支教大学生切不可大肆发送物品，以博得学生的欢心和自己的满足。适当的奖励可以，但千万不要发放无度或没有原则，否则学生的价值观会被扭曲，一旦教师离开或发送物质终止，反弹太大，适得其反。

（5）入乡随俗。支教大学生要尊重当地的风土人情，尊重当地居民的生活习惯和习俗，切不可挑战当地的一些习俗。尤其是进入少数民族地区支教的大学生，更要提前学习该民族的风土人情，尊重他们，理解他们，向他们表达友爱，团结各民族力量。

三、任务实施

为了更好地服务当地的教育发展，在支教前我们必须要有所准备，请同学们按照表 8-2 的支教活动方案，准备好支教所需物品。

表 8-2　支教活动方案

序号	项目	内容	备注
1	教具准备	计算机、投影仪、教材、备课本等	
2	参与人员	支教学生	
3	活动设计	一、前期准备 　1. 准备教案 　（1）教案的基本格式包括支教时间、年级、支教人员、课堂主题和目的、教学过程、具体流程等。 　（2）注意所收集的材料不能仅仅是纸张的堆积，而是形成一定的系统，自己对这些材料要完全熟悉并能在课堂上灵活运用。同时，收集的材料要量大而优，如果材料收集得不充分，在农村则是很难再收集的。 　（3）在写教案时要根据不同年龄段、不同年级学生的接受程度来设计。对于低年级的学生，课堂内容可以多趣味性、浅显一些；而对于高年级的学生，课堂内容可以相对深奥一点。 　（4）教案要尽可能详细，课堂的每个环节都要显示出来，同时要安排好时间，不能出现拖堂现象。 　（5）讲课内容要将思想性、知识性和趣味性相结合。 　2. 准备随身物品 　（1）被褥、换洗衣物等。 　（2）个人的洗漱用品（牙刷、毛巾、洗发水、肥皂、沐浴露等，如果行李过重可以考虑在当地购买）。 　（3）笔记本电脑、U 盘、翻页笔等。 　3. 准备公共物品 　（1）电插板两个，计算机两台，较亮、小巧耐用的手电筒两只（男女生分开住，所以需要两个）。 　（2）给学生的文具、体育用品、各类教材、体育器材等。 　（3）药品。 二、课堂教学 　教学（课程有语文、数学、体育、电影、音乐等）有别于一般的课堂教学，形式灵活、内容丰富，易激发所支教学生的兴趣。主要讲授生活中的所见所闻、发生在身边的故事、大自然的奇妙、祖国大好河山的壮丽等。 三、活动总结 　每日与支教学生进行支教日志记录，每周进行总结。支教结束后形成完整的汇报文稿。	
4	安全保护	乘车安全、人身安全	
5	考核评价	组内评价 支教地评价 学校评价 综合评价	

四、小结

　　师资队伍是提高教育质量和促进教育事业发展的核心环节，加强贫困地区本土教师的培训，对于提高贫困地区教育水平、推广先进的教学理念意义重大。扶贫先扶志，教育当先行，农村教育的发展，教师起着决定性作用，当师资不够的时候我们应该选择挺身而出，在自己力所能及的时候，走进社区、走入乡镇、走进留守儿童的家中，为我国脱贫攻坚奉献自己的热情和力量，为更多的家长和孩子们提供优质的服务。

五、思考题

1. 你愿意利用寒暑假去边远地区参加支教活动吗，为什么？
2. 除了去支教，我们还可以为边远地区作出哪些贡献呢？

> **名言赏析**
>
> 扶贫先扶志；扶贫必扶智。扶志就是扶思想、扶观念、扶信心；扶智就是扶知识、扶技术、扶方法。
>
> ——习近平

拓展阅读

关于三支一扶，你需要了解这些

三支一扶是什么？

三支一扶指大学生在毕业后到农村基层从事支农、支教、支医和扶贫工作。工作时限是2年。

三支一扶报考条件有哪些？

30周岁以下，大专及以上学历的高校毕业生。部分岗位对专业、户籍等有所要求（一般支医要求医学相关专业，支教需要有教师资格证书或者师范类专业毕业，支农和乡村振兴大部分没有专业要求）。

三支一扶做什么？

1. 支教的工作地点一般在乡镇中小学，从事日常授课等工作
2. 支医

（1）参加健康查体和宣传活动。

（2）对于本辖区慢性病的管理。

（3）参与诊疗工作，下乡义诊，积极与医务人员进行交流、指导等。支医的工作地点一般是在乡镇的诊所内。

3. 支农一般在农业局，乡、镇政府或农科站、农经站、农机站或农业综合服务中心等。

4. 水利

水利主要在水务站工作，支援乡镇基层水利建设，从事水利设施、水电工作、农田灌溉、水文水源管理工作。

5. 就业和社会保障服务平台

办理社会保障手册以及核定失业保险金，办理职工养老、医疗保险和自由择业人员的参保手续等。

6. 帮扶乡村振兴

一般在扶贫和移民办，乡、镇政府工作，主要涉及四个方面：

（1）贫困调查与帮扶。

主要是调查乡镇里的贫困户，并给予对口扶助。

（2）申报扶贫项目。有时候要与同事一起计划扶贫项目，申请上报。

（3）招商引资。

部分地区有地方特色，需要去为乡镇拉项目，招商引资。

（4）整理材料。

每年年末，需要对所在地区一年的工作进行汇总分析等。

三支一扶是否限制专业？

帮扶乡村振兴：不限制专业。

支教：一般不限制专业，但在正式上岗前，须拿到教师资格证。

支医：限制医学专业。

支农：一般不限制专业，部分限制农学、金融类等。

三支一扶的待遇怎样？

1. 工作生活补贴

"三支一扶"人员工作生活补贴按照当地乡镇机关或事业单位从高校毕业生中新聘用工作人员试用期满后工资收入水平来确定，并且根据物价、同岗位人员待遇水平动态调整。

2. 一次性安家费

对新招募且在岗服务满6个月以上的"三支一扶"人员，中央财政给予每人3000元的一次性安家费。

3. 社会保险

"三支一扶"人员按规定参加基本养老、基本医疗和工伤保险等社会保险。

4. 考核奖励等其他保障

部分省份建立了考核奖励机制，对年度考核优秀、合格的"三支一扶"给予奖励；部分省份在基本社会保障基础上，为"三支一扶"人员办理补充医疗保险、重大疾病或人身意外伤害保险；各地还在交通、食宿等方面为"三支一扶"人员提供人性化服务保障。

服务期满，有哪些政策？

（1）各省政策不同，部分省份有转编政策。

三支一扶两年期满转编。

（2）就业政策：

①公务员、事业单位定向招录；

②期满考上公务员事业单位后，其服务期计算工龄，社会保险缴纳年限连续计算；

③创业、自主择业都有一定的优惠政策。

（3）落户政策：

期满合格的三支一扶人员，可根据本人意愿回到原籍或到其他地区工作，凡落实了接收单位的，接收单位所在地区应准予落户。

（4）学习深造：

①服务期满后3年内考研初试加10分，同等条件下优先录取；

②高职高专毕业生免试入读成人高等学历教育专科起点本科；参加"三支一扶"计划时，学校为其保留学籍。

（资料来源：https://www.sohu.com/a/395497477_120067750）

任务二　护　理　急　救

【能力目标】

1. 在实践中，增强应对突发状况的能力；
2. 能灵活运用所学的护理知识服务于社会。

【知识目标】

懂得心肺复苏、海姆立克等急救常识方面的相关知识。

视频 8-2 服务社会之护理急救

一、任务描述

学习心肺复苏术和海姆立克急救法，回家将方法教给家人并拍视频记录。

二、任务资讯

在我国，无论是什么年龄段，很多人都缺乏一些急救常识。生活中遇到一些突发状况，我们的反应多半是惊恐、慌乱，这常常会导致我们追悔莫及。学习一些急救护理知识对我们来说既是最基本的，也是很有必要的。或许很多人会觉得急救是医护人员的工作，但是谁都难免发生一些危急情况，甚至意外伤害；即使自己未受到病痛伤害，在工作和生活的环境中、在旅游出差的路上有时也会遇到紧张突发的场面，需要你伸出援助的手。所以，学习一些急救知识是一件重要且有意义的事情。既能掌握基本的急救技能和日常简单的护理方法，又能在身边人发生不测时，实行有效的急救方法。

（一）心肺复苏术

心肺复苏术，是针对骤停的心脏和呼吸采取的救命技术，是为了恢复患者的自主呼吸和自主循环。2020 年 8 月，中国红十字会总会和教育部联合印发《关于进一步加强和改进新时代学校红十字工作的通知》，将学生健康知识、急救知识，特别是心肺复苏，纳入教育内容。

心肺复苏操作程序如下：

（1）判定伤员有无意识。可轻轻摇动、轻轻拍打或者呼唤伤员。

（2）呼救、唤人协助打电话通知救护单位。呼救时，讲清伤员伤情、出事地点等。

（3）将伤员放在适当体位（恢复伤员仰卧位）。

（4）仰头抬下巴以开通气道、保持气道畅通（图 8-1），口内若有假牙或异物、污物要尽快取

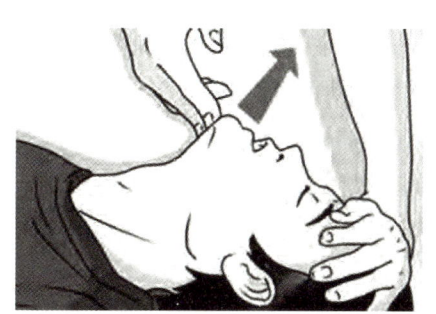

图 8-1　仰头抬下巴

出及清除。

（5）确定有无自主呼吸。在保持气道通畅前提下，将耳贴近伤员口鼻，侧头注视伤员胸部和上腹部（观察 3~5 秒钟）。

①看：胸部和上腹部有无呼吸起伏；
②听：伤员口鼻有无出气声；
③感觉：抢救者面颊部有无气体吹拂感觉。

若有自主呼吸，要继续保持气道通畅，若无自主呼吸，则迅速做两次吹气。吹气时应捏紧鼻子，在第一次吹气和第二次吹气之间要放松鼻子，吹气时要注意伤员胸廓是否有因吹气而抬起。

（6）判定有无脉搏。检查颈动脉，并应在 5 秒钟内完成，手要轻柔，不能加压。若无颈动脉搏动，立即开始口对口人工呼吸和胸外心脏按压术。

（7）胸外心脏按压术：

手指按压如图 8-2 所示，按压手法如图 8-3 所示，具体操作如下：

图 8-2　手指按压图示　　　　　　　　图 8-3　按压手法

①抢救者跪于伤员一侧（一般为右侧）；
②抢救者右手食指和中指沿伤员肋弓上移至胸骨下切处（肋弓与胸骨接合处）；
③中指置切迹外，食指紧靠中指，起定位作用；
④用抢救者左手的掌根部紧靠前一手指，放于胸骨下部，掌根部长轴与胸骨长轴重合；
⑤将定位用手叠于另一手手背上，两手手指交叉抬起，使手指脱离胸壁（儿童一只手掌根即可）；
⑥抢救者双肘伸直，利用上身重量有节奏地垂直下压；
⑦按压至适当强点后即开始松弛。抬手时掌根部不能与皮肤脱离，以防按压部位移动；
⑧在按压间歇期内，不能使胸部受压；
⑨下压距离 3.8~5 厘米（儿童 2.5~3.8 厘米）；

⑩按压速率：每分钟 80~100 次。

（8）单人心肺复苏术。

同一抢救者顺次转换完成口对口人工呼吸及胸外按压术。胸部按压数：人工呼吸数＝5∶2。重复一轮按压和通气后，要检查复苏效果，即检查颈动脉及有无自主呼吸。

（9）双人心肺复苏术。由两位抢救者分别进行口对口人工呼吸及胸外按压术。两位抢救者各在一边。

胸部按压数：人工呼吸数为 5∶1，要有机衔接。在每次轮换时，两位抢救者各负责检查脉搏和呼吸。

（10）转移—终止。

①转移：在现场抢救时，争取到的每1秒钟都关系着伤员的生和死，尤其在伤员心脏、呼吸停止瞬间更是关键，因此必须争分夺秒地做好心肺复苏。现场心肺复苏应坚持不断地进行，抢救者不应频繁更换，即使送往医院途中也应继续进行心肺复苏，如将伤员由现场移往室内，中断操作时间不得超过 7 秒；送上救护车时的操作中断不得超过 36 秒。中断时间越长，重要脏器的损害就越严重，以至于无法恢复正常的功能，如肾功能衰竭、脑部留有严重后遗症等。

②终止：决定在什么条件下终止心肺复苏，这是一个医学问题，也是一个很复杂的社会问题。例如，在临床死亡前常有心跳、呼吸非常微弱的过程，在极其微弱的状态下，很难在现场确切地判定何时完全停止；又如雷击后的呼吸抑制，经较长时间和辅助呼吸后，方恢复自主呼吸；再如儿童的心跳停止后，能耐受较长的缺氧时间；低温也能延缓生物死亡。

因此，在现场终止心肺复苏操作，只有医生才有权做出，否则不得放弃抢救。如经专业医务人员正式确认伤员抢救成功后，应及时恢复伤员体位，并尽可能送往医院继续观察一段时间。

（二）海姆立克急救法

据最新调查报告显示，全球每年被食物"噎住"致死的人数高达 14 万，除了一些疾病因素，平时如果着急进食或者情绪激动时进食都有可能会导致食物进入气管。那么，遇到这种情况，应该怎么做呢？由于惯性思维可能会拍后背，这种方法适用于患者出现微咳时，但如果出现重咳、窒息时拍背会有生命危险，而应采用海姆立克急救法。

海姆立克急救法，又名"海氏急救法"，是美国医师亨利·海姆立克 1974 年发明的一套利用肺部残留气体，形成气流冲出异物的急救方法。

1. 成人海姆立克急救法

拨打 120 后，在等待急救医生来临之前，先进行海姆立克急救法（图 8-4）。

（1）告知窒息的人你要做什么，表明你想帮助这个人。

（2）分开双腿站稳，轻轻地将双臂缠绕在对方的腰部，稍微向前倾斜。

（3）用一只手做一个拳头，把拳头放在胸腔和肚脐中间的区域，然后用另一只手握住这个拳头。

（4）用力快速按压对方腹部，要向内和向上拉，就好像要把对方从地上抱起来一样。

按压的时候要注意快速且有力,快速连续进行 5 次。如果呛咳物仍然没有移动,就再重复 5 次。

(5)做背部打击。如果前面的步骤没有把呛咳物吐出,就要进行反向打击。用手掌根部对着窒息者肩胛骨之间的区域,击打 5 下。用力向下压,不要挤压患者胸腔或腹部周围的区域。

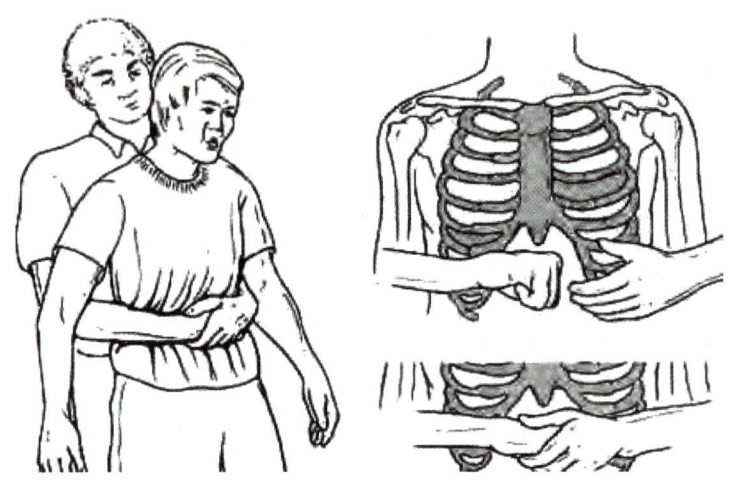

图 8-4　成人海姆立克急救法图示

2. 婴幼儿海姆立克急救法

3 岁以下婴幼儿急救图示如图 8-5 所示。

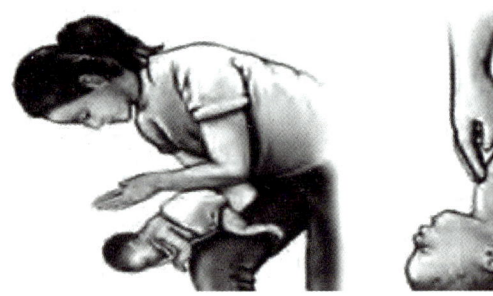

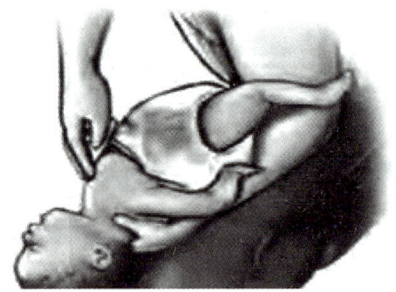

图 8-5　3 岁以下婴幼儿急救图示

拨打 120,同时进行海姆立克急救法。

(1)把婴幼儿面朝下放在膝盖上,确保不要放在柔软的地方。一只手放在下面托住婴幼儿,不要固定婴幼儿的头部,这样才能让婴幼儿呼吸。

(2)用手对婴幼儿肩胛骨之间的区域快速击打 5 下,并注意有没有物体从婴幼儿口中弹出。对婴幼儿背部打击用力要干脆,但不能用力过猛,防止婴幼儿受伤。

(3)如果前面的操作没有物体弹出,就要把婴幼儿翻过来。用手托住他们的头,并让头的高度略低于脚。

(4)把手指放在婴幼儿胸骨正中的下半部分,连续按压 5 次胸部。看到物体从口中弹出就可以停止了。

3. 如何运用海姆立克急救法自救

（1）用一只手握紧拳头，拇指向内。把拳头放在胸腔以下，但在肚脐以上的位置，用另一只手握住你的拳头。

（2）用快速向上的推力，反复按压腹部，直到窒息物被移走。

（3）在自己进行海姆立克急救成功之后，应当及时就医检查是否受伤。如果自己进行急救不成功，应当及时让他人帮自己呼叫120。

4. 注意事项

使用海姆立克手法时需注意的是，每一次快速按压必须各自分开而明确，并辅以缓解梗阻的动作。如果施救者太矮以至于无法环绕患者腰部，可以在患者平躺时施行海姆立克手法。而对怀孕或肥胖的患者，无论有无反应，都应使用胸部快速按压以取代腹部快速按压。如果现场只有伤员自己，则可以自行将上腹压在椅背、桌角、栏杆等，反复用力压迫。中山大学附属第一医院急诊科主任詹红指出，急救时，用力要适度，以免造成肋骨骨折或内脏损伤。另外，要切忌用手掏或使用钳子夹取异物，以防异物进入更深处。

习近平总书记告诫我们："素质是立身之基，技能是立业之本。广大劳动群众要勤于学习，学文化、学科学、学技能、学各方面知识，不断提高综合素质，练就过硬本领。"所以我们每一位劳动者都有责任与义务去学习一些急救知识，这是对生命最大的敬畏。

三、任务实施

由护理学院师生为我们讲解心肺复苏和海姆立克急救法的具体操作步骤，自己亲自操作一下，并按以下标准进行评分。

表 8-3　心肺复苏评分标准

项目	操作流程	技术要求	分值	扣分及说明	备注
心肺复苏技术 78 分	判断与呼救（10 分）	1. 判断意识，5 秒钟内完成，报告结果；	4		
		2. 同时判断呼吸、大动脉波动，5~10 秒钟完成，并报告结果；	4		
		3. 确认患者丧失意识，立即呼救	2		
	安置体位（8 分）	1. 将患者安置于硬板床，取仰卧位；	3		
		2. 去枕，头、颈、躯干在同一轴线上；	3		
		3. 双手放于两侧，身体无扭曲（口述）	2		
心肺复苏技术 78 分	心脏按压（20 分）	1. 抢救者立于患者右侧；	2		
		2. 解开衣领、腰带，暴露患者胸腹部；	2		
		3. 按压部位：胸骨中下 1/3 交界处；	4		
		4. 按压方法：两手掌根部重叠，手指翘起，不接触胸壁，上半身前倾，两臂伸直，垂直向下用力；	6		
		5. 按压幅度：胸骨下陷 5~6 厘米；	3		
		6. 按压频率：100~120 次/分钟。	3		
	开放气道（10 分）	1. 检查口腔，清除口腔异物；	2		
		2. 取出嘴中义齿（口述）；	2		
		3. 判断颈部有无损伤，根据不同情况采取合适方法开放气道。	6		

续表

项目	操作流程	技术要求	分值	扣分及说明	备注
心肺复苏技术 78分	人工呼吸（15分）	1. 捏住患者口鼻； 2. 深吸一口气，用力呼气，直至患者胸廓抬起（呼气量为500～650 ml）； 3. 吹气毕，观察胸廓情况； 4. 连续两次； 5. 按压与人工呼吸之比：30∶2，连续5个循环，操作5个循环后，判断并报告复苏效果。	1 13 2 3 5		
	判断复苏效果（10分）	1. 颈动脉恢复搏动； 2. 自主呼吸恢复； 3. 散大的瞳孔缩小，对光反射存在； 4. 平均动脉血压大于60 mmHg（体现测血压动作）； 5. 面色、口唇、甲床和皮肤色泽转红。	2 2 2 2 2		
	整理记录（5分）	1. 整理用物； 2. 六步洗手； 3. 记录患者病情变化和抢救情况，报告操作完毕（计时结束）。	1 2 2		
综合评价22分	复苏评价（8分）	正确完成5个循环复苏，人工呼吸与心脏按压指标显示有效（以打印单为准）。	8		
	规范熟练（8分）	1. 抢救及时，程序正确，操作规范，动作迅速； 2. 注意保护患者安全和职业防护； 3. 用物准备齐全； 4. 按时完成。	2 2 2 2		
	沟通（6分）	1. 态度和蔼，自然真切，没有表演痕迹； 2. 沟通有效，充分体现人文关怀。	3 3		
总分			100		
得分					

表8-4 海姆立克急救法评分标准

项目	操作要点	分值	得分	扣分及说明	备注
评估（10分）	自身评估：着装整齐规范，符合操作要求	2			
	环境评估：宽敞、安全	2			
	患者评估： 1. 评估患者有无异物接触史； 2. 判断患者有无气道异物梗阻的临床表现； 3. 向患者解释操作目的及方法，取得患者配合。	6			
操作实施（70分）	立位腹部冲击法：适用于意识清醒的成人和年龄较大的患儿。 1. 患者取站立位，两腿分开，弯腰头部略前倾。施救者站在患者背后，呈弓箭步，一只腿置于患者两腿之间，两手臂环绕其腰部（15分）； 2. 一手握空心拳，拳眼向内，置于患者剑突下方、肚脐上方两横指处（10分）； 3. 用另一手紧扣拳头，快速向内、向上挤压冲击患者腹部6～10次。重复以上动作，直至异物排出（10分）（注意：每次冲击应是独立、有力的动作，施力方向向内、向上。防止胸部和腹内脏器损伤。）	35			

续表

项目	操作要点	分值	得分	扣分及说明	备注
操作实施（70分）	急救对象：3岁以下婴幼儿。 1. 施救者单膝下跪或取坐位，患儿取俯卧位（5分）； 2. 一只手固定患儿双侧下颌角，手臂紧贴患儿的前胸，使其处于头低足高位，将手臂放在膝盖上（15分）； 3. 另一只手掌呈空杯状，在其肩背部叩击4～6次。重复以上动作，观察是否将异物排出（8分）。	28			
	操作过程中应密切观察患者病情变化，出现心跳呼吸骤停时，立即启动心肺复苏，积极采用其他方法将异物排出（口述）	5			
	健康教育：（口述） 1. 进食时应充分咀嚼，避免大笑、讲话； 2. 儿童不宜将玩具含在口内。	2			
评价（20分）	操作流程熟练，动作流畅，反应迅速，急救意识强	5			
	手法正确、有效，未发生相关并发症	5			
	与患者有效交流、沟通，宣教到位，体现人性化关怀	5			
	提问：海姆立克的急救原理和并发症	5			
总分		100			
得分					

四、小结

毋庸置疑，普及急救知识和技能是一项系统工程，需要政府、社会、民众的长期支持与参与。首先要将民众急救知识普及培训纳入政府为民办实事项目，纳入精神文明建设、应急管理体系建设等考核内容；其次政府应要求各有关部门列入本单位购买服务内容，建立多方协调保障机制，加大对急救知识普及培训工作经费的投入力度，促进各级政府、各有关部门重视并履行相应职责。另外，要持续扩大宣传、营造氛围，提高急救知识社会知晓率。充分利用"防灾减灾日""世界急救日"等重大纪念日宣传相关知识，树立"人人学急救、急救为人人"的救护理念。总之，普及应急救护知识技能是社会责任。同样地，每个人都要认识到急救的重要性，也要把学习急救知识当作不可推卸的一项社会责任，不幸才能少些，生命保障才会多些。而且，全社会齐发力，让急救成为国民教育必修课，"健康中国"才能稳步前行。

五、思考题

1. 在做心肺复苏时有哪些注意事项？
2. 进行海姆立克急救法时，如果是儿童应该怎么做？

名言赏析

救人一命，胜造七级浮屠。　　　　　　　　　　　——明·冯梦龙《醒世恒言》

任务三　养老院志愿服务

【能力目标】

1. 在实践中，增强真诚奉献、服务社会的能力；
2. 激发投身社会公益事业，帮助他人解决困难，使他们感受到社会的关爱。

【知识目标】

1. 懂得养老等方面的相关知识；
2. 在服务社会中，了解现阶段面临的养老问题，并身体力行地帮助社会解决问题。

一、任务描述

学校组织学生们去养老院看望孤寡老人，参加志愿服务活动，让你为此次活动设计一个方案，使老人们开开心心地度过一天。

二、任务资讯

养老的含义主要包含这样几个层次：第一个层次是长辈教养后代。远古时期，人们难以抵御自然社会的种种恶劣情形，年长而又有丰富生活阅历的老年人能够指导年轻人战胜自然、获取生存之道，老年人自然而然地受到尊崇敬仰；第二个层次是子女及国家供养老年人安度晚年。自家庭、私有制、国家出现以来，在血缘与政治关系基础上，统治阶级为了规范和教化国民，提出了一系列养老敬老举措；第三个层次是现代意义上的养老，养老成为社会、政府、子女对老年人幸福、健康度过晚年生活的一种责任和义务，是对他们为社会发展付出的回馈。中国特色社会主义进入新时代后，我国养老的内涵进一步丰富，党的二十大报告明确提出"完善基本养老保险全国统筹制度，发展多层次、多支柱养老保险体系"。

2022年10月16日，习近平总书记在党的二十大报告中指出，实施积极应对人口老龄化国家战略，发展养老事业和养老产业，优化孤寡老人服务，推动实现全体老年人享有基本养老服务。

党的十九届五中全会将积极应对人口老龄化上升为国家战略，要全面推进健康中国建设，实施积极应对人口老龄化国家战略。

2020年12月31日，国务院办公厅印发《关于促进养老托育服务健康发展的意见》，就促进养老托育服务健康发展提出四个方面23项举措。

（一）养老历史发展

1. 起源

养老起源于原始社会末期，夏商两代继承之，但西周才在制度上臻于完善。《礼记·王制》："凡养老，有虞氏以燕礼，夏后氏以飨礼，殷人以食礼，周人修而兼用之。五十养于乡，六十养于国，七十养于学，达于诸侯。"这说明西周规定按年龄大小由地方或国家分别承担养老责任，在政策上，不仅中央要负责养老，地方也要负责养老。凡年满五十的则养于乡遂之学，年满六十的则养于国学中的小学，年满七十的则养于国学中的大学。这种养老制度，自天子以达诸侯，都是相同的。不过一国的长老，由诸侯致养，若是天下的长老，则由天子致养。西周养老不仅鉴于老年人积累有丰富的知识经验，更出于宗法的等级社会的需要：按长幼之序，定尊卑之礼。正如《礼记·王制》所说："养耆老以致孝。"《礼记·乡饮酒义》也说："民知尊长养老而后能入孝悌；民入孝悌，出尊长养老，而后成教；成教而后国可安也。"这就是西周重视养老制度的根本原因。

2. 汉朝养老

国人一直非常关心孩子的成长，有关家教方面的理论与实践很多，甚至一些名门望族的家训成了传家法宝，像严氏和曾氏就是比较著名的。但对老人的赡养似乎要逊色得多，既缺乏必要的机制，又缺乏系统的理论。特别是今天的中国，已经进入老龄社会，养老越来越成为社会的大问题。纵观古今，各朝各代赡养老人的做法差异很大，最好的要数汉代了。

西汉初期，国家刚刚恢复安定，皇帝就颁布了养老诏令，凡 80 岁以上老人均可享受"养衰老、授几杖，行糜粥饮食"的待遇。汉高祖诏曰，凡五十岁以上的子民，若人品好，又能带领大家向善的，便可担任"三老"职务，由乡而县，与县令丞尉"以事相教"。尽免徭役，每年十月还赐予酒肉。汉文帝诏令："老者非帛不暖，非肉不饱。今岁首，不时使人存问长老，又无布帛酒肉之赐，将何以佐天下子孙孝养其亲？今闻吏禀当受鬻者，或以陈粟，岂称养老之意哉！具为令。"

到了成帝建始年间，又将享受这种法定待遇的老人最低年龄降到了 70 岁。每年秋天，由地方政府普查人口，对高龄老人进行登记造册，举行隆重的授杖仪式。《后汉书·礼仪志》中记载："仲秋之月，县、道皆案户比民，年始七十者，授之以玉杖，哺之糜粥。八十、九十，礼有加赐。玉杖长尺，端以鸠饰。鸠者，不噎之鸟也，欲老人不噎。"从这个记载来看，汉代的养老敬老不仅务实，而且还有良好的健康祝愿。

据 1959 年在甘肃武威县咀磨子 18 号汉墓内出土的一根鸠杖杖端系着的王杖诏书木简，以及 1981 年在同一地点汉墓中出土的一份西汉王杖诏书令册木简记载，汉朝的养老敬老法规始终一致，没有间断过，而且每隔一段时间皇帝就要诏告天下。

最耐人寻味的是西汉诏书中明确写道："高年赐王杖（即前文中的玉杖），上有鸠，使百姓望见之，比于节。""年七十以上杖王杖，比六百石，入官府不趋。"当时的"六百石"官职为卫工令、郡丞、小县令，相当于处级干部。也就是说，汉代的七十岁老人在"政治"上享受处级待遇，持王杖进入官府不必趋俯，可以与当地的官员平起平坐。

汉代老人的"政治"待遇还体现在可以"行驰道旁道"。驰道是专为天子驰走车马的，绝对禁止他人行走，即便是皇子也不允许，可见汉代老人是何等特殊。

诏书还明确规定，各级官府严禁对高龄老人擅自征召、系拘，也不准辱骂、殴打，违者"应论弃市"。其中记载了汝南地区云阳白水亭长张熬殴辱了受王杖者，还拉他去修道路。这件事影响很大，太守判决不了，廷尉（相当于今天的最高法院院长）也难决断，只好奏请皇帝定夺。皇帝说："对照诏书，就该弃市。"张敖被判处死刑，今天看来真是不可思议。

3. 其他朝代

也许是受汉代的影响，后来各朝各代对老人的待遇都有不同程度的体现，逐渐形成了中华民族敬老养老的传统美德。"老吾老，以及人之老"，便是金玉良言。

4. 1949年新中国成立后的养老服务发展过程

1949年新中国成立之后，养老服务经历了一个曲折发展的过程，归纳起来可分为四个阶段。

第一阶段（1949—1977年）：孕育发展阶段

基于计划经济的背景，主要解决部分困境老年人社会照护问题，对于入住养老机构的"五保户"、孤寡对象以及优抚对象等，由政府开办的福利性养老机构提供生活照护型粗放式养老服务。此时的养老服务还不是一个独立的概念和服务形式，包含在社会福利范围之内。

- **标志性事件**

一是改造建立了最早一批城市养老机构。在城乡分治的二元社会结构下，城市服务设施是生产教养院，后更名为养老院、敬老院，1953年有923个，收养孤老对象10万人；二是农村养老机构异军突起。农村服务设施是敬老院，1956年中国第一个敬老院在黑龙江省拜泉县兴华乡诞生。到1958年年底，全国农村共办起15万所敬老院，收养"五保"对象300万人；三是优抚对象养老机构开始建立。为了收养无亲属照顾的烈属老人，1958年创建了烈属养老院（后更名为光荣院），接收对象包括孤老伤残军人、孤老复员军人等。

第二阶段（1978—1999年）：探索发展阶段

基于市场经济的背景，在完善政府为主的福利性服务的同时，探索解决社会养老问题，与养老服务相关联的老龄工作机构、老年法规、养老机构和管理规章首次出现。老年人福利服务和养老机构提供的服务开始了新发展。

- **标志性事件**

一是建立了老龄工作机构。我国政府开始关注人口的老龄化问题，1982年成立全国老龄工作委员会，初步形成了从中央到地方的老龄工作网络；二是制定了第一部老年法。1996年，我国制定了历史上第一部《中华人民共和国老年人权益保障法》，该法明确规定"老年人养老主要依靠家庭"；三是发布了第一批养老服务规章。1998年，国务院办公厅转发《关于加快实现社会福利社会化的意见》；民政部等制定了《社会福利机构管理暂行办法》《老年人社会福利机构基本规范》《老年人建筑设计规范》《农村敬老院管理暂行办法》等一系列有利于养老服务机构发展和规范管理的制度，促进了养老服务项目由单一的生活保障向集居住、医疗、护理、康复、娱乐等转变，养老服务质量逐步提升；四是拓展了养老服务范围。以社会福利机构改革为突破口，服务对象从传统的"三无"老人逐步向有需求的社会老人开放。

第三阶段（2000—2011 年）：体系化发展阶段

根据联合国制定的标准，1999 年中国正式进入人口老龄化国家行列。养老服务、养老服务业及社会养老服务体系建设成为关键词，养老服务从内涵、内容到政策法规、技术标准、人员等均有长足发展。为了应对人口老龄化，党和政府采取了一系列积极应对的措施。

- **标志性事件**

一是重视老龄工作和顶层设计。2000 年，中共中央、国务院制定了《关于加强老龄工作的决定》，提出了要"建立以家庭养老为基础、社区服务为依托、社会养老为补充的养老机制"，这是我国第一次提出要建立一个包含家庭、社区、社会在内的养老机制；二是开始重视居家养老服务。对于机构之外的社会老人，通过社区服务提供的集中居住、生活照料等服务，逐步向居家服务延伸，得到社会认同。2000 年，国务院转发了民政部等 11 个部门《关于加快实现社会福利社会化的意见》，明确了"在供养方式上坚持以居家为基础"。2008 年，全国老龄办、发改委等 10 部门发布了《关于全面推进居家养老服务工作的意见》；三是提出建立养老服务体系。2006 年，第二次全国老龄工作会议首次提出建立"以居家养老为基础、社区服务为依托、机构养老为补充"的中国特色养老服务体系；2008 年，全国民政工作会议修改为"以居家为基础、社区为依托、机构为补充"，得到普遍认可。

第四阶段（2012 年至今）：快速发展新时代

2012 年，以习近平同志为核心的新一届党中央高度关注养老服务和老龄工作，积极应对人口老龄化，中国养老服务进入新时代。社会养老服务体系、积极科学及时应对人口老龄化、老龄事业与老年产业成为关键词。

- **标志性事件**

一是党中央重视养老服务工作。2013 年，党的十八届三中全会提出"积极应对人口老龄化，加快建立社会养老服务体系和发展老年服务产业"，2017 年，党的十九大报告提出"积极应对人口老龄化，构建养老、孝老、敬老政策体系和社会环境，推进医养结合，加快老龄事业和产业发展"。2016 年，习近平总书记四次就老龄和养老服务工作进行批示、专题会议研究，逐步形成了习近平新时代中国特色社会主义思想重要组成部分的人民思想、民生观和老龄观。

二是开展养老服务体系建设工作。2011 年，《社会养老服务体系建设规划（2011—2015 年）》，首次提出社会养老服务体系内涵和定位、指导思想和基本原则、目标和任务、保障措施等。2017 年，《"十三五"国家老龄事业发展和养老体系建设规划》将原"社会养老服务体系建设应以居家为基础、社区为依托、机构为支撑"修改为"以居家为基础、社区为依托、机构为补充、医养相结合"，实现从"三位一体"到"四位一体"的转型。

三是高度重视政策法规建设工作。以老年权益保障法（2013 年主席令第 72 号第二次修订、2018 年主席令第 24 号第三次修订），《国务院关于加快发展养老服务业的若干意见》（国发〔2013〕35 号），《国务院办公厅关于全面放开养老服务市场提升养老服务质量的若干意见》（国办发〔2016〕91号），《国务院办公厅关于制定和实施老年人照顾服务项目的意见》（国办发〔2017〕52号），以及民政部、国家发展和改革委员会等13部门《关于加快推进养老服务业放管服改革的通知》（民发〔2017〕25号）和《国务院办公厅关于推进养老服务发展的意见》（国办发〔2019〕5号）为主体的近100部法律、法规、规章、政策、规范性文件相继发布。地方政府也发布与养老服务有关的地方法规规章、政策文件300余部。

四是重视标准化和质量建设工作。党的十八大以来，我国十分重视标准化和质量建设工作。2014年，民政部、国家标委会等5部门发布《关于加强养老服务标准化工作的指导意见》，将养老服务标准化建设工作提到议事日程。2016年，民政部、工商总局印发《养老机构服务合同》（示范文本）。除了养老设施建设、养老机构基本规范、社区老年人日间照料中心、老年人能力评估、养老机构老年人健康档案技术规范、老年机构社会工作服务指南等国家、行业标准之外，还发布了《养老机构服务质量基本规范》《养老机构等级划分与评定》，有效地助推了2017年开始的如火如荼的养老院服务质量建设专项行动。

（二）养老类型

（1）家庭养老是指以血缘关系为纽带，在家庭内部进行的"反哺式"养老模式。但家庭养老缺少制度保障，且由于世代同堂的家庭结构，容易产生家庭矛盾和代际冲突。

（2）家政养老是指由家庭成员或老人自己出资，让专业家政服务公司培训家政服务人员，以派遣的方式进入老人家庭，从事家政养老服务。

（3）老年公寓是逐渐兴起的一种具有综合管理能力的老年居住模式。老年公寓是专门为老年人建造的生活设施齐全、公用设施配套完善、可供老年人长期居住的养老机构，服务对象面向社会上的老年人，有的老年公寓仅接收生活能够自理的老人，有的机构则可以接收生活部分自理或完全不能自理的老年人。老年公寓一般为非营利机构，但可向入住老人收取一定的基本费用以满足机构运行成本的需要，可略有盈余用于机构的进一步发展。除提供日常生活照料外，部分机构还能够为入住老人提供一定的文化活动和娱乐活动以及一定的卫生保健服务。但和家政养老一样，该模式在法律法规方面还不够健全，且家政服务员的素质有待提高。

（4）机构养老是指由国家或民间提供资金，开设养老院、老年护理中心等养老机构，通过把老人集中到各种养老院"集体"养老，解决家庭养老人力资源不足的矛盾。我国在推进机构养老的过程中，已形成国家或集体兴办、集资兴办、政府与非营利机构联办、民间资本兴办等几种投资经营模式，且正在探索和实践过程中。

其中最常见的数养老院。养老院一般指敬老院，是为老年人提供养老服务的非营利性组织，主要为老年人提供集体居住，并具有相对完善的配套服务设施。是专为接待自理老人或综合接待自理老人、介助老人、介护老人安度晚年而设置的社会养老服务机构，设有生活起居、文化娱乐、康复训练、医疗保健等多项服务设施，满足老年人生活照料、保健康复、精神慰藉、临终关怀等基本需求的专业照料机构。

养老院既有政府办的，也有民间办的（也就是我们所说的民营企业）。民间办的养老院相对来讲无论硬件还是软件方面都要好得多，毕竟价格决定服务。现在有很多享受退休金或家庭经济条件比较宽裕的老人都会选择一些高档养老院度过晚年。

（5）居家养老是指以家庭为核心、以社区为依托、以专业化服务为依靠，为居住在家的老年人提供生活照料、医疗护理、精神慰藉和解决日常生活困难为主要内容的社会化养老服务模式，其重点是解决社区中体弱多病、高龄老人、空巢老人家庭的后顾之忧。

（6）社区养老是指根据社区老年人的数量和需求，在社区内建立老年之家、日间照料室、餐厅、托老所、小型家庭养老院、文化健身活动室等设施，通过"白天进社区活动、晚上回家里居住"的模式为老年人提供养老服务。其缺陷在于一些社区机构设施有限、人手不足、内容单一。

（7）寄家养老是上海巾帼家政首创的一种养老模式，其将市区老人安排在经"巾帼服务"专业培训、取得养老服务上岗证书的、有条件有能力托养老人的郊区（上海崇明、嘉定）农民工家政员家庭进行寄养，以缓解城市居家养老压力。

（8）会所养老，该模式是一种通过整合商业地产资源开展的养老服务。如巾帼家政在位于上海郊区泰晤士小镇设立的"廊桥圆梦"助老养老体验会馆，就将居家养老与机构养老的优点融为一体。

（9）医养结合养老是整合医疗资源与养老资源的新型模式。在医养结合机构内，老人足不出户就能满足就医保健与养护照料需求，如北京天熙裕和医院投资有限公司旗下的裕和养护院与裕和康复院为老人提供医疗康复与生活照护两者兼得的服务。

随着我国对养老的重视程度逐渐提高，居民收入水平的提高以及社会环境的变化，养老这个行业也在发生着日新月异的变革。越来越多的老人退休后不仅注重物质生活，而且瞄准了精神文化生活，希望自己人生的最后一站能有更多丰富多彩的晚年生活。

（三）国内难题

目前，全世界有 6 亿老年人口（超过 60 岁），有 60 多个国家的老年人口比例达到 10%，进入了人口老龄化社会行列。我国在 1999 年就进入了老龄化社会，现在正处于快速老龄化时期，截至 2016 年年底，60 岁老年人口 2.3 亿，占总人口的 16.7%。2021 年 5 月 11 日，第七次全国人口普查结果显示，中国 60 岁及以上人口占比超过 18%，人口老龄化程度进一步加深。中国提前进入老龄化社会不仅关系经济社会发展速度，也影响着养老的质量和水平。

世界银行之前的一份研究报告则指出，2001 年到 2075 年间，中国基本养老保险的收支缺口将高达 9.15 万亿元。一面是老龄人数节节攀升，一面则是养老金缺口渐渐拉大，我们不得不思考：有朝一日，当我们垂垂老矣，谁来为我们养老？

1. 制度缺陷

（1）社会养老保险基金来源渠道单一。当前我国养老保险的基金来源主要是养老保险费的收入及其利息收入和财政补贴。由于经济条件的限制，养老保险费用欠缴的情况非常严重,弹性收缴与刚性支出的矛盾日趋凸显出来,加上老龄人口数量的不断增长,享受养老金的人数不断增加,养老保险费用开支不断增大,成为应对老龄化危机最主要的问题之一。

(2)农村居民享受到的社会养老保险水平比较低。农村居民的社会保障,主要通过农村养老保险和新型农村合作医疗制度实现,初步看来社会保险覆盖范围广泛,符合全民覆盖的目标,然而细细研究也会发现其局限性。随着经济的发展,农村一些青壮年因常年外出打工,多数青年人婚后与父母分家已成为普遍现象,而目前农村养老保险体系先天不足,农村居民所享受到的福利比较低,种种原因使得身在农村的老年人生活出现了困难,很难满足农民养老的需要。

(3)养老保险基金保值增值能力低。我国长期以来对养老保险基金的投资渠道进行了严格限制,现阶段养老保险费用几乎被用于支付现期的退休金,这种状况导致养老保险金个人账户大多数是空账户,使得养老保险金不能有所保值、增值。因现行制度要求养老保险金主要用于购买政府债券或存入银行,由于银行存款利息率低于通货膨胀率,导致养老保险金的结余在不断地贬值,不仅养老保险基金增值目标无从谈起,养老基金的偿付能力也无法保障,还会增加国家在养老保险方面的支出负担。

(4)制度实施的时效性有待提高。随着老龄化进程的推进,国家不断推行和完善农村老人相关养老保障制度,但是,我国农村老人养老存在着地域差距、制度推进难、制度能否因时因地保质保量地完成等问题。而且农村养老保障机制还不健全,城市与农村之间社会保障水平差距较大。同时,农村老人相关养老监督机制不完善。主要是在具体实施过程中,地方政府执行力度不到位,政策理解不到位问题时有存在,缺乏相应的监督管理机制,造成农村老人感受不到党和国家的温暖。

2. 我国老龄化趋势

我国已于 2000 年进入老龄化社会,截至 2020 年年底,城镇参保离退休人员为 12762 万人。到 2030 年,预计中国 60 岁以上老人占人口比率将会达到 24.46%,比世界平均水平高出约 8.5 个百分点。全国老龄办发布《中国人口老龄化发展趋势预测研究报告》(以下简称《报告》)分三个部分介绍了中国人口老龄化的现状及发展趋势。

《报告》提出,中国的人口老龄化具有老年人口规模巨大、老龄化发展迅速、地区发展不平衡、城乡倒置显著、女性老年人口数量多于男性、老龄化超前于现代化等六个主要特征。综观中国人口老龄化趋势,可以概括为四点:第一,人口老龄化将伴随 21 世纪始终。第二,2030 年到 2050 年是中国人口老龄化最严峻的时期。第三,重度人口老龄化和高龄化将日益突出。第四,中国将面临人口老龄化和人口总量过多的双重压力。

3. 农村养老困境

家庭养老方式正面临挑战,尤其是农村养老更为严重。我国历来有"养儿防老"的家庭养老传统。但随着家庭结构发生变化,加之现代生活节奏快,年轻人的时间、精力、经济的承受能力都有限,家庭对老年人提供最基本生活保障的传统作用正在削弱。城市中,获得子女经济支持的老年人为 30%以上,养儿防老的传统家庭养老模式受到冲击。目前,我国农村的养老方式仍然以家庭养老为主,但 60%以上的农村老人得不到子女的经济资助，农村家庭养老也是困难重重。照料老人的观念不断淡化，虐待老人的现象时有发生。如果子女不承担养老责任，这些贫困老人将陷入无人养老的困难境地。农村老人底子薄，多数没有购买商业保险，因此不能享受社会保障。

（四）难题对策

"衣食足而知礼节"，要从根本上解决"养老问题"，首要任务是解决生产力的问题，促进物质和精神文明建设，动员和利用社会上一切可以利用的资源，共同做好养老服务，解决好当前的养老问题。

（1）加快生产力发展，创造丰富的物质财富，为养老问题的解决奠定雄厚的物质基础。当前我国生产力还不发达，经济基础薄弱，同发达国家相比有很大差距。因此只有大力发展生产力，提高劳动生产率，创造雄厚的物质基础，才有可能在抚养比不断提高的情况下，实现国家建设、人民生活、老年人的生活的统筹兼顾。国家和社会有更多资金投入到老年福利、基础设施和资助家庭上来；家庭也因收入的提高增强养老功能，年轻一代有能力投入当前和未来社会的养老准备。从而解决养老问题带给国家、社会、家庭的沉重物质负担，缓解养老困难。

（2）完善有关老年人立法体系，提供解决"养老问题"的法治保障。养老问题是一个涉及劳动、教育、体育和社会保障等多部门协调行动的庞大系统工程，必须用法律对这个系统进行规范，以便更有效地保障老年人的权益，解决养老问题。

（3）加强法治教育和道德教育，为"养老问题"的解决提供精神支持。针对在市场经济条件下，青年人中存在的漠视法律，淡化和否定传统美德，轻视、厌恶甚至遗弃老年人的行为，不仅要对他们进行法律上的制裁、道义上的谴责，更应从思想根源上寻找原因，帮助他们找回丢失的宝贵东西。加强法治宣传和教育，让他们明白"尊老、敬老、养老"是法定义务，不容推辞，否则将受到法律的制裁；加强尊老、敬老、养老传统美德的教育，让他们明白，应当"尊老、敬老、养老"，这是应尽的责任，使他们从内心深处和行为上真正做到"尊老、敬老、养老"，在全社会形成尊老、敬老、养老的良好风尚，为养老问题的解决提供精神支持。

（4）发展多元化的养老服务，建立以国家或政府为依托、以社会为辅、以家庭养老为主的居家养老模式是解决当前养老问题的关键。从国外对待养老问题的经验和实践看，随着社会经济发展，社会养老或社会化养老服务是一种必然趋势，国家发展社会福利承担养老的主要责任。当前，由于生产力不发达，国家财力有限，单纯依靠国家和社会养老还不太可能，而且在满足老人的亲情慰藉的需求方面不能取代家庭的功能。因此，当前养老应提倡以家庭为主、以国家或政府为依托、以社会为辅的居家养老。

（5）加强养老科学研究和专业队伍建设。目前，我国有关老年科学的研究和研究老年科学的人才都很少，直接从事养老服务的专业人才也很匮乏。因此，加强老年科学研究，尤其是社会工作专业学科建设，从而为社会养老提供专业人才，更好地推动养老问题的解决。

（6）加强社区建设，提高养老服务水平。社区建设是当前解决养老问题的一个重要环节，是将来解决人口老龄化问题，提高整个社会服务水平的关键，也是我国建立有中国特色的养老服务体系的重要环节。随着国家老年人口增多、独生子女增多、核心家庭增多，大量的老年人融入社区，依靠社区养老。目前社区建设在我国还不发达，处于刚起步阶段。因此大力发展社区建设，建立多功能、多服务（包括文化、体育、教育、健身、医疗、家政服务等便民服务）和多种功能的网络化的社区建设，满足老年人的基本需求，是当前和未来解决养老问题的重要环节。

（7）老年人要更新养老观念，实现自我价值。老年人有丰富的人生经验和技能，他们身上有着巨大的价值。虽然老年人在记忆力和体力上有所衰退，但进行思考、做力所能及的事是不成问题的，甚至再次创业也有可能。这方面的例子有很多。所以老年人要更新养老观念，从根本上实现"自我养老"，实现"自我价值"，以乐观、健康的心态去迎接自己人生的又一个春天，愉快地度过美好的金色老年。

总之，养老是一个社会性的问题。只有家庭、社会和个人都来关注这一问题，并在实践中不断改进和完善具体做法，才能真正实现"老有所养、老有所医、老有所为、老有所学、老有所教、老有所乐"。

三、任务实施

本次养老院志愿服务活动的设计方案如表 8-5 所示。

表 8-5　养老院志愿服务活动设计方案

序号	项目	内容	备注
1	活动目的	①组织志愿者到养老院陪老人聊天解闷，及时了解和解决老人的需求，提供精神慰藉和心理抚慰，帮助老人建立一个积极愉快的心境。 ②根据老人的实际需要，为行动不便的老人采购日常生活用品，帮助老人洗衣做饭、打扫卫生、洗头等，营造家庭幸福的温馨氛围。 ③组织行动方便的老人到市区旅游散心，鼓励、动员老人积极参与和观看各类文体活动、文艺表演，为老人送去关爱和温暖。 ④关注老人的身体情况，为老人定期体检，保障老人的身心健康。	
2	活动时间	周五	
3	活动地点	养老院	
4	活动设计	1. 每两个学生志愿者负责一位老人或每三个学生志愿者负责两个老人。 2. 专门有志愿者负责给老人读报或聊天；会下棋的学生志愿者就负责下棋、打麻将的老人。 3. 给各自负责的老人洗水果和剥香蕉，有必要的话帮助行动不便的老人吃水果。 4. 为老人端茶倒水。 5. 在陪老人时即兴表演小节目，如讲笑话、跳舞、唱歌等。 6. 为老人们（尤其是行动不便的老人）做一些小事，如帮老人按摩、梳头、剪指甲等，在点滴细节上关怀老人，给老人带去温暖。 7. 全部活动结束时集体拍照合影留念，与老人告别，返回。	
5	考核评价	（1）考勤情况。满分为 30 分，迟到、早退均扣除相应的分数。 （2）服务态度。满分为 20 分。要求志愿者态度积极，遵守章程，高质量地做好服务。 （3）服务技能。满分为 20 分。要求志愿者工作技能专业，能够高质量地完成工作任务。 （4）志愿纪律。满分为 30 分。要求志愿者全心全意做好志愿服务，不玩手机、不玩游戏，举止文明等。	

四、小结

人生的意义不在于索取，而在于奉献。它既表现为在国家和人民需要的关键时刻挺身而出，也融会和渗透在人们日常的工作和生活中。奉献是一种真诚自愿的付出行为、是一种崇高的精神境界、是美好的人生追求。正如我们讲到的养老问题，就需要我们付出努力，在奉献的同时，也会有所收获。

对个人：

（1）在知识方面，有利于我们了解社会、了解世界，拓宽视野，增长知识；

（2）在能力方面，有利于我们提高观察问题、分析问题和解决问题的能力；

（3）在情感方面，有利于我们增强关心社会、热爱祖国的情感。对他人：能帮助别人解决困难，使他们感受到社会的关爱。

对社会：有利于形成良好的社会风气、有利于促进全面建设小康社会的建设、有利于构建社会主义和谐社会、有利于社会文明进步。

所以，我们更应该坚定服务社会的决心，通过自己的付出，既能体现自我的人生价值，又能为社会作出贡献。

五、思考题

1. 以家里的老人为例，谈谈应该如何敬老。
2. 农村养老困境有哪些，应该如何解决？

> **名言赏析**
>
> 老吾老，以及人之老；幼吾幼，以及人之幼。　　——《孟子·梁惠王下》

拓展阅读

研究报告：居家养老仍是主要需求

由中国医学科学院/北京协和医学院公共卫生学院、社会科学文献出版社共同发布《老年健康蓝皮书中国老年健康研究报告（2020—2021）》指出，居家养老仍是中国老年人群的主要需求，但养老服务的创新和服务质量难达要求，此外，慢性病是影响中国老年人群健康的主要因素。蓝皮书从中国老年健康面临的形势、新形势下老年人群的需求变化、国际经验与中国实践三个方面阐明了积极健康老龄化的必要性及相关对策。

居家养老仍是主要需求

报告谈到，中国传统的"养儿防老"观念表明家庭照料是中国养老的重要模式。大量研究也表明，家庭照料能显著提升老年人的生活满意度，也在很大程度上改善了老年人的健康状况。

报告称，当前，在中国老年群体中，居家养老仍是主要需求，但服务的创新和服务质量难以达到要求。报告提供的一份调查数据显示，中国老年群体中，入住机构的老年人比例从2012年的1.26%下降到2016年的0.79%。

对于居家的老年人群而言，如果有重症，他们会直接去医院就诊；如果有常见病、慢性病，则更倾向于去社区就诊。同时，近年来发展起来的"互联网+医疗""互联网+护理"使上门医疗服务成为可能。另外，一些穿戴设备的蓬勃发展也使健康监测的应用人群进一步扩大。

报告指出，目前，居家健康和医疗服务的种类仍然较少，特别是能够满足老年人群实际需求的服务较少，对服务的质量评价既缺乏相关的标准，也缺乏对应的主体。

慢性病是影响老年人群健康的主要因素

蓝皮书指出，慢性病是影响老年人群健康的主要因素，新的疾病挑战不容忽视。

报告引用一项具有全国和省级代表性的中国慢性病及其危险因素监测数据显示，我国60岁及以上居民的高血压、糖尿病、高胆固醇血症的患病率分别为58.3%、19.4%和10.5%，超过3/4的居民存在多病共存情况，随着年龄的增长，慢性病患病率提升。

70岁及以上居民伤残调整寿命年构成中，心脑血管疾病（39.11%）、癌症（15.40%）、COPD（10.48%）占前3位。随着人口老龄化程度的加剧，与年龄密切相关的疾病，如高血压、糖尿病、癌症、脑卒中、关节炎等慢性病所累及人口的绝对数量及相关疾病负担将持续增加。除了大家达成共识的慢性病之外，新的疾病如阿尔茨海默病、帕金森病等也带来挑战，而且这些新的疾病在中国的诊断率和治疗率相对世界其他国家更低。

亟须建设老年友好宜居环境

报告指出，老年人群的衣、食、住、行都处在一定的环境中，不同的环境起着不同的作用，老年友好宜居环境建设不仅是老年人的刚性需求，也是满足人民美好生活愿望的重要力量。

报告援引《中国老年宜居环境发展报告（2015）》指出，目前我国老年宜居环境建设十分落后，目前不管是既有住宅的适老化改造、适老住宅的建设，还是适老交通、户外建筑、老年社区的建设，都尚处于初级阶段，供需矛盾较为突出，需要引起高度重视。报告称，应重视无障碍环境、交流设施、交通设施的建设，支持老年人在公共空间中的各种活动。在超市、公园、社区商场等人员密集处配置老年服务设施，织密老年友好网络，做到就近就便、综合利用、合理布局，使老年服务触手可及。

（资料来源：https://www.360kuai.com/pc/997a49284091892bd?cota=3&kuai_so=1&refer_scene=so_3&sign=360_da20e874）

项目九 劳动与职业发展

模块导学

大学生是未来各行各业的劳动者，需关注经济社会的最新发展，以及新技术、新经济、新业态对未来工作的影响。对于以技术技能应用为重点的高职院校学生来说，未来的职业岗位是在生产一线从事生产劳动的技术型岗位，与传统制造业相比，未来的生产劳动专业性更高、综合性更强、技术性更强。本项目将通过"体验现代科技条件下劳动实践新形态、新方式"和"职业劳动实践"两个任务，帮助学生与时俱进，关注所学专业的发展方向和前沿信息，从而做好新劳动形态下的职业规划和发展。

【能力目标】

1. 分析新技术、新经济与新业态对就业和劳动关系的影响；
2. 比较新型劳动关系与传统劳动关系的异同。

【知识目标】

1. 理解新技术、新经济与新业态的内涵；
2. 列举新型劳动与未来工作的种类和内容。

【素质目标】

1. 结合专业实际，紧跟社会经济科技发展变化的新要求，保持与时俱进；
2. 树立正确的就业观念，做新时代的劳动者。

任务一 体验现代科技条件下劳动实践新形态、新方式

【能力目标】

1. 结合专业知识，研究分析本专业学习的劳动技能和专业技能在新型岗位需求中的发展要求；
2. 撰写参观体验报告。

视频 9-1 体验现代科技条件下劳动实践新形态、新方式

【知识目标】

1. 深入企业，体验现代化科技型企业生产一线的劳动内容；
2. 了解新形态企业的管理、生产流程、生产设备、运营模式等各环节的劳动体现形式。

一、任务描述

目前,以互联网、物联网、云计算、大数据、机器人、传感器等为代表的当代科技发展的新成果对工业与产业发展的影响巨大,其中最重要的作用与影响是使越来越多的智能化的机器人、传感器进入生产过程,使社会生产过程日益智能化、自动化、无人化。

本任务主要引导学生探寻身边的现代化智能工厂、互联网新零售、无人机应用、无人驾驶、智能医疗、智能金融、无人仓储物流、智能农业、大数据(云计算、物联网)中心等现代科技企业、车间、工厂或学校内先进的实训室,以团队合作的方式,体验现代科技条件下劳动实践的新形态、新方式。

二、任务资讯

(一)新技术

1. 技术进步带动产业发展

从第一次工业革命中蒸汽机的使用,到第二次工业革命中电力促进规模化生产,再到第三次工业革命中半导体、计算机和互联网催生计算机革命,生产的自动化一直是经济增长的趋势之一。2013年德国汉诺威工业博览会提出工业4.0后,以物联网、大数据、机器人及人工智能等技术为驱动力的第四次工业革命正以前所未有的态势席卷全球。

人工智能(Artificial Intelligence,AI)将使生产自动化进入新的发展阶段,使自动巡航、计算机自动控制汽车发动机、核磁共振机器和AI放射成为可能。新技术的拓展和广泛应用已经成为不可阻挡的新趋势。

2. 新技术催生新经济

新技术催生了新经济,主要呈现以下四类特征。

(1)深度信息化

第四次工业革命是一次重大的信息处理技术革命,信息处理技术将进入移动互联时代,物联网得到全面发展。移动信息技术带来空间和时间的灵活性,将改变商业运作模式,促进整个工业及经济更加系统化。市场对信息化的需求日渐扩大,促进了世界信息与通信技术革命的到来。

(2)高度智能化

第四次工业革命将使劳动者和劳动工具、劳动对象的关系发生重大变化。人工智能正渗透到人类生活的各个方面,智能机器人不仅可以替代人的肢体能力,更有可能超越人类智力,如2017年5月,人工智能围棋程序"阿尔法狗"与世界排名第一的中国围棋选手柯洁进行了三场比赛并全部获胜,说明人工智能在某些分析博弈领域已经超越了人类。新技术每渗透一个领域或部门,均带来新的秩序和结构变迁,比如数字经济、大数据经济、共享经济、智能经济、物联网经济、计算经济等是新的经济结构表现形式,智慧城市、智能社会等是社会的新结构形式,电商、网联汽车、产业互联网等是产业的新结构形式,网络化、虚拟化、平台化是商业的新组织结构形式。

（3）供给绿色化

前三次工业革命在推进人类发展繁荣的同时，也造成巨大的能源和资源消耗及环境生态破坏，加剧了人与自然之间的矛盾。尤其是进入21世纪以来，全球能源与资源危机、全球生态与环境危机、全球气候变化危机与全球经济危机交互影响，迫使世界主要国家开始寻找新的产业发展路径，产业结构加速变革，一系列生产要素从以自然要素投入为特征开始转向以绿色要素投入为特征，人类利用资源的方式从消耗化石能源为主转向消耗可再生能源为主。这场绿色工业革命是第四次工业革命区别于前三次工业革命的根本特征。

（4）需求定制化

第三次工业革命实现了大批量定制，第四次工业革命将实现前者不可能做到的低成本个性化定制。例如，双星建立了全球轮胎行业第一个全流程"工业4.0"智能化工厂，通过互联网，消费者可以根据自己的需求及偏好个性化定制轮胎，如轮胎的尺寸、花纹、颜色等。

（二）新经济

1. 新经济的概念

综观历史，人类每个时代都有属于自己时代的新经济。它们有些开拓了新的经济领域，如葡萄牙和西班牙开辟的大航海时代和荷兰主导下的全球贸易；有些则是对传统产业的深度升级，如以机械化为特征的第一次工业革命。但以"新经济"这一名词指代经济发展，最早是被用来概括美国在20世纪90年代的经济繁荣。当时，《商业周刊》杂志主编和美国经济分析局局长分别撰文，认为全球化和信息技术是新经济不可或缺的内容。过去几十年世界经济格局发生了一系列重要变化，其中全球化的推进和信息技术的普及是最为耀眼的两个方面，同时也是科技成果能够转化为商业活动的重要条件。全球化的推进和信息技术的普及为新技术、新业态和新商业模式的扩散提供了前所未有的力量。

"新经济"这个词本身并不新，在20世纪90年代末至21世纪初美国一直在提"新经济"。现在"新经济"已不再特指美国的经济现象，而是指世界范围新一轮科技和产业革命所驱动的经济活动和经济形态，其技术革命基础虽然以互联网、物联网、云计算、大数据、新一代通信等信息技术为主，但还包括智能机器人、增材制造（3D打印）、无人驾驶汽车等智能制造技术，以及以纳米、石墨烯等新材料技术，氢能、燃料电池等清洁能源技术，基因组、干细胞、合成生物等生物技术。"新经济"既表现为基于这些新技术产生的各类新产业、新业态和新模式，还表现为传统产业与新技术的融合发展。

2. 新经济对工作的影响

以大数据、云计算、人工智能等数字技术为代表的第四次工业革命快速发展，新技术在提高劳动生产率、变革生产关系的同时，也影响着就业数量、结构和质量等。新经济既表现为数字化知识和信息等新生产要素，又表现为互联网技术进步。

新经济对工作的影响分为直接路径和间接路径。直接路径表现为技术进步通过更加灵活的雇用模式改变了工作方式，通过数字化和人工智能等技术替代人工劳动，或与人工劳动互补，改变了工作岗位的数量。间接路径表现为信息要素参与到生产过程中，通过经济规模的动态变化，对劳动力产生派生需求。

新经济通过三种机制影响未来的工作。

（1）互补效应或替代效应

人工智能带来的技术进步有两种趋势：一种是沿着以往的技术进步路线，对低技能劳动、重复性劳动进行替代。另一种是为了安全、高效地工作而对已有工作进行整合和协同，比如协作机器人，不是替代人类工作，而是提高人类工作的生产力，同时降低工作场所伤害的风险。

（2）规模效应

信息作为一种新的虚拟生产要素，以更低的成本促使新企业涌现，开辟崭新的经济增长空间。一是经济规模扩大引起新的岗位需求，二是数字信息类创业企业提供了新工作岗位。

（3）匹配效应

互联网是一个信息平台，有利于避免传统劳动力市场中供求信息不匹配问题。新经济将借助大数据信息和互联网平台，时时共享信息，动态匹配供求信息，以更灵活的用工方式创造各种形态的工作机会。

3. 中国的"新经济"

在中国，新经济最初是以信息技术为载体进入经济社会生活的。早在1998年，中国就在邮电部和电子工业部的基础上组建了信息产业部，其主要职能是研究拟定国家信息产业发展战略、方针政策和总体规划，振兴电子信息产品制造业、通信业和软件业，推进国民经济与社会服务信息化。到2008年，中国成立了工业和信息化部，在信息化方面的主要职责是管理通信业，指导推进信息化建设。2015年，工信部的职责有所调整，更加突出了推进"信息化和工业化融合发展"的相关职责。

中国"新经济"的提法最早出自2014年10月出台的《国务院关于加快科技服务业发展的若干意见》（国发〔2014〕49号），该文件提出"加快科技服务业发展……是调整优化产业结构、培育新经济增长点的重要举措……"。在《国务院办公厅关于对全国第二次大督查发现的典型经验做法给予表扬的通报》中，新经济被具体地表述为"新技术、新产业、新模式、新业态"。

（三）新业态

1. 新业态百花齐放

每一次新经济的发展，都会带来新的经济业态。互联网、大数据、人工智能和物联网等信息技术快速发展，与第一、第二、第三产业逐渐融合，创造出智慧城市、智慧交通、智慧旅游、智慧农业、生物农业、观光农业、远程授课、移动办公、跨境电子商务等新业态。

新业态大多数是将现代元素融入传统行业，通过技术创新、技术改造、不同产业融合等方式升级旧业态。新业态分为以下三种：一是以农业为主的新业态，比如旅游农业、创意农业等。二是以工业为主的新业态，比如工业设计服务、个性化定制服务等。三是以服务业为主的新业态。比如，技术创新所推动的移动互联网、大数据等新业态，"互联网＋教育""互联网+物流"，还有共享经济、创客空间等具有现代服务业特征的新业态。

2. 新业态典型：互联网平台行业

1）概念及内涵

在新一代信息技术的驱动下，各类新业务、新应用蓬勃发展，并采用互联网平台的组织模式，吸引不同用户群体入驻平台，通过提供信息服务，促成各类用户之间互动或交易。互联网平台是在线市场交易的组织者和重要载体。

世界范围内，很多领域已经出现了各类"明星级"的互联网平台型企业，尤其是在交通出行和住宿两个领域，分别出现了优步（Uber）和爱彼迎（Airbnb）两个百亿美元级别的全球性企业。优步创建于2009年，运营范围已经从最初的美国旧金山发展到了70多个国家和地区。爱彼迎创建于2007年底，2017年已经发展到全球191个国家6万多个城市，房间数量超过300万间。在其他领域，Handy、58同城提供清洁工服务平台，SpoonRocket、美团、饿了么将餐厅美食送到家，Instacart、盒马鲜生能让消费者的冰箱保持满载，越来越多的劳动者开始依托这些平台就业。

2）互联网平台提供工作机会

互联网平台提供的工作通常可以灵活地进行，为那些本来不工作或希望选择工作时间和地点的人创造了机会。较小的公司往往缺乏长期和全职雇用的能力，在线数字服务可以作为小型单位的灵活投入，在线平台可提供比本地市场更多样化、成本更低的投入。

互联网平台服务或为资本密集型的、或为劳动密集型的、或为认知技能型的。一项服务劳动密集度越高，提供这项服务所需的时间就越多，如清洁；而提供信贷或住宿等资本密集型服务所需的时间就越少；认知技能型服务比主要由人工提供的服务费用高。

三、任务实施

为做好参观体验任务，应做好前期准备工作，包括确定参观行业的类型、确定参观企业类型、联系具体企业、描述参观需求、制订参观路线、确定参观和持续时间等。

（一）选择参观的行业类型

结合自身所学专业或兴趣特长，选择欲参观体验的行业类型。例如，制造业、服务业、通信技术、信息技术、互联网（大数据、物联网、云计算）、现代物流（仓储）、新零售等。

（二）选择参观的企业

确定行业类型后，选择相关企业，选择时应首先了解调研学校的先进实训室等场所是否满足要求，其中包括学校实习车间、实践基地、大学科技园、校企合作单位等校内资源；其次，选择校园周边相关企业，包括高新技术园区、产业基地、校外实践基地等；

最后，选择学校所在地或者地方区域具有代表性的现代化科技企业。

需要注意的是，拟参观的企业应具备参观接待功能，设有参观接待管理部门，有明确的参观路线和接待管理制度，从而保证参观体验的安全性和规范性。

（三）拟定参观体验的计划

确定参观企业后，联系企业接待负责人，确定参观人数、参观时间与时长、参观内容、参观路线、体验场所、调研环节等详细参观计划。

（四）参观体验并撰写心得体会

参观考察企业，撰写心得体会，包括对现代科技企业的理解和认识、岗位工作分析、未来的职业规划等。

四、小结

随着新经济、新技术的发展，新就业形态将成为新常态。以网络平台为重要支撑的新型就业市场迅速扩张，随着新技术、新业态、新模式的迅猛发展，新就业形态成为吸纳就业的重要蓄水池，新就业形态劳动者也已成为我国劳动力大军的重要组成部分。作为国家社会群体的重要血液，大学生应认真学习专业技能与知识，学会改变和创新，与时俱进。

五、思考题

1. 你身边有哪些高科技企业？
2. 如何做好新经济形态下的职业规划和发展？

名言赏析

人生是一个永不停息的工厂，那里没有懒人的位置。工作吧！创造吧！

——罗曼·罗兰

拓 展 阅 读

数字经济大巡游——华为中国生态之行2020

近年来，各行各业的"数字化先行者"已经从数字化转型中收获新的价值：对政府而言是"善政、兴业、惠民"，对企业而言是技术创新、管理创新和商业模式创新，这在"华为中国生态之行2020"中体现得尤为突出。

华为积极响应湖北需求，基于5G、云计算、大数据等新一代技术的应用，为应急通信、智慧医疗、政府指挥、在线教育等系列工作提供保障，也在复工复产中为企业提供数字化支撑。

北京市通过与华为合作构建起服务型数字政府，不仅实现"一窗通办"，让政务服务更便捷，还从原来的"最多跑一次"升级到"秒报秒批"，真正让线上办理零延时。

在东莞，华为助力东莞市建设"云数网"于一体的数字底座，打造全市一体化一盘棋数字政府建设体系，推动在营商环境、生态文明、城市运营、民生保障、行政效能等领域创新应用。

随着数字化应用深入越来越多行业的核心场景中，"懂行业"的华为在其中扮演的角色，从前是单纯的产品技术提供商，现在开始成为行业转型升级、创新发展的"同路人"。

（资料来源：新华财经网，20201030）

任务二　职业劳动实践

【能力目标】

通过体验新形态企业的劳动形式和内容，提升职业劳动实践能力。

【知识目标】

1. 根据新职业类型，了解与本专业相关的新职业要求；
2. 了解新形态下技术技能工人的岗位职责。

视频 9-2　职业劳动实践

一、任务描述

进行企业劳动实践，以技术人员（如智能工厂中的工业机器人安装调试员、大数据中心的数据分析员、智能工厂生产数据管理员等）助手的身份，实地体验生产一线的劳动内容。撰写劳动实践报告。

二、任务资讯

新技术和新经济催生新业态，新业态催生新职业。随着技术和经济的发展，各类业态百花齐放，新职业也层出不穷。未来工作会有更多的类型，大学生也有更多的择业空间。认识新的职业和工作类型，可能开启不一样的职业发展历程。

（一）新职业

为反映职业发展变化，适应经济社会发展需要，我国建立了新职业发布制度。新职业的发布，对于引领产业发展、促进就业创业、加强职业教育培训、增强对新职业从业人员的社会认同度等具有重要意义。

2019年4月，人力资源和社会保障部办公厅、国家市场监管总局办公厅、国家统计局办公室联合发布《关于发布人工智能工程技术人员等职业信息的通知》，确定了16个新型职业信息，其中人工智能工程技术人员、物联网工程技术人员、大数据工程技术人员、数字化管理师等均与数字经济紧密相关。

2024年5月24日，人力资源和社会保障部发布了拟新增职业名称及其定义，见表9-1。

表9-1　2024年拟新增职业名称及其定义

序号	职业名称	定义
1	生物工程技术人员	从事生物工程技术研究、工艺过程和工程设计、产品技术研究开发、质量检测、相关技术指导及其产业化及科学成果转化的工程技术人员
2	口腔卫生技师	从事口腔疾病预防、卫生保健、疾病辅助诊疗等口腔卫生服务工作的专业人员
3	网络安全等级保护测评师	使用相关技术、方法和工具，依据国家网络安全等级保护相关法律法规和技术标准，对网络系统和数据开展安全技术检测评估和安全管理体系审核的人员
4	云网智能运维员	从事云网相关服务系统运维，运用云计算和智能网络技术及工具，实现云网日常管理、运行维护、性能调优、故障排除、应急处置等工作的人员
5	生成式人工智能系统应用员	运用生成式人工智能技术及工具，从事生成式人工智能系统设计、调用、训练、优化、维护管理等工作的人员
6	工业互联网运维员	使用软件、专用设备、检测仪器及工具，对工业互联网系统进行网络互联互通、数据采集处理、标识解析应用、平台应用优化、系统安全维护的人员
7	智能网联汽车测试员	使用工具、量具、检测仪器及设备，对智能网联汽车及其相关零部件进行功能验证和测试的人员
8	有色金属现货交易员	从事有色金属现货调研、收购、销售、保值、风控、储运、交割等交易活动，提供对应的业务操作、贸易咨询服务的人员
9	用户增长运营师	运用数字化工具，从事企业或机构用户增长、管理及运营等工作的人员
10	布展搭建师	从事会展活动场地的搭建和布置，以及负责会展活动结束后的拆除和清理工作的人员
11	文创产品策划运营师	从事文化创意产品的策划，结合市场需求设计具有文化元素的产品，对文创产品进行营销运营的人员
12	储能电站运维管理员	使用工具、量具、检测仪器及设备，进行电化学、压缩空气、飞轮等储能单元或系统的数据采集、状态监测、运行维护及设备资料管理的人员
13	电能质量管理员	从事电力系统电能质量测试、监测、评估、治理以及管理电能质量设备，进行调试、维修、改造的人员
14	版权经纪人	从事版权交易、版权登记代理、版权贸易、版权价值评价等相关服务的人员
15	网络主播	在互联网，从事音视频、图文信息等实时播出或交互服务的人员
16	滑雪巡救员	在滑雪场所，对滑雪者及设施设备进行安全巡查，并对伤者在医疗救治前实施救助的人员
17	氢基直接还原炼铁工	操作反应竖炉、加热器、工艺回路系统、二氧化碳脱除系统、装排料系统、涂覆系统、筒仓系统等设备，生产符合质量标准的氢基直接还原铁的人员
18	智能制造系统运维员	从事智能制造系统数据采集、状态监测、故障分析与诊断、预防性维护、保养作业和优化生产的人员
19	智能网联汽车装调运维员	使用专用设备、工具、仪器仪表，对智能网联汽车和路侧设备进行装配、调试、测试、联调、状态监测、运维等工作的人员

2020年公布的新职业主要集中在新兴产业和现代服务业两个领域，具有以下三个

特点：

一是生产制造和建筑领域的技术革新催生出新职业。在制造业领域，由于技术革新，智能制造和工业互联网取得了长足发展，智能制造工程技术人员、工业互联网工程技术人员等新职业随之出现，相关从业人员快速增长。伴随高铁、无人机行业的快速发展和人们环保意识的增强，铁路综合维修工、无人机装调检修工和电气电子产品环保检测员等新职业应运而生。

二是现代服务业的快速发展孕育出新职业。近年来各类电商迅猛发展，快餐、生鲜、药品等领域的网约配送员大量涌现。伴随着人工智能和信息技术的发展，人工智能训练师、虚拟现实工程技术人员和全媒体运营师等新兴职业也受人追捧。

三是健康照护服务的大量需求孕育出新职业。随着居民收入水平提高、人口老龄化进程加快，健康检测、康复照护等需求不断增加，并要求更加专业化、精细化。健康照护师将为众多消费群体提供更加优质的服务。随着我国生育政策的逐步放开，民众对新生儿的健康问题越来越重视，出生缺陷防控咨询师将对优生优育发挥积极作用。

（二）未来工作

未来的工作有三种可能：一是在技术进步动态变化中，某些工作岗位将会消失；二是在数字信息要素使用中，新的创业带动新的就业；三是在互联网平台，新就业形态不断涌现。

1. 一些工作岗位有可能被替代

新经济以人工智能和数字化技术为核心。人工智能虽然可以胜任一些复杂工作，但是人工智能无法模仿和替代人的情感意识和感知能力，因此，工作内容具有创造性的岗位不易被人工智能替代，工作内容具有重复性或常规性的岗位则容易被人工智能取代。按照技术对工作岗位的替代程度和工作内容的常规性程度，可以将工作分为四种类型，如图9-1所示。第一象限内的工作岗位，其工作内容虽然具有一定技术门槛，但具体操作过程较为标准化，更多地依赖劳动者的认知能力，而非人际交往能力，一旦人工智能

	工作内容 集中在认知能力，但情感交流少，程序化内容多 代表性工作 会计 翻译校对 办事员 1	工作内容 程序化和规范化操作，技术替代性强 代表性工作 机器操作员 出纳员 打字员 2
	工作内容 集中在认知能力和人际情感交流技能方面 代表性工作 研究人员 教授/教师 管理人员 4	工作内容 常规化内容少，但仍然技术替代性较强 代表性工作 清洁工 理发师 小商贩 3

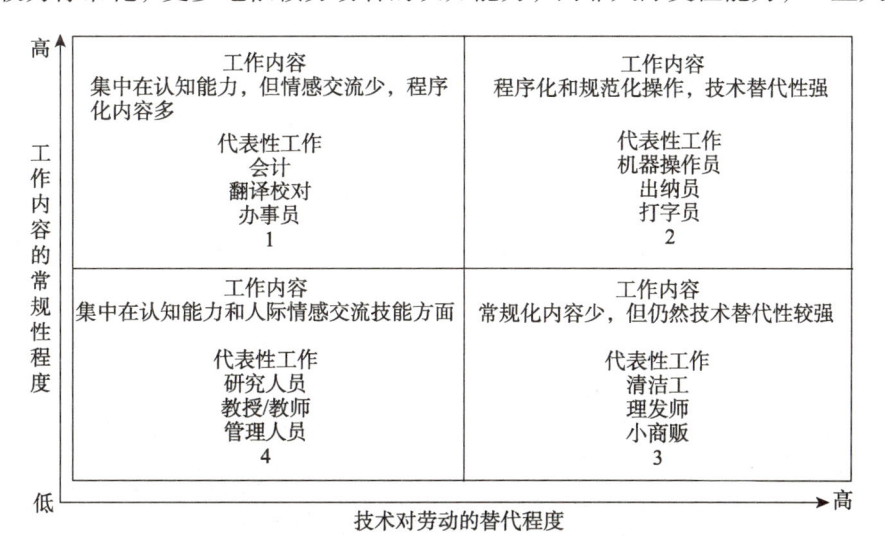

（纵轴：工作内容的常规性程度 低→高；横轴：技术对劳动的替代程度 低→高）

图 9-1 四种工作类型及其可替代性

技术达到技术要求的阈值,这类工作岗位被技术替代的可能性较大,代表性工作岗位有会计、翻译校对和办事员等。第二象限内的工作岗位,其工作内容以程序化和规范化操作为主,技术替代性较强,代表性工作为机器操作员、出纳员和打字员等。第三象限内的工作岗位,其工作内容虽然不具有规范性,但是较容易被技术所替代,代表性工作为清洁工、理发师、小商贩等。第四象限内的工作岗位,其工作内容集中在认知能力和人际情感交流技能方面,与此同时,这类工作岗位不仅对技能要求较高,而且与技术进步具有相互增强性,代表性工作为研究员、教授/教师、管理人员等。

金融数据服务商肯硕(Kensho)的创始人预计,未来金融行业 33%~50%的工作岗位将被电脑替代。以数据信息工作为例,电脑程序完成时间仅需 1 分钟,而人工完成需要 40 个小时,后者每年还会产生 35 万美元的薪资成本。以银行信贷业务信审员为例,以前人工审一天不过 50 单,如今风险控制进入"数据驱动"时代,机器每天审核量超过 10 000 单,避免了人工审批主观性、效率低等弊端,保证了银行信贷业务规模。

2. 创业带动新工作岗位

以数字化信息技术为生产要素的创业公司往往处于新经济领域,有效提升全社会平均生产效率,成为经济增长的新动能。经验表明,创新和创业较强的国家,宏观经济增长较快或衰退较慢。创业指数越高的国家,人均 GDP 增长较快或衰退较慢,说明新创企业对经济增长具有促进作用。

创业不仅促进经济发展,还提供了新的工作岗位。在美国,独角兽企业为美国社会带来大量的工作岗位。美国太空探索技术公司(SpaceX)直接带动就业数量为 4000 人,数据分析公司(MuSigma)直接带动就业数量为 3500 人,美国帕兰提尔数据分析和安全公司(PalantirTechnologies)直接带动就业数量为 2000 人。

3. 催生创新就业形态

以互联网平台为依托,劳动力市场新就业形态不断涌现。新就业形态主要表现为就业领域新、匹配方式新、就业方式新、就业观念新(表 9-2)。

表 9-2　新就业形态及其表现

四新	界定	具体表现
就业领域新	就业形态大量出现在互联网和数字技术渗透的创新企业和新创行业	新零售领域的"淘女郎"、体验师;泛娱乐领域的网络文学作家、网络视频主播;新金融领域的互联网金融岗位;新制造领域中数字工厂内的机器人操作员等
匹配方式新	新就业形态依托技术进步和数据共享,提高劳动力市场匹配效率,实现劳动庋接,为企业提供了质优价廉的劳动力	美国人口中 1%为印度裔,美国的信息、通信和技术行业的劳动者有 4%来自印度,而在美国亚马逊的众包平台(MechanicalTurk)上,完成工作任务的工作者 22%来自印度
就业方式新	新就业形态的就业方式更灵活、多元,许多劳动者通过信息技术直接与一个或若干个工作任务对接	许多个体在外部第三方共享平台上寻求多元化"零工"的"斜杠青年"和自主创业者,同时,传统组织也会内生出类似外部平台的灵活就业市场,借助任务平台外包、外部专家库、竞赛等方式匹配,产生合同工、兼职、外部专家等
就业观念新	传统观念上劳动者追求稳定的工作,就业诉求的核心是更高的薪资报酬、标准化的工作时间、全面的福利保障和路径清晰的职业上升空间	新的就业观念逐渐转向更高质量的就业、更匹配的专业技能体现,平衡工作和生活的追求。在新的就业观念影响下,劳动者更愿意从事灵活性与自主程度更高的工作

平台经济、共享经济、"众包"和"众创"等新经济、新模式、新业态的快速发展，除了产生传统的雇用型就业外，还催生了自主创业、自由职业、兼职就业等灵活就业新模式。

按照是否为固定工作场所，新就业平台分为众包和零工两大类。根据工作任务指向性，众包分为指向特定个人的自由职业群体和指向人群的微任务处理平台；零工分为指向特定个人的零工和指向人群的微任务处理平台（图9-2）。

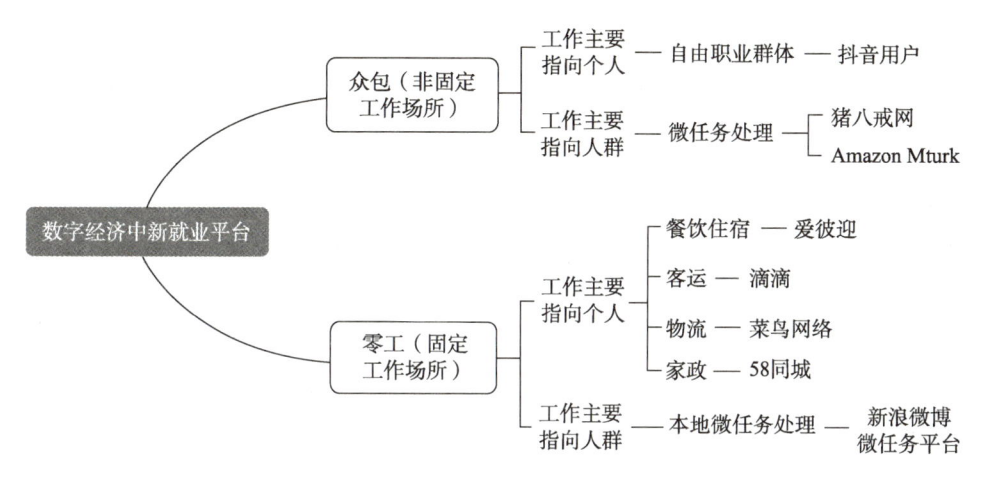

图 9-2　数字经济中新就业平台

三、任务实施

劳动实践尽量采取小组集中的实践形式，可由学校指导教师联系企业，也可以自主联系。实践过程中，在接受学生劳动实践的单位领导下，聘请企业专业技术人员参与指导劳动实践，帮助学生制订实践计划，确定劳动岗位分配，进行业务指导、思想教育、安全教育，考查学生的工作质量及劳动纪律，对学生的实习作出评价。

（一）选择实践体验的行业类型和企业

劳动实践必须选择与所学专业相关的行业，或与专业相关的产业链企业。选择企业的主要类型为智能工厂、数字化（无人）车间、"互联网＋工业"型企业、大数据（物联网、云计算）应用企业、新能源制造与应用企业、智慧物流（智能仓储）企业、"互联网＋新零售"等企业。选择的劳动实践的企业应具备实践条件，设有专门的培训管理部门，有明确的实习和培训管理制度，能确保实践体验中劳动工作的安全性和规范性；实践的劳动岗位应安全无危险源，实践中应听从企业指导教师安排，严格按照企业生产和有关安全制度执行。

（二）拟定劳动实践计划

确定实践企业后，联系企业接待负责人，确定总人数和小组人数、企业指导教师安排、劳动时间与时长、实践内容、实践劳动岗位、岗位职责要求、基本技能要求、工作制度、劳动成果要求、劳动评价等劳动实践详细计划。

（三）了解企业生产（服务）流程

在了解企业基本信息的基础上应详细了解企业的生产（服务）流程，若为制造类或生产加工型企业，需了解企业产品，包括产品类型、特点；了解生产流程，包括生产设备、生产环节、生产要求、原材料情况、成品情况等。若为服务型企业，应了解企业的服务流程，包括服务对象、服务过程、服务要求、服务模式等。

（四）劳动实践

分析岗位职责和要求，描述每个岗位的劳动内容、工作内容和工作模式。按照生产要求和指导教师的要求，协助岗位技术人员进行辅助劳动，结合自身的专业完成力所能及的劳动任务。

（五）实践总结

总结本次劳动实践的劳动内容，包括劳动时间、具体工作内容、使用的劳动（生产）工具（设备）、运用的专业知识、使用的专业技能、生产的产品（半成品）、完成的服务、学到的专业知识和技能等。

四、小结

新形态下的企业岗位劳动与传统岗位劳动差别较大，如在智能工厂的智能制造安装调试中，设备集成度较高，同时涉及机械、电子、自动化和编程知识。因此，在劳动实践中应广泛了解各学科知识，并对比岗位升级后的劳动内容变化，针对我国未来制造业发展的重点领域，结合所学专业指导完善自己未来的职业规划。

五、思考题

1. 人工智能的发展类型包括哪些？
2. 如何看待未来劳动者角色的转变？

名言赏析

养成他们有耐劳作的体力，纯洁高尚的道德，广博自由能容纳新潮流的精神，也就是能在世界新潮流中游泳，不被淹没的力量。
——鲁迅

拓展阅读

李开复：10年后人工智能让50%的人失业

2017年《奇葩说》季前赛的奇葩大会上，李开复作为特邀嘉宾，他的出现将节目气氛推向高潮："未来10年，有50%的工作将被人工智能取代"，这样的预言从李开复嘴里说出，让在场所有人感到心里一紧。

"其实我们每个人每天都在使用人工智能",节目中,演讲大师李开复娓娓道来的论述让在座所有人陷入了深思。的确,当我们每一次使用搜索引擎时,看到的结果都是人工智能推算出来的,而我们的每一次点击,人工智能都会学习并记录,了解你的兴趣,以便下次多为你推送这样的内容。李开复坦言,自己过去两年所有的投资,都在使用人工智能进行管理。

　　交易员、助理、秘书、中介,这些重复性工作,人工智能会比人类做得更好,比如机器人可以通过读财报、读新闻来判断今天最可能涨的股票是哪一只。在李开复眼中,未来10年,人类50%的工作会被人工智能取代,但同时,人工智能也会给我们带来机会,因为人工智能替代不了我们的审美,它将极大地解放人类的时间,从而释放人类的创造力。

　　此外,李开复也提到娱乐是非常好的领域:因为人工智能不懂什么叫幽默、编剧、电影、游戏、娱乐,这个观点让"最强说话天团"喜笑颜开,终于不用担心自己失业。在李开复的眼中,面对即将到来的人工智能时代,人类不要选择拒绝,而要去拥抱。

　　(资料来源:http://www.ah.xinhuanet.com/20170124/3634064_p.html)

项目十

劳动与创新创业

模块导学

马克思说:"劳动即为人类创造物质或精神财富的活动。"正是因为进行积极劳动、创造性劳动,才会有相应的劳动成果。当今中国特色社会主义进入新时代,创新创业正在成为引领经济发展的动力。随着国家教育改革不断深入和国家经济转型发展,创新创业教育与劳动教育相融合已经成为高职教育改革的重点。

创新创业教育与劳动教育深度融合可以给学生提供了解社会、体验社会的机会,有利于更好地培养大学生创新意识和创新能力,让新时代的大学生在创新创业过程中增强获得感、幸福感。本项目将设计"手工编绳饰品的制作和销售"和"撰写和展示创业计划书"两个任务,来培养学生的创新创业精神以及热爱劳动、吃苦耐劳的品质。

【能力目标】
1. 认识成功的创新创业者需要做的准备;
2. 发扬创新创业精神,积极投身创新创业实践。

【知识目标】
1. 了解创新创业与劳动的关系;
2. 了解创新创业中要注意的问题。

【素质目标】
1. 通过劳动培养和增强创新创业的思维与意识;
2. 提高将创新创业成果转化为劳动效益的能力。

任务一 彩绘产品制作和销售

【能力目标】
1. 深度理解劳动与创新创业的关系;
2. 培养艰苦奋斗、勇于进取的创新创业精神。

【知识目标】
1. 学习手工编绳的知识和技能;
2. 掌握手工编绳饰品的制作和销售。

一、任务描述

本任务以手工编绳饰品为创业项目，通过设计、制作、销售等一系列内容，帮助学生深度理解劳动与创新创业的关系，培养学生艰苦奋斗、自强不息、积极进取、争创一流、勇于进取的创新创业精神。

二、任务资讯

（一）创新创业

1. 创新

"创新"的本义是指引入新东西或新概念，制造新变化。作为一个严格的学术用语，"创新"的概念最早是由熊彼特提出的，主要指经济学意义上的技术创新和制度创新。熊彼特认为，发明不是创新，创新是具有广泛经济利益和社会价值的技术发明、市场拓展和管理变革。之后，"创新"逐渐从一个狭义的经济学概念扩展为一个广义的概念。根据经济合作与发展组织（OECD）的定义，广义的创新包括知识创新、技术创新、制度创新、组织创新、管理创新和政策创新等。

2. 创业

"创业"是创业者对自己拥有的资源进行优化整合，从而创造出更大经济或社会价值的过程。创业是一种需要创业者经营管理，运用服务、技术等进行的思考、推理和判断的行为。根据杰弗里·蒂蒙斯[①]所著的创业教育领域的经典教科书《创业创造》的定义，创业是一种思考、品行素质、杰出才干的行为方式，需要在方法上全盘考虑并拥有和谐的领导能力。

一般来讲，创业指的是致力于理解创造新事物（新产品、新市场、新生产过程或原材料，组织现有技术的新方法）的机会，主要解决如何出现并被特定个体发现或创造，以及这些人如何运用各种方法去利用和开发它们后产生各种成果。大学生创业是创业活动的重要组成部分。

3. 创新创业

中国人民勤劳而智慧，蕴藏着无穷的创造力，千千万万个市场细胞活跃起来，必将汇聚成发展的巨大动能。创新创业就是要把握发展机遇，增强国家经济发展动能，实现创业者个人的价值和发展。

创新创业的终极目标是创造价值。创业是创造对社会产生持续价值的事业，同时，创业也是一种职业生涯开启的方式。创业一方面可以解决创业者自身的就业问题，获得精神和物质上的满足；另一方面可以创造更多的就业机会，一定程度上解决更多人的就业问题。创业意识集中体现创业素质的社会性质，支配着创业者对创业活动的态度和行为，是创业素质的重要组成部分。习近平总书记指出："创新是社会进步的灵魂，创业

[①] 杰弗里·蒂蒙斯（JeffryA.Timmons），富兰克林·欧林创业学杰出教授与百森学院普莱兹——百森项目主任。科尔盖特大学文学士，哈佛大学商学院工商管理博士。

是推动经济社会发展、改善民生的重要途径。青年大学生富有想象力和创造力,是创新创业的有生力量。"[1]新时代青年大学生要培养并强化创业意识,做好创业的精神准备,开拓进取,有所作为。

(二)在创新创业中培养劳动能力

1. 在创新创业中找到解决问题的方法

在大学阶段开展创新创业教育,并不是要求大学生毕业后都成为创业者,而是在接受教育和参与实践的整个过程中,培养自己的创造思维、创新能力、创新精神、团队合作、沟通能力和领导能力。这些能力和精神是新时代大学生必须具备的基本素质。

创新创业的道路不可能一帆风顺,必定会遭遇曲折坎坷。同学们通过创新创业的学习和实践,可以扩大视野、培养跨学科意识,在劳动实践中克服重重困难,最终验证自己的想法和创意,创造出彩的人生。

2. 在创业中提升坚毅担当的劳动品质

党的二十大报告指出:"青年强,则国家强。当代中国青年生逢其时,施展才干的舞台无比广阔,实现梦想的前景无比光明。"开拓创新,是新时代大学生应该具有的时代风采和责任担当。创新创业归根结底还是一种劳动形式,需要敢于担当的责任、直面问题的勇气和脚踏实地的实践。大学生在创新创业实践中,要弘扬劳动精神,坚定理想信念,培养对预期实现目标的持久耐力,坚持创业过程和创业结果的并重,尽最大努力实现创业成果的最优化。

创新创业的过程就是强化大学生的感性认识和理性认识,并在实践中提升认知的过程。将劳动精神融入大学生创新创业活动,有利于激励大学生善于学习、勤于求知,把劳动精神的内涵外化于创新创业的实践中,形成自己的创新思想,锤炼自己的创新品质,担当时代赋予的使命职责。

3. 在创新创业中增强职业竞争力

当前,随着我国国民受教育水平的普遍提高,就业市场竞争空前,尤其是新增就业人员的平均受教育年限逐年增高。大学生接受创新创业教育,参加创新创业实践,可以提升自身对社会的认识。通过对创新精神、创业素质和创业技能的培养,大学生在职业竞争力方面也将显著增强。在培养创新创业能力的同时,劳动精神也将融入广大学子对未来和事业不断追求的精神动能中,引导青年学生自觉地在实践中发现问题、解决问题,在遇到困难时有主动挑战,敢于突破的素质、勇气和能力。劳动精神体现的勇于创新、敢于创新的品质是职业竞争力的内核。新时代大学生要认识到,时代发展瞬息万变,只有主动求索,才能有收获和成长,更好地适应不断发展的社会需要。同时,创新创造不同于天马行空,在大胆探索的同时,也需要正确的思维方式和科学的理论作为指导。

4. 在创新创业中弘扬劳动精神

劳动不仅创造了人本身,也推动着人类社会的发展。劳动的一个内在要求就是培育

---

[1] 中共中央文献研究史. 习近平关于青少年和共青团工作论述摘编[M]. 北京:中央文献出版社,2017:14.

爱岗敬业的职业精神。敬业是社会主义核心价值观的要求，也是对公民职业道德的要求，是社会主义职业精神的充分体现。离开爱岗敬业，美好生活的创造将无从谈起。中国特色社会主义进入新时代，我国社会的主要矛盾已经转化为人民日益增长的美好生活需要和不平衡不充分的发展之间的矛盾，人民对生活有了更多、更好的期待。实现中华民族伟大复兴的中国梦，就需要全国人民共同奋斗，尤其是广大青年学子，要认识到美好生活来之不易，要认真学习科学知识和劳动知识，才能在步入社会后，通过不同的劳动形式实现为社会服务、为国家发展做贡献的目的。新时代青年学子要深刻认识到，个人的命运与祖国的命运紧密相连，个人的成长、社会的进步、国家的发展是一致的，需要每个人都有强烈的责任心和使命感，做到兢兢业业、踏实勤恳、爱岗敬业和无私奉献。

（三）创新创业的能力要素

创新创业的成功，离不开扎实的能力积累，即掌握基础知识的能力和善于思考的素质品质，这也是劳动精神的要求和体现。

1. 掌握基础知识的能力

一定的知识储备是开展创新创业活动的基础。在人类历史发展的进程中，人们对知识有不同的理解和认识，而对知识的不懈追求则是人类的永恒话题。在工业社会以前，人们认为知识渊博的人主要是那些对世界认识多的人或者生活、工作经验丰富的人，由于人生经历的多寡，年长者往往了解的东西更多——这也是传统社会里长者更加受人尊敬和崇拜的重要原因。同时，人们崇拜对外部世界了解多于常人的智者，"哲人""贤者"等也受到社会的强烈追捧，人们期待从智者那里获得关于世界是什么、人为什么活着等问题的答案。科技革命以来，人们致力于对知识的运用，特别重视技术进步与个人技能学习。当今，人们已不再满足于对"是什么""为什么"等基本问题的回答，而是探讨和研究应该怎样获取知识和运用知识。"纸上得来终觉浅，绝知此事要躬行。"人们看到的不再是知识本身，而是获取知识的能力。将创新创业的想法转化为实践，首先要做的就是学习能力的提升、理论知识的积累和知识能力的运用。

2. 善于思考的能力

具备一定的创新创业基础和理论知识，不一定能成为创新创业实践的成功者，对创新创业来讲，知识只是部分内容，更重要的是思路。无论在什么领域，创造都要经历创造性的思考。勤于动脑是创新创业的前提，是创意的来源。如果不能做到勤于思考、善于思考、勇于打破思维障碍，创新创业实践就不会有突破，甚至会遭遇失败。

当代大学生是创新创造的主力军，大学时代也是一个人思维最活跃的时期。思维上的懒惰、懈怠，会使人变得保守和固执，丧失创新创业的激情与时机，最终错失创新创业的机会和对时代发展脉搏的把握。当代大学生要勇做时代的弄潮儿，打好学习基础的同时，勇于思考、敢于开拓，发挥创造思维和创造力，用创新创业实践书写青春的华章。

（四）创新创业的基础资源

创新创业活动是一个从零到一的过程，成功的创新创业活动需要丰富的资源，而发明与产品创新、创新创业团队、创新创业资金是创新创业的基础资源。成功的创新创业，离不开对这三者的筹备规划和完美配合。

1. 发明与产品创新

一个成功的创新创业项目首先要有创新产品，创新是产生竞争优势的源泉。产品创新既包括某种新产品或者服务，也包括渐进式创新或突破式创新。只有完成发明与产品开发的创新阶段，才能进入后续创业阶段，才是一个完整的创新创业过程。需要注意的是，随着市场需求的不断变化，产品创新也是永无止境的，新产品开发永远在进行，没有完成时。大学生在创新创业之前一定要善于观察，找出市场需求的痛点和关键点，充分结合自己的专业特长和兴趣爱好，发现问题、解决问题，将想法转换成产品，做到差异化、有创新，为创新创业做好准备。

2. 创新创业团队

在创新创业实践中，创始人和团队无疑起着举足轻重的作用，成功的创新创业必须有一支强大的创新创业团队。事实证明，创新创业团队的人员越完善、分工越合理，创新创业的成功概率就越大。评判一个创新创业团队的好坏，关键在于团队中的每一个人是否都具有创新精神和创业意识。在创新创业实践中，好的方法只是成功的一小部分。起决定作用的还是团队的核心价值理念，即鲜明且稳定的"团魂"。创始人要重视团队伙伴的作用，注重发挥每个人的特长。创新创业团队的成员也要时刻保持良好的心态，明白创新创业的道路上不可能一帆风顺。创新创业人员在面对困难时，能不能正确、理性地面对并团结起来克服困难，也是关乎创新创业成功与否的重要因素。

3. 创新创业资金

在创业门槛不断提高的今天，资本成为决定创业企业去留的关键，草根创业者如果没有资本注入，将很快倒下并一蹶不振。因资金链断裂而宣布创业失败的企业数不胜数。当前创新创业热潮兴起，传统的投资机构和互联网相结合，出现了互联网融资平台，帮助企业解决融资难、贵、慢等问题，在一定程度上缓解了融资难题，提高了创业的成功率。我国始终关注大学生的就业创业情况，在推动"双创"升级、着力促进高校毕业生自主创业方面，教育部提出要全面深化高校创新创业教育改革，落实完善创新创业优惠政策，加大创新创业场地和资金扶持力度，加强创业指导与服务等，同时，就强化服务保障和组织领导等均作出了具体要求。大学生进行创新创业，可以从小做起，不要盲目投入。

需要注意的是，资金回报并不应该是创新创业者的唯一驱动力，个人成就感、对自己命运的把握、实现自己的期望和梦想才是进行创新创业强有力的动机。

把握创新创业的基本要素，筹备好创新创业资源，就为开启创新创业实践做好了准备，同时，也坚定了创新创业者的信心。

（五）准确进行创新创业的机会评估和市场分析

创新创业是一种思考、推理和行动方法，是一个不断试验循环往复的过程，不仅受创新创业机会的制约，还要求创新创业者有周详的实施方法。创新创业机会评估和市场分析是创新创业者想法能否成功的关键环节。艾森哈特说："抓住时机并快速决策是现代企业成功的关键。"[1]准确的创新创业机会评估和市场分析,是抓住创新创业时机的前提。

1. 创新创业机会评估

机会是创新创业活动的核心。机会评估就是用科学的方法搜集证据、检验假设的过程,是一种科学的创新创业理念。当创新创业者有一个好点子的时候,经常会凭借直觉和热情,义无反顾地投入创新创业中,甚至会盲目地开始行动。科学准确地进行创新创业机会评估可以不断地调整创新创业方向,避免不必要的时间、资源浪费,从而提高整体效率。这对缺乏创业经验的大学生来说尤为重要。

2. 市场分析

精准的市场分析,是开启成功创新创业实践的关键。市场分析是对市场供需变化的各种因素及其动态、趋势的分析。分析过程包括以下方面:①搜集有关资料和数据,采用适当的方法,分析、研究、探索市场变化规律,了解消费者对产品品种、规格、质量、性能和价格的意见和要求。②了解市场对某种产品的需求量,了解产品的市场占有率和竞争单位的市场占有情况。③了解社会产品购买力和社会产品可供量的变化,并从中判明商品供需平衡的不同情况,为企业生产经营决策、合理安排生产、进行市场竞争、客观管理决策以及正确调节市场、平衡产销、发展经济提供重要依据。

市场分析对缺少经验的大学生开展创新创业实践十分重要,是正确制定营销战略的基础。一个成功的营销战略决策只有建立在扎实的市场分析的基础上,即在对影响需求的外部因素和影响企业购、产、销的内部因素充分了解和掌握以后,才能尽可能地减少失误,提高决策的科学性和正确性,从而将经营风险降到最低限度。其次,市场分析是实施营销战略计划的保证。一个创新创业新项目或者一个初创企业在实施营销战略计划的过程中,可以根据市场分析取得的最新信息资料,检验和判断企业的营销战略计划是否需要修改,或者如何修改以适应新出现的或未掌握的情况,从而保证营销战略计划的顺利实施。只有利用科学的方法去分析和研究市场,才能为创新创业者的正确决策提供可靠的保障。

3. 创新创业机会评估和市场分析的必要性

创新创业机会评估和市场分析可以帮助创新创业者找到创新创业项目并在实际的企业经营中解决重大的决策问题,如通过市场分析,企业可以知道自己在某个市场有无经营机会或是能否在另一个市场将已经获得的市场份额扩大。创新创业机会评估和市场分析也可以帮助企业及时把握市场动态,适时进行战略调整,以符合市场发展需求。

(1)创新创业机会评估和市场分析可以帮助创新创业者发现市场机会并为创新创业项目的发展创造条件。创新创业者若想在一个新的市场开辟自己的业务,实施自己的项目,除了要了解这一市场的市场需求之外,还要了解该市场上的商业竞争对手等众多方面,这些工作都要通过相应的市场分析手段来完成。只有通过细致的市场调查和分析,创新创业者才能作出正确的营销策略。

---

[1] 凯瑟琳·M.艾森哈特(KathleenM.Eisenhardt)是斯坦福大学(StanfordUniversity)战略与组织学教授,同时也是斯坦福技术风险投资项目的研究总监。

（2）创新创业机会评估和市场分析可以帮助创新创业者发现项目实施中存在的问题，并找出解决的办法。企业在实际经营中的问题范围很广，包括企业责任、产品、销售和广告等各个方面，造成经营问题的原因往往也是由于多因素的交叉作用。在这种背景下，市场分析思维就显得格外重要。例如，某企业的一种明星产品，市场占有率一直很稳定，口碑颇佳，在这种情况下，企业是继续为明星产品投放大量的广告，还是将注意力转移到新产品的研发上，这就需要市场分析来做战略支撑。又如，某企业在一个时期内，调低了产品价格，但是销售收入却大幅降低，到底是广告效果问题，还是产品定价问题，这也要从市场分析中找到答案。

（3）创新创业机会评估和市场分析可以平衡企业与顾客的联系。市场分析通过信息及对信息的分析和处理把顾客和企业联系起来。正是由于有了这些信息，企业才能确定市场中存在的问题，检查市场营销活动中不适当的策略与方法，并找出解决问题的途径。

通过对创新创业机会评估和市场分析作用、方法、必要性的了解和认识，能使大学生明白创新创业项目必须要和市场需求相一致，而不是盲目地进行项目的创立和发展，这样才能保证创新创业项目平稳运行。同时，市场分析思维也应该是每个创新创业者必须具备的基本的思维方式。

三、任务实施

（一）产品设计

1. 准备工作：首先，需要准备好所需的材料和工具，如颜料、画笔、画布（或其他绘画表面）、调色板、水杯等。同时，确保绘画环境整洁，以便更好地进行创作。

2. 选择颜料：根据绘画需求和个人喜好，选择合适的颜料。常见的颜料有水彩、油画颜料、丙烯颜料等。每种颜料都有其独特的特性和用途，可以根据需要进行选择。

3. 绘制草图：在画布上绘制出初步的草图，确定画面的构图和主要元素。草图可以帮助你更好地规划画面的布局和色彩搭配。

4. 上色：使用所选的颜料开始上色。在上色过程中，要注意颜色的搭配和过渡，以及画面的整体效果。可以使用不同的画笔和技法来创造不同的效果，如干刷、湿混、擦拭等。

5. 细节处理：在画面基本完成后，可对细节进行处理。可以使用更细的画笔来绘制细节部分，使画面更加精致。同时，也可以对颜色进行微调，以达到更好的效果。

6. 完成作品：当画面达到满意的效果后，就可以完成作品了。将作品晾干，并妥善保存。如果需要展示或出售作品，还可以考虑添加边框或进行其他装饰。

需要注意的是，彩绘制作需要一定的绘画技巧和耐心。在创作过程中，可以不断尝试新的技法和颜色搭配，以提升自己的绘画水平。同时，也要注意保持创作的乐趣和享受创作的过程。

（二）产品推广

产品推广的方法多种多样，包括但不限于以下几种：

1. 搜索引擎推广方法：利用搜索引擎的关键词广告、竞价排名等方式，使企业的产品在搜索结果中获得更高的曝光率。这种方法可以精准地定位目标受众，提高转化率。

2. 电子邮件推广方法：通过向目标受众发送电子邮件，介绍产品特点、优惠活动等信息。这种方法可以低成本地实现与潜在消费者的直接沟通。

除了以上几种方法外，还有一些新兴的推广方式，如社交媒体营销、短视频营销、直播营销等。这些方式利用了互联网平台的传播优势，可以更快速、更广泛地覆盖目标受众。

在进行产品推广时，企业需要根据自身产品特点、目标受众以及市场环境等因素，选择合适的推广方法和策略。同时，还需要关注市场动态和消费者需求的变化，及时调整推广策略，以保持竞争优势。

四、小结

创新创业教育与劳动教育有内在的同源性，二者联系紧密，都是育人的重要环节，时代发展离不开创造性劳动，创造性劳动离不开深化劳动的内涵并弘扬劳动精神。新时代大学生要准确把握创新创业教育与劳动教育的关系，在脚踏实地的创新创造中增强劳动本领，丰富劳动实践，实现个人理想。

五、思考题

1. 大学生创新创业，可以尝试从哪些项目入手？
2. 成功的创业者应具备哪些素质？

> **名言赏析**
>
> 道在日新，艺亦须日新，新者生机也；不新则死。　　——徐悲鸿
>
> 这句话的意思是：事物的发展在于每天不停地创新发展，艺术同样也是如此，新事物具有强大的生命力，如果不创新则事物就要被淘汰。

拓展阅读

市场分析的方法

对任何事物的认识都是一个从抽象到具体的过程，对市场的认识也不例外。市场是非常复杂的，只有按照科学的理论和方法，才能对其进行科学的分析。以下是几种主流的市场分析方法：

（1）系统分析法。市场是一个多要素、多层次组合的系统，既有营销要素的结合，又有营销过程的联系，还有营销环境的影响。运用系统分析方法进行市场分析，可以

使研究者从整体上考虑经营发展战略，用联系的、全面的和发展的观点研究市场的各种现象，既看到供的方面，又看到求的方面，并预见其发展趋势，从而作出正确的营销决策。

（2）比较分析法。比较分析法是把两个或两类事物的市场资料进行比较，从而确定它们之间相同点和不同点的逻辑方法。对事物的认识不能是孤立的，只有把它与其他事物联系起来加以考察，通过比较分析，才能在众多的属性中把握住其本质属性。

（3）演绎分析法。演绎分析法就是把市场分解为各个部分、方面、因素，形成分类资料，并通过对分类资料的研究分别把握特征和本质，然后将这些通过分类研究得到的认识连接起来，形成对市场整体认识的逻辑方法。

（4）案例分析法。案例分析就是以典型企业的营销成果作为例证，从中找出规律。案例分析法是从企业的营销实践中总结出来的一般规律，它来源于实践，又高于实践，用它指导企业的营销活动，能够取得更大的经济效果。

（5）直接资料法。直接资料法是指直接运用已有的本企业销售统计资料与同行业销售统计资料进行比较，或者直接运用行业地区市场的销售统计资料同整个社会地区市场销售统计资料进行比较，并通过分析市场占有率的变化，寻找目标市场。

（6）分析结合法。分析结合法分为定性与定量的结合、宏观与微观的结合以及物与人的结合。①定性与定量分析结合法。任何市场营销活动，都是质与量的统一。进行市场分析，必须进行定性分析，以确定问题的性质；也必须进行定量分析，以确定市场活动中各方面的数量关系。只有使二者有机结合，才能做到不仅将问题的性质看得准，还能将市场经济活动数量化。②宏观与微观分析结合法。市场情况是国民经济的综合反映，要了解市场活动的全貌及其发展方向，不仅要从企业的角度去考察，还需从宏观上了解整个国民经济的发展状况。这就要求必须把宏观分析和微观分析结合起来以保证市场分析的客观性与准确性。③物与人的分析结合法。市场分析研究的对象是以满足消费者需求为中心的企业市场营销活动及其规律。"人"是企业营销的对象，因此，要想把这些"物"送到需要的"人"的手中，就需要既分析物的运动规律，又分析人的不同需求，以实现二者的有机结合，保证产品销售的畅通。

任务二　撰写创业计划书

【能力目标】

1. 掌握撰写创业计划书的方法技巧；
2. 提升对大学生创新创业的认知水平，培养勇于进取的创新创业精神。

【知识目标】

1. 了解创业计划的作用和主要内容；
2. 掌握创业计划的撰写步骤。

视频 10-1　撰写创业计划书

一、任务描述

上海正奇信息技术有限公司的创业计划书通过项目评估后，获得了 30 万元的大学生科技创业基金（也称天使基金）扶持，并成立了有限责任公司。本次任务以《上海正奇信息技术有限公司的创业计划书》为模板，了解创业计划书的内容，掌握创业计划书的撰写方法。

二、任务资讯

（一）创业计划书及其作用

创业计划书是创业的行动导向和路线图，既为创业者行动提供指导和规划，也为创业者与外界沟通提供基本依据。在撰写这份计划书的思考过程中，创业者可以清楚地看到，什么才是未来事业成功的最重要因素。创业者的经营计划以及如何实现它，在计划书中都可以写得清清楚楚。一份制作规范、专业的创业计划书就等于创业者的第一张创业名片。它会告诉创业者的资金支持者这不仅是一个浓缩的商业计划，同时也将成就一个有信誉、有实力的企业家。创业者在创业初期获得的信任就从这里开始。

（二）创业计划书的内容

虽然各种创业计划书（商业计划书）的格式不尽相同，如申请 YBC（中国青年创业国际计划）的是 YBC 提供的文本；申请天使基金的，是一种项目商务计划书文本，要求比较复杂，内容也很详尽。但总体来说，各计划书包含的基本内容差别不大。在这里，你要学会的是如何做好撰写创业计划书的相关知识和内容的准备，以及书写时应把握的语气和基本内容的写法。具体在撰写时，还要按照各种基金或银行要求的文本格式填写。

一份完整的创业计划书应包括封面、计划摘要、产品（服务）的介绍、市场预测及分析、营销策略、生产制作计划、行业分析、人员及组织结构、财务规划等内容。

1. 封面

封面的设计要给人以美感，要有艺术性。一个好的封面会使阅读者产生最初的好感，形成良好的第一印象。

2. 计划摘要

计划摘要是创业计划书内容的精华，往往在计划书的最后阶段才完成，但却是阅读者最先看到的。计划摘要涵盖计划的要点，要求一目了然，以便读者能在最短的时间内评审计划并作出判断。因此，计划摘要必须要认真书写，保证内容全面，以吸引投资者关注。计划摘要一般应包括以下内容：公司介绍；管理者及其组织；主要产品和业务范围；市场概貌；营销策略；销售计划；生产管理计划；财务计划；资金需求状况。

摘要要尽量简明、生动，特别要说明企业与同行业其他企业的不同之处以及企业能够在市场中获得成功的因素。

3. 产品（服务）的介绍

在进行投资项目评估时，投资人最关心的问题之一就是分析企业的产品、技术或服务是否具有独特性，是否能尽快占领市场。因此，产品（服务）介绍是商业计划书不可或缺的一项重要内容。产品（服务）介绍应提供所有与企业产品和服务有关的细节，以及企业实施的所有调查内容，具体如下：

（1）产品（服务）的概念、性能及特性。
（2）主要产品（服务）介绍，产品（服务）的市场竞争力。
（3）产品（服务）的研究和开发过程。
（4）发展新产品（服务）的计划和成本分析。
（5）产品（服务）的市场前景预测。
（6）产品（服务）的品牌和专利等。

在产品（服务）介绍部分，创业者要对产品（服务）做详细的说明，说明要准确，也要通俗易懂，尽可能少用专业术语，让不是专业人员的投资者也能看明白。一般说来，产品（服务）介绍都要附上产品原型、照片或其他介绍内容。

4. 市场预测及分析

市场预测应包括市场现状概述、竞争厂商概述、目标顾客和目标市场、本企业产品的市场地位、市场细分和特征等。进行市场预测时，首先要对需求进行预测，了解市场是否存在需求、需求程度如何、市场规模有多大、需求发展的未来趋向及其状态如何、影响需求的有哪些关键因素等。另外，市场预测还要对市场竞争的情况进行认真的分析，分析竞争对手是谁、它们的产品是如何使用的、竞争对手的产品和本企业的产品有哪些相同点和不同点、竞争对手所采用的营销策略是什么。然后再讨论本企业相对于竞争对手所具有的竞争优势。

在创业计划书中，创业者还应阐明竞争者给本企业带来的风险以及本企业采取的策略。这样，投资风险被描述得越仔细、交代得越清楚，就越容易引起投资者和团队的兴趣。

5. 营销策略

营销策略应当包括市场机构和营销渠道的选择，营销队伍的组建和管理，促销计划和广告策略，以及价格决策等内容。

6. 生产制作计划

生产制作计划应包括产品的制作和技术设备的现状、新产品投产的计划、技术提升和设备更新的要求、质量控制和质量改进的计划等内容。在寻求资金的过程中，为了增加企业投资前的评估价值，应尽量使生产制作的细节更加详细、可靠。一般来讲，生产制造计划应该回答以下几个问题：

（1）企业生产制作所需的厂房设备情况如何？
（2）怎样保证新产品进入规模生产后的稳定性和可靠性？
（3）设备的引进和安装情况如何？
（4）谁是供应商？

（5）生产线的设计与产品的组装是怎样的？
（6）供货者的潜质和资源的需求量如何？
（7）生产周期标准的制定以及生产作业计划的编制如何？
（8）物料需求计划及其保证措施如何？
（9）质量控制的方法是什么？

7. 行业分析

在行业分析中，应该正确评估所选行业的基本特点、竞争状况以及未来的发展趋势等内容。以下内容是应该仔细思考并写进计划书的：

（1）该行业发展程度如何？现在的发展动态如何？
（2）创新和技术进步在该行业扮演着一个怎样的角色？
（3）该行业的总销售额有多少？总收入为多少？发展趋势怎样？
（4）价格走向如何？
（5）经济发展对该行业的影响程度如何？政府是如何影响该行业的？
（6）是什么因素决定着它的发展？
（7）竞争的本质是什么？你将采取什么样的战略？
（8）进入该行业的障碍是什么？你将如何克服？该行业典型的回报率有多少？

8. 人员及组织结构

社会发展到今天，人力资源已经成为最宝贵的资源，这是由人的主动性和创造性决定的。企业要管理好这种资源，更要遵循科学的原则和方法，组成一支有战斗力的管理队伍。企业管理的好坏直接影响着企业经营风险的大小，而高素质的管理人员和良好的组织结构则是管理好企业的重要保证。在创业计划书中，必须对主要管理人员加以阐明，介绍他们具有的能力、在本企业中的职务和责任、过去的详细经历及背景。

此外，还应对公司结构作简要介绍，具体包括公司的组织结构图、各部门的功能和责任、各部门的负责人及主要成员、公司的报酬体系、公司的股东名单（包括认股权、比例和特权）、公司的董事会成员、各位董事的背景资料等。

9. 财务规划

财务规划的重点是现金流量表、利润表以及资产负债表的编制。

（1）现金流量表：流动资金是企业的生命线。企业在初创或扩张时，对流动资金需要预先有周详的计划和进行过程中的严格控制。

（2）利润表：反映的是企业的盈利状况，即反映企业在经过一段时间运作后的经营结果。

（3）资金负债表：反映在某一时刻的企业状况，投资者可利用资产负债表中的数据得到所需指标的准确值来衡量企业的经营状况以及可能的投资回报率。

10. 风险与风险管理

企业风险可从以下几个方面进行考虑：

（1）公司在市场、竞争和技术方面都有哪些基本的风险？你准备怎样应对这些风险？

（2）公司还有一些什么样的附加机会？

（3）在资本基础上如何进行扩展？

（4）在最好和最坏的情形下，你的五年计划表现如何？

如果你的估计不那么准确，应该估计出的误差范围到底有多大？如果可能的话，对关键性参数做最好和最坏的设定。

（三）创业计划书的编写步骤

创业计划书是在对行业、市场进行充分研究的基础上编写完成的，在编写创业计划书时，要注意措辞准确、行文条理清晰，简明扼要。创业计划书的编写可以分为以下6步。

1. 经验学习

初创企业的创业者并没有编写创业计划书的经验，此时，可以先搜集国内外较为成功的商业计划书范文、模板及相关资料。研究这些资料所包含的内容、结构和写作手法后，吸收其中的精华，理清自己写作的思路。

2. 创业构思

一个成功的企业源于一个优秀的企业构思。如果构思不正确，企业后期将会出现经营困难，甚至破产倒闭。因此，成熟的创业者应具有较为完整的创业构思。

创业者在进行创业构思时，要考虑很多方面的问题：企业的名称是什么？怎么寻找合适的创业模式？企业的产品（服务）如何？怎样找到投资者？怎样预见可能遇到的各种问题？

3. 市场调研

市场调研就是市场需求调查，即运用科学的方法，有目的、有计划地收集、整理、分析有关供求、资源的各种情报、信息和资料。总之，市场调研是展现现有市场和预测未来发展趋势的调研活动，它为创业者制作营销策略和企业决策提供了正确、有效的依据。

4. 方案起草

收集到足够的信息后，创业者即可开始起草创业计划。由于创业计划书中包含的内容众多，创业者在起草计划时要明确各个部分的作用，做到有的放矢。创业者可以制定一个任务表，在表格中将需要完成的各项任务细化出来，标明其先后顺序、负责人等。

同时，在撰写创业计划书的过程中，创业者还需咨询律师或顾问的意见，确保计划书中的文字和内容没有歧义，不会产生误解。

5. 修饰

在撰写创业计划书的过程中，要注意控制篇幅。简要的创业计划书一般为4～10页，全面翔实的创业计划书一般在40页以内。创业计划书的封面要简洁有新意，包含项目或企业名称、地址、联系方式等。封面的纸质要坚硬耐磨，尽量使用彩色纸张，以增加文件的外观吸引力，但颜色不要过于耀眼。版本装订要精致，要按照资料的顺序进行排列，并提供目录和页码，最后还要附上计划书中支持材料的复印件。

6. 检查

对创业计划书文本和内容进行检查，以保证计划书的正确和美观。对文本进行检查时，主要是查看文字描述、语言措辞、数据运算等是否准确；表格图形、资料引用、模型项格式、数据处理等是否存在不合理；格式排版是否美观。内容检查则是从阅读者的角度来进行审视，对创业计划书所反映的内容的完整性、科学性和合理性等进行核查。

三、任务实施：上海正奇信息技术有限公司的创业计划书（公司为化名）

第一部分　公司概况

位于上海的"上海正奇信息技术有限公司"是办公软件包"创业者助手"的生产商，这个软件涵盖了微小型企业商用办公以及通信管理所需要的所有功能。

除了生产本软件外，正奇公司还经营以下业务：

（1）为上海地区的微小型企业提供相关软件咨询和管理软件开发等经营项目。

（2）除了为小企业服务外，也为广大顾客提供广泛的服务和信息支持、软件定制等。

我们的市场调研显示：微小型企业在将来几年的发展势头会很好，因此我们计划把"创业者助手"软件推广到全国，把小型企业确定为我们产品的主要销售对象。市场调研报告还告诉我们：目前市场将对电子产品和相关的咨询服务产生巨大的需求。

在经营策略上，我们的市场定位是：帮助小企业实现增值，"创业者助手"软件将随附促销产品推向市场。

上海正奇信息技术有限公司由范平和李其创立，并负责公司的经营和管理，另外公司还签约了一些同学作为兼职职工，主要进行软件开发工作。公司正式成立时间是2021年9月1日，注册资本100万元。

公司30%的资产属于范平的亲属集资，40%的资产来源于创业贷款，另外30%的资产属于李其筹集的创业援助。在第一个经营年度里，公司计划实现税前利润54万元，在第二个经营年度争取达到税前利润160万元。

第二部分　经营思路

上海正奇信息技术有限公司将推出最新开发的办公软件，经营广泛的软件咨询、软件管理以及软件开发业务，为广大小型企业提供细致周到和富有创意的服务。

目前市场上现有的大量办公软件，由于无法兼容而给消费者带来了巨大的损失和使用的不便。尽管一般的办公软件具有文字图像处理和图表设计的功能，可消费者将其与通信软件（传真、网络等）、商用软件、数据库和专业软件连接时，往往会遇到极大的麻烦。因为小企业创业者很少是电脑专家，他们无法充分利用电脑的多种功能。更何况，他们基本也无法在这方面花费更多的时间。

因此，"兼容—自如"是我们设计"创业者助手"软件的宗旨：它兼容了完整的办公和商用软件功能，还拥有通信和数据库程序，以及简洁美观的人机对话界面设计。至于文字图像处理和图表统计功能，我们采用的是一家著名生产厂商的标准化软件，并对它的界面稍加简化。

此外，正奇信息技术服务还具有为小企业提供广泛的咨询服务和个性化软件开发的功能。

1. 销售对象

我们把本公司最主要的销售群体定位为拥有1~15名员工的小型企业，其中最具潜力的顾客是已经开始创业的年轻企业主和大学毕业生创业者。软件咨询和开发业务的服务对象则是上海地区的小型企业。

2. 产品特点

（1）功能齐全。
（2）操作简单。
（3）价格低廉。
（4）省时省电。
（5）易学易懂。
（6）产品规范、专业。
（7）拥有完善的服务和咨询。
（8）技术先进。
（9）适应性强。
（10）结构严密。

3. 产品特性

（1）方便舒适。
①一个软件包里应有尽有。
②简单实用的使用说明。
（2）安全可靠。
①功能强大，执行一切指令。
②及时更新，跟随潮流。
（3）走向成功。
①为小型企业进入市场提供专业的服务。
②低廉的价格为新开办的企业降低成本。
③不同凡响的效果帮助创业者达到事半功倍的目的。

4. 其他服务

除了售后服务外，我们还可以为小企业在协调和管理中遇到的各种问题提供必要的解决方案，如：

应该如何管理公司财务？应该如何为公司设计账单？
应该如何通过计算机直接与外部通信或发传真？
怎样建立一个客户群数据库？

怎样才能进行准确的核算？

公司的专用信函怎样设计较为规范？

第三部分　市场分析

1. 潜在客户群

经过市场调研和分析，我们的目标客户大致有三类。

A类：购买"创业者助手"的新创企业。

B类：接受软件和管理咨询服务的小企业。

C类：接受软件开发定制的小企业。顾客消费偏好分析如下：

（1）A类——购买"创业者助手"的新创企业行业：服务业和咨询业、工业制造。

年销售额：100万元以下。

员工数量：10人以下。

公司驻地：全国各一线、二线城市。

客户需求：可以解决小企业所有综合管理和协调方案。

购买标准：价格低廉，功能齐全，能够有完善的售后服务。

供应商：目前尚无固定供应商，正在选择中。

企业文化：富有创新精神。

购买者：使用者/决策者。

订购金额：3500元（一次性购买软件的费用）。

（2）B类——接受软件和管理咨询服务的小企业。

行业：生产和服务业。

年销售额：500万元以上。

员工数量：20人及以上。

公司驻地：上海/华东地区。

客户需求：高效率的计算机产品以及软件开发。

购买标准：价格低廉，使用简便，产品规范。

供应商：目前根据少数小企业咨询人员的建议正在使用其他品牌的同类产品。

企业文化：富有创新精神。

购买者：决策者。

订购金额：5000元以上。

信誉：良好。

（3）C类——接受软件开发定制的小企业。

行业：生产和服务业。年销售额：250万元以上。

员工人数：5～50名。

公司驻地：上海/华东地区。

客户需求：价格低廉，满足顾客的特殊要求。供应商：目前选择其他供应商的产品。

企业文化：富有创新精神。购买者：使用者/决策者。订购金额：7000元以上。

信誉：良好。

2. 竞争者分析

主要可以分为以下两类竞争者：

（1）"创业者助手"软件的同类者：各类办公/商用软件的供应商。

产品种类：标准化软件，缺点是常常无法与其他软件兼容。

销售对象：从家庭到大企业，没有特定的销售对象。

年销售额：5000万元以上。

利润情况：各不相同，多数盈利状况较好。

员工数量：各不相同。

投资能力：投资能力很强。

生产现状：生产满负荷，盈利状况很好。

①竞争对手采用何种营销策略？

利用很多促销手段，提供帮助客户增值的产品。

②未来主要目标客户是谁？

在家办公的SOHO一族。

③目前，何种产品销售最好？

标准化办公软件。

④他们成功的关键因素是什么？

丰富的市场经验，杰出的编程能力，产品的规范化。

⑤竞争对手共占有多少市场份额？

A类：30%；B类：20%；C类：13%；其他：37%。

⑥竞争对手将要推出什么产品和服务？

功能完备的多媒体家庭办公软件并附带通信功能；简单易操作的统计和核算软件。

⑦当前市场上同类产品的优点是什么？

使用范围广、种类众多的标准化产品。

⑧当前市场上同类产品的缺点是什么？

产品无法兼容，设计烦琐，功能庞杂，没有客户绝对满意的功能齐备的产品。

⑨竞争对手的产品价格是多少？

能够完全具备"创业者助手"功能的同类产品，至少需4500元。

⑩竞争对手的广告推广手段是什么？

在报纸上刊登广告和邮寄广告（目前尚没有使用电视广告的）。

⑪竞争对手拥有怎样的销售渠道？

覆盖全国的销售网络和电子商务。

⑫竞争对手的员工素质如何？

有的很好，有的不行。但我们的一定会比他们的好。

⑬竞争对手目前拥有怎样的客户群？

大型企业、大学生、在家办公者、服务业公司和中产阶级。

⑭顾客对竞争者的口碑如何？

从一般到很好，并不统一。

（2）上海地区软件咨询和开发业的竞争者：××软件、××软件。

产品/服务种类：软件开发（含咨询）。

销售对象：中产阶级、小型企业、学校等。

年销售额：300万元。

盈利情况：有较好的利润收入。

投资能力：有限。

生产能力：基本满负荷。

① 竞争对手的经营战略是什么？

经营重点是提供各类关于商用软件的服务。

② 未来市场的销售对象趋势如何？

没有根本变化。

③ 目前销售最好的是哪个产品/服务？

实用软件开发。

④ 他们成功的因素是什么？

可以快速完成客户的要求；具有出色的编程能力；以"用户就是上帝，全力满足客户需求"为经营宗旨。

⑤ 竞争对手目前占有的市场份额是多少？

占上海地区市场份额的7%。

⑥ 竞争对手即将推出什么新产品/服务？

尚未发现这类动向。

⑦ 竞争对手的服务有什么特色？

能满足客户的特殊要求，为客户定制他们需要的产品/服务。

⑧ 竞争对手的产品/服务有什么弱点？

产品更新不及时，依附于某大型软件公司。

⑨ 竞争对手的营销策略是怎样的？

直接与客户联系。

⑩ 竞争对手的销售通路有哪些？

跟随大企业的软件客户，直接推销自己的配套产品。

⑪ 竞争对手的员工素质如何？

良好。

⑫ 竞争对手有哪些固定的大客户？

贝斯特电器公司、俏佳人美容公司、真美印刷公司、捷达机械制造公司、尼克咨询公司和博士书店。

⑬ 顾客对竞争者的口碑如何？

良好。

3. 市场调研和商机分析结果（5分制，从1到5，越来越大）

（1）关于"创业者助手"

市场规模：4。

产品潜力：5。

顾客兴趣：4。

购买潜力：5。

价格承受：3。

竞争程度：3。

市场容量：4。

再次购买：4。

结论：市场吸引力巨大，可以开发。

（2）关于软件定制和咨询业务市场规模：3。

产品潜力：5。

顾客兴趣：3。

购买潜力：4。

价格承受：5。

竞争程度：4。

市场容量：5。

再次购买：4。

结论：市场潜力极其巨大，可以立项。

第四部分　未来经营计划

1. 目标

"创业者助手"——中国小型企业的首选软件！

2. 产品特点

"兼容—自如"是我们设计"创业者助手"软件的宗旨。

它包括完整的办公和商用软件，同时还拥有通信和数据库程序，以及人性化的界面。软件的文字图像处理和图表统计功能，我们采用的是著名厂商出品的标准化软件，并且对它的界面做了些许简化。

"创业者助手"包括以下功能：

（1）文字处理。

①更加简单、人性化的标准化文字处理软件。

②提供菜单式文件固定处理模板（传真、账单、信函等）。

（2）图表设计。

①简洁、人性化的标准化图表统计软件。

②现成的统计核算程序。

（3）图像处理。

①更加简单、人性化的标准化图像处理软件。

②现成的图像固定样式。

（4）数据库。

①标准化产品。

②适宜开发新数据库的环境。

③适宜性能良好的客户情况数据库。

（5）通信软件（传真、网络）。

（6）商用软件。

功能齐全的财务软件。

……（略去更多关于本产品的详细资料）

3. 软件服务

设立服务热线：我们为购买"创业者助手"软件的用户提供热线服务，并保证在24小时内给使用本产品的用户以满意的答复。

用户免费培训：客户可在固定的时间获得免费的培训。将定期讲解关于"创业者助手"的各种问题和小型企业在软件使用中可能会遇到的问题以及处理方法。

举办用户俱乐部：提供信息服务、提供各类软件咨询、进行专用软件开发。

4. 销售对象

"创业者助手"软件包的预期销售对象为国内拥有十名以上员工的小型企业，它可以满足服务业、工业（含手工业）企业需要的商用和管理功能需要。软件咨询和开发业务的预期服务对象是本地区拥有五名以上员工的小型企业。

5. 经营战略

为了尽快把"创业者助手"软件包推向市场，我们准备以低价战略进入市场，同时首先打进小型企业，因为目前这类客户使用的软件较为庞杂，并不适合小型企业的特点和要求。

软件咨询和开发业务，计划用广告的形式把信息散发到目标客户群。

6. 成功的关键因素

"创业者助手"的竞争优势：

（1）积极深入的市场营销手段。

（2）良好的销售渠道。

（3）无可挑剔的齐全功能。

（具体实施方案见附录，略）

软件咨询和开发业务的优势：

（1）细致周到的服务。

（2）对客户需要具体深入的了解。

（3）与客户紧密的联系。

（具体实施方案见附录，略）

7. 公司管理情况

上海正奇信息技术有限公司由范平和李其创立，李其因投资额与范平相同，都是30%，因此作为平等权利的经营者，与范平共同领导公司的发展。范平和李其均是计算机专业的硕士研究生，并且其亲属在软件行业工作多年，经验非常丰富。

在自主创业以前，范平就曾经是某软件公司的兼职业务经理，做软件的推广工作，积累了一定的职业经验。李其在校读书期间，就多次在大学生科技发明竞赛中获奖，具有很强的创新能力和解决问题的能力，并且在创业前就拥有了多项专利。因此，范平主要负责市场营销、销售和软件业务、咨询业务；李其主要负责软件开发和内部管理，他们共同负责软件个性化定制业务。

（关于管理层的详细情况见附录中的公司创建者简历，略）

8. 组织管理模式

公司计划建立一个以项目为导向的组织模式。管理层的情况见第三部分，另有一名半日制雇员和一名实习生协助他们工作。

正奇公司还招收了 10～15 名计算机专业的同学做兼职人员，公司与这群同学保持长期可靠的合作关系。

9. 经营驻地

我们选择大学生创业园区作为公司驻地，这里不仅有适合创业的氛围，同时也给大学生创业提供免费的办公场地和经营的优惠政策。另外，我们在此地区发现了很多优秀的编程人员；这个场地与"创业者助手"软件的目标客户距离更近；软件咨询和定制业务在这里也有较大的需求客户群。这里交通便利、设施齐全，没有其他任何一个地方拥有如此多的新办小企业，这正是正奇公司要寻找的理想驻地。

第五部分　财务规划

也许你以前不会计算花销，不会记账，但是，就从你决定创业的那一刻起，必须要学会计算你手里的钱，并且要做到收入和支出心中有数。在计算投资额预算和资金筹措计划时主要应考虑以下四部分。

一次性投入，包括房租押金（通常付三押一）、装修费、初始货物资金、设备购置费。流动资金：低值易耗品费用、办公费、工资、房租、进货款。不可预见的费用：按总投入的 5%～10% 计算（即把前两项之和乘以 5%～10%）。

总投资额：累计前三项。

1. 资本构成

正奇公司的资本构成如下：

范平自筹资本投资：30 万元。

李其募集资本投资：30 万元。

自有资本援助：10 万元。

天使基金：30 万元。

2. 投资和折旧

公司第一期投入资金 82 800 元，主要用于购置电脑和办公设备。

（购置物品的详细清单见附录，略）

月折旧费用为 800 元。

3. 物资和材料消耗

在经营中的物资和材料消耗较少，每月 500～700 元。（详细支出清单见附录，略）

4. 劳务费用

第一个经营年度内的劳务费用预计为每月 17 000～18 000 元。第二个经营年度里，劳务费用预计为每月 20 000 元。

5. 市场开发及公司开办费用

市场开发费用预计为 97 000 元。

公司开办费用预计为 2 500 元。

（支出清单见附录，略）

6. 固定投资

第一个经营年度的固定投资预计为每月 25 000 元。

第二个经营年度的固定投资预计为每月 27 000 元。

（投资构成见附录，略）

7. 可变资本

根据正奇公司承担的项目不同，可变资本（包括软件开发的费用）在 20 000～47 000 元浮动。（投资构成见附录，略）

8. 销售计划

在软件开发和咨询业务领域，正奇公司计划在 2021 年 9 月实现一期销售额 20 000 元，在此业务领域的月均销售额预计为 50 000～60 000 元。

2021 年 10 月，计划将"创业者助手"软件推向市场，预计月销售额在 50 000～12 000 元。这样，月销售额将上升到 185 000 元。（详细的销售计划见附录，略）

9. 投资回收期

从下面的账目中可以看出，首期投资（公司筹建之前的投资）将在第一和第二个经营年度中收回。

预计经营成果如表 10-1 所示（大学生创业享受税收优惠政策，此处税收记为 0）。

表 10-1　经营成果

项　　目	第一年度（元）	第二年度（元）
销售额	1 370 000	2 400 000
变动资本	330 500	453 000
固定资本	302 400	325 400
进入市场费用	182 400	15 000
折旧	9 600	9 600
税前利润	545 100	1 597 000
税收	0	0
纯利润	545 100	1 597 000

注：每月经营成果损益表略，假定税收为 0。

10. 流动资金

正奇公司通过融资和初期销售额（已经有了第一批订单）而获得了可靠的流动资金来源。它将从投资阶段的 260 700 元增长到观察期末的 2 600 000 元。

（流动资金计划见附录、第一批订单见附录，略）

第六部分　市场营销

1. 关于"创业者助手"的营销计划

（1）产品及软件的销售策略。

在产品正式面世之初，我们计划先推出一个标准化版本（见未来经营计划和附录，略），以倾听顾客对该产品的反应。当此版本成功地打开市场后，我们再向市场推出第二个结构更加规范统一的版本。通过这一方式，我们将会赢得新的客户，他们曾因 1.0 版本过大而未采用，同时，老客户也会继续选用改进了的 2.0 版本。除此之外，公司还计划推出规模更大的"创业者助手"版本，以及一个简化的便捷版。

软件将在 12 个月内逐步被新版本替代。此外，用户还会不断地收到我们的补丁，对产品进行更新，这些费用也有必要计入财务的收支账目。

（2）服务设想。

售后服务热线电话、VIP 用户俱乐部、定期发送信息、提供使用者免费培训计划、免费会员咨询等。

（3）定价策略。

经过市场调研，正奇公司决定采取低价策略进入市场。"创业者助手"1.0 版本定价为 3395 元。将来，随着产品种类的增多，价格再逐步调整。

（4）广告宣传策略。

通过和商业伙伴的合作，"创业者助手"只需支付 10% 的广告费，就可以出现在《电脑报》《计算机信息月刊》等专业杂志上。

（详细的广告宣传计划见附录，略）

另外，我们准备在 2021 年 10 月进行一次大型的广告邮寄，主要邮寄对象为 2021 年新成立的公司。同时，关于这个软件的测评文章将出现在专业论坛和专业杂志上。

2021 年 9 月—11 月为公司的初创阶段，从 2022 年 1 月起，将开始又一轮关于"创业者助手"的广告宣传活动。

（5）产品分销渠道。

"创业者助手"主要通过以下两个分销渠道送到客户手中。

①通过邮发业务和网络订购。

- 由正奇公司直接邮寄。
- 由邮递公司派送（特快专递或快递公司）。

②通过零售商。

与代理商、超市、软件专卖店等零售商签订供销合同。

2. 软件咨询和定制业务的营销策略

（1）产品及软件的销售策略。

立足于高品质的服务，提供最专业的咨询和软件定向开发业务。除了给用户提供"入门咨询"，帮助客户挖掘软件使用及管理中的潜力外，我们还提供软件开发和软件标准化咨询服务。

我们的增值服务：

①商用软件开发。

②软件兼容。

③建立数据库。

我们还将定期给客户提供关于软件使用和管理的建议，力求最大效益地用好"创业者助手"，为客户着想。

（2）服务设想。

定期给客户免费邮寄关于软件使用和管理的相关信息，同时为使用"创业者助手"的客户提供购买计算机软件和硬件的免费咨询，以保证他们购买到物美价廉的产品。

（3）价格策略。

我们在公司开创之初，原则上只接受有一定规模的用户的咨询和软件定制，这样便于快速提高我们的知名度，价格也不会太低。

广告宣传策略：在2021年10月开始邮寄广告，同时还会以电话联络的方式争取一批新用户。到2021年12月，预计可以争取到7~12个新项目，他们将构成第一年度的主要业务。

（4）产品分销渠道。

①概念。

所谓产品分销渠道，是指某种产品和服务在从生产者向消费者转移过程中，取得这种产品和服务的所有权或帮助所有权转移的所有企业和个人。因此，分销渠道包括商人中间商（因为他们取得所有权）和代理中间商（因为他们帮助转移所有权），此外，还包括处于渠道起点和终点的生产者和最终消费者或用户。但是不包括供应商、辅助商。

②特点。

第一，分销渠道反映某一特定商品价值实现的过程和商品实体的转移过程。分销渠道一端连接生产，另一端连接消费，是从生产领域到消费领域的完整的商品流通过程。在这个过程中，主要包含两种运动：一是商品价值形式的运动（商品所有权的转移，即商流）；二是商品实体的运动（即物流）。

第二，分销渠道的主体是参与商品流通过程的商人中间商和代理中间商。

第三，商品从生产者流向消费者的过程中，商品所有权至少转移一次。大多数情况下，生产者必须经过一系列中介机构转卖或代理转卖产品。所有权转移的次数越多，商品的分销渠道就越长；反之，也是。

第四，在分销渠道中，与商品所有权转移直接或间接相关的，还有一系列流通辅助形式，如物流、信息流、资金流等，它们发挥着相当重要的协调和辅助作用。

四、小结

创业计划书是一份全方位的商业计划书，其主要用途是递交给投资商，以便他们能对企业或项目作出评判，从而使企业获得融资。它是用以描述与拟创办企业相关的内外部环境条件和要素特点，为业务的发展提供指示图和衡量业务进展情况的标准。创业计划是结合了市场营销、财务、生产、人力资源等职能计划的综合材料。在通常情况下，创业计划做得越详细、越周密，融资成功的概率越大。

五、思考题

1. 假如你要开办一家公司，你将如何撰写创业计划书？
2. 在创业计划书中，创业者最容易忽略的是风险防范，你认为通常的市场风险有哪些？

> **名言赏析**
>
> 竞争优势的秘密是创新，这在现在比历史上的任何时候都更是如此。
>
> 创造力对于创新是必要的，公司文化应该提倡创造力，然后将其转变成创新，而这种创新将导致竞争的成功。
>
> ——美国《The Futurist》

拓展阅读

大学生创业计划书大赛

最初的创业计划书竞赛起源于美国高校。那是在 1983 年，美国得克萨斯州大学奥斯汀分校的两位 MBA 学生，参照模拟法庭的形式，举办了一次创业计划书竞赛，目的是演练企业策划的过程。当他们历经千辛万苦，终于成功举办了世界上第一次创业计划书竞赛，也因此得到了风险投资家的关注。从此，越来越多的创业基金、风险投资基金、律师事务所、会计师事务所和投资咨询公司也都参与到这类活动中来。

我国首届"挑战杯"大学生创业计划书竞赛是于 1999 年 2 月 10 日在清华大学举办的。在这次大赛中，共收到了全国 120 所高校的 400 件作品，其中"美视乐"团队在这次竞赛中获得了上海第一百货股份有限公司 5 250 万元的风险投资，成为中国大学生创业获得风险投资的第一例。

（资料来源：草根创业网，https://www.dzlps.cn/301583.html?ivk_sa=1024320u）

参 考 文 献

[1] 曲霞, 刘向兵. 新时代高校劳动教育的内涵辨析与体系建构[J]. 中国高教研究, 2019(2): 73-77.
[2] 黄济. 关于劳动教育的认识和建议[J]. 江苏教育学院学报(社会科学版), 2004(5): 17-22.
[3] 檀传宝. 劳动教育的概念理解——如何认识劳动教育概念的基本内涵与基本特征[J]. 中国教育学刊, 2019(2): 82-84.
[4] 雷切尔·刘易斯, 拉腊·齐巴拉斯. 工作与职业心理学[M]. 叶茂林, 译. 杭州: 浙江教育出版社, 2019.
[5] 中国法制出版社编写组. 事业单位领导人员管理核心规定[M]. 北京: 中国法制出版社, 2017.
[6] 常凯. 劳动关系的集体化转型与政府劳工政策的完善[J]. 中国社会科学, 2013(6): 91-108.
[7] 陈雄. 职业卫生法律法规[M]. 重庆: 重庆大学出版社, 2018.
[8] 党印, 咸丽楠. 服务业人才培养中融入劳动教育的内在逻辑与现实路径——以中国劳动关系学院酒店管理专业为例[J]. 劳动教育评论, 2020(3): 145-160.
[9] 党印. 从宏观、微观两个层面来看劳动的价值, 载于《劳动的名义(第二辑)》[M]. 北京: 中国工人出版社, 2019: 126-130.
[10] 邓小平. 邓小平文选[M]. 2 版. 北京: 人民出版社, 1994.
[11] 高鸿业. 西方经济学(宏观部分)[M]. 7 版. 北京: 中国人民大学出版社, 2018.
[12] 高鸿业. 西方经济学(微观部分)[M]. 7 版. 北京: 中国人民大学出版社, 2018.
[13] 关怀, 林嘉. 劳动法[M]. 5 版. 北京: 中国人民大学出版社, 2016.
[14] 胡玉玲. 产业结构演进视角下的劳动教育形态变迁[J]. 劳动教育评论, 2020(2): 83-104.
[15] 纪雯雯, 赖德胜. 从创业到就业: 新业态对劳动关系的重塑与挑战——以网络预约出租车为例[J]. 中国劳动关系学报, 2016, 30(2): 23-28.
[16] 纪雯雯. 数字经济下的新就业与劳动关系变化[M]. 北京: 社会科学文献出版社, 2019.
[17] 姜颖. 劳动法学[M]. 北京: 中国劳动社会保障出版社, 2007.
[18] 景跃进, 陈明明, 肖滨. 当代中国政府与政治[M]. 北京: 中国人民大学出版社, 2016.
[19] 康晓光. 非营利组织管理[M]. 2 版. 北京: 中国人民大学出版社, 2020.
[20] 黎建飞. 劳动法与社会保障法: 原理、材料与案例[M]. 2 版. 北京: 北京大学出版社, 2019.
[21] 李珂. 从当代人工智能的发展看马克思的人机关系思想[J]. 自然辩证法研究, 2019, 35(4): 71-75.
[22] 李英武. 职业健康心理学[M]. 北京: 北京师范大学出版社, 2017.
[23] 刘剑. 实现灵活化的平台: 互联网时代对雇佣关系的影响[J]. 中国人力资源开发, 2015(14): 77-83.
[24] 刘丽红, 曲霞. 论高校创新创业教育与劳动教育的同构共生[J]. 中国青年社会科学, 2020(1): 103-109.
[25] 刘向兵. 用劳模精神、劳动精神、工匠精神凝聚新征程奋斗力量[J]. 红旗文稿, 2021(1): 37-39.
[26] 刘向兵. 劳动通论[M]. 北京: 高等教育出版社, 2020.
[27] 卢晓东, 曲霞. 大学劳动教育课程框架、特征与实施关键: 基于劳动要素的理论视野[J]. 中国大学教学, 2020(2): 8-16.
[28] 曼昆.《经济学原理(微观经济学分册)》(第 8 版)笔记和课后习题(含考研真题)详解[M]. 北京: 中

国石化出版社, 2020.

[29] 欧阳日辉. 从"+互联网"到"互联网+"——技术革命如何孕育新型经济社会形态[J]. 人民论坛·学术前沿, 2015(10): 25-38.

[30] 乔东. 劳模精神、劳动精神和工匠精神探析[J]. 中国劳动关系学院学报, 2019, 33(5): 35-42.

[31] 曲霞. 新时代劳动教育的三重内涵[J]. 人民教育, 2020(7): 1.

[32] 石阶瑶. 大学生失业的心理学阐释及对策[J]. 苏州教育学院学报, 2008, 25(4): 82-85.

[33] 王连照. 论劳动教育的特征与实施[J]. 中国教育学刊, 2016(7): 89-94.

[34] 冯刚, 刘文博. 新时代加强大学生劳动教育的时代价值与实践路径[J]. 中国高等教育, 2019(12).

[35] 胡斌武, 沈紫晴. 劳动教育研究70年: 回顾与展望[J]. 浙江工业大学学报(社会科学版), 2019, 018(4): 442-446.

[36] 王飞. 新中国"十七年"劳动教育的成就与启示[J]. 北京教育学院学报, 2020(1): 1-7.

[37] 马轻轻. 新中国成立70年来劳动教育概述[J]. 湖南第一师范学院学报, 2019(8).

[38] 赵长林. 新中国成立70年我国劳动教育思想的演进与劳动课程的变迁[J]. 国家教育行政学院学报, 2019(6).

[39] 张莒飞, 高盼望. 新中国成立以来劳动教育政策的变迁与展望[J]. 当代教育科学, 2020(2).

[40] 王飞. 新中国劳动教育70年回顾与展望[J]. 教育史研究, 2019(3).

[41] 柳夕浪. 构建完整体系, 解决突出问题——《中共中央国务院关于全面加强新时代大中小学劳动教育的意见》解读[J]. 中国德育, 2020(7): 7-10.

[42] 刘向兵. 新时代高校劳动教育的新内涵与新要求——基于习近平关于劳动的重要论述的探析[J]. 中国高教研究, 2018(11): 2.

[43] 王瑞生. 伟大的精神磅礴的力量——赞劳模精神、劳动精神、工匠精神[J]. 中国工会财会, 2018(5): 6-7.

[44] 邢亮, 刘乾承. 劳模精神、劳动精神的时代内涵探赜[J]. 山东工会论坛, 2019(3): 77-81, 100.

[45] 庄西真. 倡导劳模工匠精神引领劳动价值回归[J]. 中国职业技术教育, 2017(34): 105-109.

[46] 苏庆华. 新兴商业模式与雇佣关系规制——互联网众筹模式下的雇佣关系问题分析[J]. 中国人力资源开发, 2015(14).

[47] 王全兴. 劳动法[M]. 4版. 北京: 法律出版社, 2017.

[48] 王永柱. 职业卫生工程专业认识实习课程内容设计[J]. 科技视界, 2019(35): 110-111, 93.

[49] 向德荣. 劳模精神职工读本[M]. 北京: 中国工人出版社, 2016.

[50] 宿恺, 袁峰. 企业管理学[M]. 北京: 机械工业出版社, 2019.

[51] 徐大真. 职业心理学[M]. 北京: 高等教育出版社, 2011.

[52] 徐彦秋. 工匠精神的中国基因与创新[J]. 南京社会科学, 2020(7): 150-156.

[53] 杨冬梅. 新中国70年劳模事业成就与经验[J]. 湖北社会科学, 2019(8): 29-34.

[54] 中国劳动关系学院. 劳模学概论[M]. 北京: 人民出版社, 2020.

[55] 杨红萍, 颜铠晨. "工匠精神"的国际比较[J]. 经济师, 2020(1): 283-284, 287.

[56] 张东风. 职业道德[M]. 3版. 北京: 中国劳动社会保障出版社, 2017.

[57] 张小小. 劳模文化育人视角下大学生职业道德教育现状调查与路径分析——以上海第二工业大学为例[J]. 高教学刊, 2020(12): 60-63.

[58] 赵薇. 发挥工会劳动竞赛优势动员组织广大职工共克时艰[J]. 工会博览, 2020.

[59] 赵薇. 中国古代工匠精神特点及其价值追求[J]. 中国劳动关系学院学报, 2018, 32(2): 118-124.

[60] 中国安全生产科学研究院. 安全生产法律法规[M]. 北京: 应急管理出版社, 2020.

[61] 周欢. 大学生就业心理问题分析及应对措施[J]. 现代职业教育, 2020(45): 188-189.

教师服务

感谢您选用清华大学出版社的教材！为了更好地服务教学，我们为授课教师提供本书的教学辅助资源，以及本学科重点教材信息。请您扫码获取。

▶ 教辅获取

本书教辅资源，授课教师扫码获取

▶ 样书赠送

公共基础课类重点教材，教师扫码获取样书

清华大学出版社

E-mail: tupfuwu@163.com
电话：010-83470332 / 83470142
地址：北京市海淀区双清路学研大厦 B 座 509

网址：https://www.tup.com.cn/
传真：8610-83470107
邮编：100084